대학 ESG 경영

SUSTAINABILITY

# 대학 ESG 경영

조영문 저

좋은땅

# 머리말

---

세계 경제의 저성장과 불확실성의 시대에 세계 기후 변화에 대한 위기감은 기존의 기업 가치를 측정함에 있어서 재무적인 정량적 정보를 활용했던 것과 달리 환경(Environment) 사회(Social) 지배구조(Governance)적 측면의 성과를 고려하여 기업에 대한 가치를 측정하고 이를 바탕으로 기업의 미래가치를 판단하려는 움직임이 커져가고 있습니다.

ESG 경영은 기업의 사회적 역할, 윤리적 경영에 대한 요구가 확대됨에 따라 이윤 추구 중심의 경영을 탈피해 친환경적이고 사회적인 책임을 다하는 ESG 경영으로의 전환이 요구되었으며 ESG에 대한 정부, 투자자, 신용평가기관, 고객, 소비자들의 관심증가에 따라 미국, EU 등 주요 선진국들은 ESG 관련 공시 규제를 대폭 강화하고 있는 상황입니다. 최근 강화되고 있는 국제사회의 탄소중립과 친환경 조치 역시 글로벌 ESG 변화에 영향을 미칠 것으로 예상되며, 선진국과 개도국 간의 통상 갈등은 첨예하게 대립될 것이므로 새로운 시대적 요구에 맞는 적극적인 경영전략이 모색되어야 하는 시점에 도달하였습니다.

세계적 기후 변화와 4차 산업 혁명시대를 맞이하여 대학의 역할 변화가 시대적 요구가 되었으며, 대학 본연의 역할인 교육, 연구, 사회봉사로 이루어진 전통적인 역할을 넘어 대학과 산업계는 지속 가능한 발전을 이룰 수 있도록 사회의 요구에 적극적인 부응을 시도하고 있습니다.

지속가능발전을 향한 사회의 변화 과정에서 대학은 변화의 대상이라기보다는 변화의 주체로서 지식을 생산하고 확산시킬 뿐 아니라 새로운 종류의 지식 통합을 촉진하고 사회 변화를 위한 지식을 적용할 수 있어야 합니다. 지속 가능한 사회에 기여하는 교육, 연구, 봉사가 이루어지는 대학은 건물, 시설, 공간 등의 환경 친화적 운영을 포함하여 대학의 주요 활동인 교육 및 연구의 친환경성을 증진하여야 합니다. 아울러 학생 및 교직원을 포함하는 이해 당사자의 적극적 참여와 지역사회, 국가 및 국제 수준의 협력에 참여하여 지속 가능한 사회에 기여하고 지속 가능한 사회로의 전환을 제시하는 모델의 역할을 하여야 하는 대학의 특수성이 바로 대학 ESG 경영의 중요성과 맞닿아 있다고 할 수 있습니다.

글로벌 대학 경쟁력은 곧 국가 경쟁력으로써 국내 대학들이 ESG전환을 선언하고 있지만 해외 대학에 비해 10여 년을 늦게 출발한 관계로 해외 대학과의 격차를 줄이고 더 나아가 선도하기 위해서는 대학 역량을 고려한 창의적 접근과 실천을 위하여 ESG 스펙트럼을 넓힐 필요가 있습니다.

글로벌 ESG의 공시의무 강화에 대한 이해와 더불어 해외 대학의 ESG 동향 및 국내대학 현황의 실제 사례를 통하여 대학의 ESG 관련 연구와 교육, 지역기반기업 및 서비스 제공자로서의 역할을 공고하게 하며, 교육과 인재양성을 위한 대학 ESG 경영에 대한 적극적인 실천적 역할은 무엇이고, 대학의 ESG 교육환경 구축과 가이드라인에 대한 실천적 전략을 알아보았습니다.

대학 ESG 경영의 특성에 따른 ESG 실천전략을 제시하기 위하여 대학 ESG 경영에 대한 장애물에는 어떤 것이 있는지 살펴보고, 대학의 사회적 책임과 ESG 문화 확산기여 및 글로벌 선도대학을 위한 ESG 요소별 스펙트럼을 정리하였습니다.

인천글로벌캠퍼스운영재단에 근무하면서 비재무적인 평가 지표인 ESG가 글로벌화 되고 공시의무가 강화되는 상황에서 ESG 문화에 대하여 선도적 역할을 해야 하는 대학의 ESG 경영이 국내에서는 더디게 진행됨을 안타깝게 생각하고 있었습니다.

교환학생으로 미국의 오하이오 주 마이애미 대학에서 수학한 경험과 북·남미, 유럽, 아시아, 호주, 아프리카 등 6대륙 20여 개국을 여행하며, 국제관계학을 전공하고 MBA를 거치는 동안 꾸준한 관심을 가지고 수집한 자료를 바탕으로 ESG 관련 자료 분석과 재구성을 통하여 국내 대학 ESG 경영에 대해 미력하나마 도움이 되고자 이 책을 발간하게 되었습니다.

자료 활용에 있어서 최대한 많은 대학의 실제 사례를 넣기 위해 고심하였으며, 각 대학의 사례와 관련 규정은 공개된 정보를 기반으로 저작의 목적에 맞추어 정리 및 분류하였음 알려드리며 미비하더라도 많은 이해바랍니다.

자료정리를 도와주신 김복남 박사님께 감사드리며 대학 ESG 경영에 대한 이해관계자의 관심으로 ESG 문화 확산과 더불어 ESG가 실천되는 현장에서 이 책이 길라잡이 역할을 해 줄 것을 기대합니다. 또한, 대학의 혁신적이며 창의 융복합적인 ESG 경영과 연구하는 모든 분들에게 조력이 되기를 바랍니다.

저자 조영문

# 차례

# ESG 경영에 대한 이해

# 1. ESG 개념

## 1) ESG의 등장

ESG는 환경(Environmental), 사회(Social), 지배구조(Governance)라는 단어의 조합으로 기업의 친환경 경영, 사회적 책임, 투명한 지배구조 등을 의미하며 환경, 사회, 지배구조 측면에서 중장기 기업가치에 직·간접적으로 큰 영향을 미치는 ESG의 핵심 키워드는 기업의 지속가능성(sustainability), 기업가치, 비재무적 성과지표이다.

ESG의 개념을 포함하는 지속가능발전(SD, Sustainable Development)이라는 지속가능성에 대한 논의는 1987년 UNEP(United Nations Environment Program) 유엔환경계획과 WCED(World Commission on Environment and Development)세계환경개발위원회가 공동으로 채택한 「우리 공동의 미래(Our Common Future)」라는 보고서에서 "미래 세대의 욕구를 충족시킬 수 있는 능력을 저해하지 않으면서 현재 세대의 욕구를 충족시키는 발전"(development that meets the needs of the present without compromising the ablility of generations to meet their own needs)이라고 정의하였고 일명 브룬트란트 보고서(Brundtland Report)에서 본격적으로 사용되기 시작하였다.

이 보고서에서는 인류가 빈곤과 인구증가, 지구온난화와 기후변화, 환경 파괴 등의 위기에서 경제를 발전시키기 위해서는 지속가능발전으로 패러다임 전환이 필요하다는 의견을 제시하였고 지속가능성 논의 이후, ESG에 대한 국가 차원의 관심이 고조되고, 연기금 등의 책임 투자 논의 활성화, 정부 단위의 ESG 제도화, 민간 분야의 적극적인 ESG 활성화 논의로 확대되었다.

기업의 지속가능 발전을 위한 ESG의 역사에 대하여 살펴보면 다음과 같다.

1992년 브라질 리우데자네이루에서 지구의 환경보전을 위해 개최한 '리우회의'에서 ESG 환경 영역의 기반이 되는 세계 3대 환경 협약인 기후변화 협약, 생물 다양성 협약, 사막화방지협약을 신설하였다.

1994년 학계에서는 기업의 성과를 경제, 환경, 사회적인 세 측면으로 동등하게 살펴보아야 한다는 TBL(Triple Bottom Line)이 미국의 경영학자 존 엘킹(John Elkington)에 의해 제시되었다. 당기순이익을 말하는 'Bottom Line'의 회계부문에서 경제적인 손익뿐만 아니라 환경적 측면과 사회적 측면의 최종 손익을 더해 세 가지 관점에서 기업을 평가하려는 것으로 지속가능경영이 핵심이 되고 ESG 논의의 확산에도 영향을 주게 되었다.

1997년에는 비영리단체인 GRI(Global Reporting Initiative)는 기업이나 기관이 발간하는 지속가능경영보고서에 대한 가이드라인을 제시하기 위해 설립되었고, 2016년에는 GRI 표준을 정립하여 경제, 환경, 사회부문으로 나누어 평가지표를 제시하였다.

2000년에 UN에서 MDGs(Millennium Development Goals) 새천년개발목표의제로 빈곤퇴치, 보편적 초등교육 실현, 양성평등, 유아 사망률 감소, 모성 보건 증진, 질병 퇴치, 지속 가능한 환경, 글로벌 파트너십 구축을 2015년 달성하고자 여덟 가지 개발 목표를 합의하였다.

2004년 6월 유엔 글로벌 콤팩트 지도자 정상회의(UN Global Compact leader Summit 2004)에서 채택된 「Who cares wins」라는 보고서에 공식적으로 처음 등장하였다.

2006년에는 현재 ESG 투자의 출발점이 되는 UN PRI(Principles for Responsible Investment) 환경, 사회, 지배구조와 관련된 이슈를 투자 정책 수립 및 의사결정, 자산 운용 등에 고려한다는 원칙을 발표하여 기업 경영에서 강조되는 ESG 프레임워크의 초석을 제시하였다.

2015년 제70차 UN총회에서 '2030 지속가능발전 의제'라고 불리는 SDGs(Sustrainable Development Goals)에서는 인간, 지구, 번영, 평화, 파트너십이라는 5개 영역과 17개 목표와 169개 세부목표를 제시하여 많은 기업들이 SDGs를 기본으로 ESG 경영의 토대를 만들게 되었다.

2016년에는 파리협정(Paris Climate Agreement)에서는 지구온난화를 방지하기 위해 온실가스를 줄이자는 전 지구적 합의안이 체결되었다.

2017년 국제기구인 금융안정위원회가 설립한 협의체인 TCFD(Task Force on Climate-related Financial Disclosures)기후변화 관련 재무 정보 공개 테스크 포스에서 발표한 재무정보공개 권고안에서는 기후변화와 관련된 리스크와 기회 요인을 분석하고 지배구조, 전략, 리스크 관리, 지표 및 목표의 네 가지 측면에서 제시하였다.

2019년 BRT(BusinessSDGs Roundtable)선언은 블랙록, 애플, 아마존 등 미국에서 영향력이 큰 기업의 최고경영자들이 새로운 기업의 목적을 선언하며 기업 경영을 주주중심에서 이해관계자 중심의 경영으로 전환하는 계기가 되었다.

2021년 유럽기후법이 통과되고 2022년 녹색분류체계인 EU Taxonomy를 적용해 ESG 관련 정보를 공개해야 하는 기업은 EU 텍소노미에 따른 활동 및 성과정보를 공개하게 되었으며 2026년부터 탄소국경조정제도를 도입할 예정이다.

이러한 일련의 ESG에 대하여 간략한 역사를 살펴보면 사회변화로 인한 시대적 요구에 따라 더욱 변화되고 발전되는 양상을 보이고 있는데 이는 ESG의 중요성을 대변하고 있다고 볼 수 있다.

## 2) ESG 경영의 필요성

팬데믹과 제4차 산업혁명으로 급변하고 다변하는 불확실성의 시대에 지구의 기상환경인 세계 기후 변화에 대한 위기감은 기존의 기업 가치를 측정함에 있어서 재무적인 정량적 정보를 활용했던 것과 달리 환경(Environment)사회(Social)지배구조(Governance)적 측면의 성과를 고려하여 기업에 대한 가치를 측정하고 이를 바탕으로 기업의 미래가치를 판단하려는 움직임이 커져가고 있다.

기업 경영의 목적이 이해 관계자 중심의 가치 제고로 전환되면서 환경 및 사회적 이슈 해결을 통한 지속가능 성장에 대한 기업의 ESG 경영의 필요성이 더욱 중요하다는 각성을 하게 되었다.

기업의 장기적인 생존과 번영에 직결되는 '지속 가능한 발전'이라는 개념은 '미래 세대가 자신들의 필요를 충족시킬 수 있는 능력을 해치지 않는 선에서 현재 세대의 필요를 충족시키는 발전'을 의미한다고 UNEP(UN Environment Programme)의 Brundtland commission(1987) 「Our Common Future」 보고서에 처음 등장하였다.

지속 가능한 발전을 위한 ESG 경영은 기업의 사회적 역할, 윤리적 경영에 대한 요구가 확대됨에 따라 이윤 추구 중심의 경영을 탈피해 친환경적이고 사회적인 책임을 다하는 ESG 경영으로의 전환이 요구되었다.

미국 주요 기업인 CEO들의 모임인 Business Roundtable 에서 181개 주요 기업 대표가 2019년 8월에 서명한 기업 목적 선언의 내용을 통해 더욱 분명해졌다.

기업의 지속 가능한 경영의 필요성에 대한 인식제고는 유럽연합, 미국 등 주요국은 상장사에 대한 ESG 공시를 의무화하고 공시의무와 대상을 확대하며 환경 관련 규제를 강화하였다.

고객가치는 안전성이나 가성비로 나타나던 기능적 가치에서 디자인이나 추억 등의 감성적 가치로, 제품으로 삶의 방식을 바꾸는 라이프스타일적 가치로 변화해 왔고 이제는 자기 초월적 가치(Self-transcendence)로 대변되는 사회적 가치를 중요시하는 시대로 진화하고 있다. 고객은 글로벌 기업이 협력 업체에 ESG 경영을 요구하는 사례와 ESG 경영 기업을 선호하는 소비자가 증가하였고 투자자는 기업의 ESG 경영성과와 비전에 따라 투자자의 기업 지배구조 개선에 대한 요구와 기준을 높였다. 글로벌 신용평가기관이 기업의 ESG 경영계획 및 성과를 반영하며 기업 차원에서도 ESG 경영으로의 전환에 대한 필요성이 점차 증대되고 있다.


정리해 보면 첫째, 가치 표현으로 '미닝아웃'(Meaning Out)은 단순히 재화나 서비스의 이용만이 아니라는 것을 대변하고 있는데 그만큼 ESG 경영은 투자자의 ESG에 대한 주요한 투자 기준이 되었기 때문에 기업의 생존과 경영 전략에 커다란 영향을 미친다.

둘째, 고객, 즉 소비자의 ESG 친화적인 기업 제품에 대한 요구가 증대되어 환경과 사회적 가치에 대한 관심이 기업의 경영시스템에도 변화를 가져오게 되었다.

셋째, ESG 관련 법규에 대한 준수로 ESG 규제가 강화되고 있다. 기업의 비재무적 요소에 대한 공시규제 강화는 기업의 지속 가능한 발전을 위해서 새로운 무역관계 정립을 불러일으키고 있다.

넷째, 다양한 이해 관계자의 기대로 기업들은 ESG 경영을 통해 투자자, 고객, 직원, 정부와 같이 관련하여 규제에 잘 대응하여 신뢰와 지지를 얻으며, 시장에서의 경쟁력을 강화시킨다.

다섯째, ESG 경영은 혁신을 통하여 사회적 영향과 환경적 영향 및 의사결정과정의 투명성까지 포함하여 미래를 대비한 경쟁력을 갖추어 지속 가능한 발전을 하도록 한다.

이렇게 ESG 경영은 시장경제에서 모든 이해관계자의 니즈를 반영하는 가치이며 실천을 위한 전략과 지표를 가지고 나아가야 한다. '미래 세대의 욕구를 충족시킬 수 있는 능력을 저해하지 않으면서 현재 세대의 욕구를 충족시키는 발전'(development that meets the needs of the present without compromising the ablility of generations to meet their own needs)이라고 정의한 것처럼 세계적 재난 상황 속에서 환경 문제 및 사회의 지속가능성에 대하여 영향력이 큰 기업의 사회적 책임은 공공성을 가지고 기업의 지속가능성에 대한 보고와 평가를 통해 올바른 방향으로 나아가기 위한 노력을 경주해야 한다.

# 2. ESG 요소

## 1) ESG 영역

### (1) 환경(Environment)

환경요소는 기후생태환경에 이로운 활동 등을 의미하며 기후변화대응, 환경 영향관리, 탄소배출 감축, 온실가스 관리, 에너지 효율성, 재활용 촉진, 생태계 보호 등과 관련이 있다. 환경요소는 2021년에 들어 기후 위기와 맞물리며 기업뿐만 아니라 국가와 인류 생존의 문제해결 방안으로까지 이해되고 있다.

1992년 국제 표준화 기구에서 ISO 14001(환경경영시스템)을 제정한 이후 기업의 경영방침을 ISO 14001에 근거하여 지속적인 환경 개선 경영을 유지하고 있다. 이러한 친환경 경영 도입으로 인하여 자원향상 및 혁신을 꾀하여 새로운 기회로 발전시키는 경우가 많은데 이는 친환경 제품 및 서비스 개발이 기업경영의 지속적 생산력을 마련하는데 기반이 되기 때문이다.

환경에 대한 기업들의 책임 있는 경영활동은 재생에너지 사용 및 원료 사용절감을 통해 비용절감 효과로 나타나며, 기업자체 환경 경영 지식 습득 및 관리 방법의 구축을 통해 이해관계자에게 차별화된 제품 및 서비스의 생산이 진행된다. 이러한 차별화된 생산 방법은 지속적인 경쟁 우위의 기반이 된다.

외적인 산업 인프라 및 공급사슬 관리 등의 요건 외에도 친환경 제품의 개발·포트폴리오 확대를 위한 연구개발에 대한 투자와 새로운 시장 개척에 있어서도 환경 및 기후변화와 관련된 사항을 주요하게 다루는 경영전략이 필요하다.

## (2) 사회(Social)

사회 세부 요소에는 기업이 구성원들에 대한 인권보장, 근로자의 안전과 성별의 평등 및 제품에 대한 책임을 포함하고 있다.

지역사회와의 관계와 존중을 기반으로 포괄적인 기업의 사회적 활동을 의미한다. 기업은 우수 인력을 확보하며 임직원 역량을 개발하고 노사관계, 다양성, 기회 균등, 차별금지, 안전, 보건, 고객관리, 데이터 보호 및 프라이버시, 공급망의 관리 등 사회적 이슈와 관련하여 기업들은 지속적인 경영환경을 개선해 나가야 한다.

기업의 사회적 책임(Corporate Social Responsibility)은 기업의 이해 당사자들이 기업에 기대하고 요구하는 사회적 의무들을 충족시키기 위한 활동이다. 기업이 자발적으로 사업 영역에서 이해 관계자들의 사회적·환경적 관심사들을 분석하고 수용하여 기업의 경영활동에 적극적으로 적용함으로써 사회공헌 활동 진행과정을 통해 이해 당사자들과 지속적인 상호작용을 이루며 기업의 이미지에 큰 영향을 끼친다.

## (3) 지배구조(Governance)

지배구조는 환경과 사회가치를 기업이 원활하게 실현할 수 있도록 뒷받침하는 대외적인 활동이 아닌 내부 의사결정에 관한 것이다.

지배구조는 독립성과 투명성을 원칙을 기반으로 최고 의사결정과정에서 기업의 리스크를 선제적으로 막거나 최소화하는 과정이고 조직 내 또는 대외 시스템이다.

이사회와 감사위원회구성, 뇌물과 반부패, 로비와 정치기부, 윤리적 경영, 컴플라이언스, 공정한 경쟁 등 최고경영자와 최고 의사결정 구조와의 조직 간의 유기적인 역할과 책임을 정립하는 것이 지배구조의 핵심이라 할 수 있다.

기업의 지배구조에서 경영진은 비윤리적인 공정성이 결여된 비리사항이 발생될 경우에는 내부 감사위원회에서 통과하도록 하는 제도적인 장치가 필요하며 이를 통해 기업 지배구조는 투명하여야 하며 개방적 구조를 지닐수록 ESG 관련 중요사항들의 진단과 경영 방법의 신뢰가 확보된다. 이러한 까닭으로 지배구조라는 용어 대신에 기업의 투명경영이라는 용어로 대체되고 있는 상황이다.

〈표 1〉 ESG 요소

| 영역 | 내용 | |
|---|---|---|
| E(환경)<br>(Environment) | - 기후변화 및 탄소배출<br>- 생태계 및 생물 다양성<br>- 에너지 효율<br>- 물 부족 | - 환경오염·환경규제<br>- 자원 및 폐기물 관리<br>- 책임 있는 구매·조달<br>- 삼림 벌채 등 |
| S(사회)<br>(Social) | - 고객 만족<br>- 인권, 성별 평등 및 다양성<br>- 공급망 관리<br>- 직원 참여<br>- 공정거래 | - 데이터 보호·프라이버시<br>- 지역사회 관계<br>- 근로자 안전<br>- 근로기준법<br>- 아동 근로 등 |
| G(지배구조)<br>(Governance) | - 이사회 및 감사위원회 구성<br>- 로비 및 정치 기부<br>- 컴플라이언스<br>- 특수 관계자 거래<br>- 경영진 보상<br>- 공정경쟁 등 | - 뇌물 및 반부패<br>- 기업윤리<br>- 조세 전략<br>- 내부 고발자 제도<br>- 임원보상 |

자료: 관련자료 종합 정리

## 2) 한국 ESG 가이드라인

산업통상자원부에서는 기업의 ESG 경영 추진 필요성에 대한 인식은 높아지고 있으나 구체적인 실천은 어떻게 해야 하는지에 대한 경험과 정보가 부족하고, 평가지표가 개별 기업에서 각각의 평가기준으로 평가방식을 파악하기가 쉽지 않기 때문에 기업의 ESG 경영과 평가대응방향을 제시하고 국내 상황을 고려한 ESG 요소를 제시하였다. 산업 전반의 ESG 수준제고를 위한 범용적 가이드라인을 제시하기 위하여 K-ESG 기본 진단항목 정의서의 27개 범주 및 글로벌 13개 ESG 평가지표 및 공시표준비교를 통하여 가이드라인을 발표하였다.

K-ESG는 산업통상자원부에서 안내하는 범용적 가이드라인으로 대학 ESG 경영과 밀접한 관계가 있으므로 구체적인 진단항목체계를 자료 그대로 넣어서 참고하도록 하였다.

## 〈표 2〉 K-ESG 가이드라인 진단항목 체계

4개 영역, 27개 범주, 61개 기본 진단 항목

| 영역 | 범주 | 분류 번호 | 진단항목 |
|---|---|---|---|
| 정보공시 (P) (5개 문항) | 정보공시 형식 | P-1-1 | ESG 정보공시 방식 |
| | | P-1-2 | ESG 정보공시 주기 |
| | | P-1-3 | ESG 정보공시 범위 |
| | 정보공시 내용 | P-2-1 | ESG 핵심이슈 및 KPI |
| | 정보공시 검증 | P-3-1 | ESG 정보공시 검증 |
| 환경 (E) (17개 문항) | 환경경영 목표 | E-1-1 | 환경경영 목표수립 |
| | | E-1-2 | 환경경영 추진체계 |
| | 원부자재 | E-2-1 | 원부자재 사용량 |
| | | E-2-2 | 재생 원부자재 비율 |
| | 온실가스 | E-3-1 | 온실가스 배출량(Scope1&Scope2) |
| | | E-3-2 | 온실가스 배출량(Scope3) |
| | | E-3-3 | 온실가스 배출량 검증 |
| | 에너지 | E-4-1 | 에너지 사용량 |
| | | E-4-2 | 재생에너지 사용 비율 |
| | 용수 | E-5-1 | 용수 사용량 |
| | | E-5-2 | 재사용 용수 비율 |
| | 폐기물 | E-6-1 | 폐기물 배출량 |
| | | E-6-2 | 폐기물 재활용 비율 |
| | 오염물질 | E-7-1 | 대기오염물질 배출량 |
| | | E-7-2 | 수질오염물질 배출량 |
| | 환경 법/규제 위반 | E-8-1 | 환경 법/규제 위반 |
| | 환경 라벨링 | E-9-1 | 친환경 인증제품 및 서비스 비율 |
| 사회 (S) (22개 문항) | 목표 | S-1-1 | 목표 수립 및 공시 |
| | 노동 | S-2-1 | 신규 채용 및 고용 유지 |
| | | S-2-2 | 정규직 비율 |
| | | S-2-3 | 자발적 이직률 |
| | | S-2-4 | 교육 훈련비 |
| | | S-2-5 | 복리후생비 |
| | | S-2-6 | 결사의 자유보장 |

| 영역 | 범주 | 분류 번호 | 진단항목 |
|---|---|---|---|
| | 다양성 및 양성평등 | S-3-1 | 여성구성원 비율 |
| | | S-3-2 | 여성 급여 비율(평균 급여액 대비) |
| | | S-3-3 | 장애인 고용률 |
| | 산업 안전 | S-4-1 | 안전 보건 추진체계 |
| | | S-4-2 | 산업재해율 |
| | 인권 | S-5-1 | 인권정책 수립 |
| | | S-5-2 | 인권 리스크 평가 |
| | 동반성장 | S-6-1 | 협력사 ESG 경영 |
| | | S-6-2 | 협력사 ESG 지원 |
| | | S-6-3 | 협력사 ESG 협약사항 |
| | 지역사회 | S-7-1 | 전략적 사회공헌 |
| | | S-7-2 | 구성원 봉사참여 |
| | 정보보호 | S-8-1 | 정보보호 시스템 구축 |
| | | S-8-2 | 개인정보 침해 및 규제 |
| | 사회 법/규제위반 | S-9-1 | 사회 법/규제위반 |
| 지배구조 (G) (17개 문항) | 이사회 구성 | G-1-1 | 이사회 내 ESG 안건 상정 |
| | | G-1-2 | 사외이사 비율 |
| | | G-1-3 | 대표이사 이사회 의장 분리 |
| | | G-1-4 | 이사회 성별 다양성 |
| | | G-1-5 | 사외이사 전문성 |
| | 이사회 활동 | G-2-1 | 전체 이사 출석률 |
| | | G-2-2 | 사내이사 출석률 |
| | | G-2-3 | 이사회 산하 위원회 |
| | | G-2-4 | 이사회 안건 처리 |
| | 주주 권리 | G-3-1 | 주주 총회 소집 공고 |
| | | G-3-2 | 주주총회 개최일 |
| | | G-3-3 | 집중/전자/서면 투표제 |
| | | G-3-4 | 배당정책 및 이행 |
| | 윤리 경영 | G-4-1 | 윤리규범 위반사항 공시 |
| | 감사기구 | G-5-1 | 내부감사부서 설치 |
| | | G-5-2 | 감사기구 전문성(감사기구 내 회계/재무 전문가) |
| | 지배구조 법/규제위반 | G-6-1 | 지배구조 법/규제위반 |

자료: 산업통상자원부 K-ESG 가이드라인

## 3) ESG 이슈

### (1) 환경(Environment) 이슈

첫 번째로 탄소중립(Net-zero)이슈로 탄소중립은 화석 연료 사용 등 온실가스 배출량이 전 지구적 이산화탄소 흡수량과 균형을 이뤄 대기 중 이산화탄소 농도가 더 높아지지 않는 것을 의미하며, 이산화탄소 순 배출량이 '0'이 되도록 하는 것으로 '넷 제로(Net Zero), 탄소 제로(Carbon Zero)'라고도 한다. 탄소중립을 달성하려면 차량과 공장의 화석 연료 연소 등과 같은 인위적 배출을 최대한 줄이고, 나머지 이산화탄소는 습지, 숲 복원 등 흡수원을 확대해 흡수량을 늘리거나 네거티브 배출 기술(Negative Emissions Technique, NET)로 대기 중 이산화탄소를 제거해야 한다.

2019년 6월 27일 영국이 2050년까지 탄소의 순배출량을 영(0)으로 맞추겠다는 내용의 탄소 중립 관련법으로 인하여 영국정부는 기존의 탄소경제산업에서 전기차 등의 신재생에너지만을 사용하는 비탄소경제로의 산업전반에 걸친 근본적인 개편 및 전환은 민간 경제뿐만 아니라 정부경제까지도 아우르는 대대적인 변혁적 리더십의 보편적 선행과 그린슈머(Greensumer)같은 소비자 마인드가 전제된다.

유니레버의 사례를 들자면, 환경오염을 줄이기 위한 실천 방안의 하나로 RSPO(Roundtable on Sustainable Palm Oil)에서 Green Palm으로 인증 받은 팜유만을 구입했지만 환경 단체들이 기름야자나무를 재배하기 위해 열대 우림을 파괴하고 있다고 압박을 하였다. 이렇듯 지속적인 문제해결을 위한 적극적인 대처로 2020년 인공위성과 GPS 기술을 활용해 수집한 데이터를 기반으로 한 AI 지리 분석 시스템을 통해 팜유 생산지의 산림 파괴 여부를 확인하고, 공급망의 실시간 물류량을 모니터링 하여 산림을 파괴하지 않고 생산한 팜유를 확보할 수 있도록 하였다.

마이크로소프트(MS)는 ESG 측면에서 2020년 1월 MS는 탄소를 획기적으로 줄여 Carbon-Negative가 될 것을 다짐하는 혁신적인 계획을 발표했다. Carbon-Negative란 탄소를 배출하는 것보다 더 많이 흡수해서 실질적인 배출량을 마이너스로 만든다는 의미이며, 배출한 만큼 흡수해서 배출량을 제로로 만든다는 넷 제로(Net Zero)보다 더욱 적극적인 의미이다.

2021년 7월 MS Inspire 컨퍼런스에서 전 세계 전력 소비량의 100%를, 모든 시간 동안, 탄소 배출

제로 에너지로 충당한다는 100/100/0 비전을 발표했다. 고객사 스스로 탄소 배출을 줄여 나갈 수 있도록 '지속가능성을 위한 클라우드'도 출시했다.

H&M은 의류 폐기물의 양이 늘어나면서 패스트 패션에 대한 상황을 반영해 친환경 서비스를 만들었는데, 2013년부터 진행하고 있는 '가먼트 콜렉팅'이 있다. 가먼트 콜렉팅은 H&M 매장에서 진행하는 의류 수거 프로그램으로 브랜드나 조건에 상관없이 원치 않는 옷이나 직물을 매장에 구비된 의류 수거함에 넣도록 하여 쿠폰과 포인트를 받을 수 있도록 하였다. 해당 서비스를 통해 수거된 의류는 리메이크 컬렉션이나 재활용된다.

두 번째는 환경과 무역의 연계로 탄소국경조정제도(CBAM)에 따라 저탄소 전환 및 탄소저감 기술개발 가속화, 탄소저감을 위한 공동 R&D 추진과 제품 탄소배출량 관련 기초 인프라 확충, 제품탄소배출량 산정관련 국제표준 개발, 탄소감축 환경 조성을 위한 시장 및 금융 활용 확대 등이 있다.

배출권거래제도(ETS)란 교토의정서 제17조에 규정되어 있는 온실가스 감축체제로써 정부가 온실가스를 배출하는 사업장을 대상으로 연 단위 배출권을 할당하여 할당범위 내에서 배출행위를 할 수 있도록 하고, 할당된 사업장의 실질적 온실가스 배출량을 평가하여 여분 또는 부족분의 배출권에 대하여는 사업장 간 거래를 허용하는 제도이다.

온실가스 감축 여력이 높은 사업장은 보다 많이 감축하여 정부가 할당한 배출권 중 초과감축량을 시장에 판매할 수 있고, 감축 여력이 낮은 사업장은 직접적인 감축을 하는 대신 배출권을 살 수 있어 비용절감이 가능하다. 사업장은 자신의 감축 여력에 따라 온실가스 감축 또는 배출권 매입 등을 자율적으로 결정하여 온실가스 배출 할당량을 준수할 수 있다.

탄소세(Carbon tax)는 환경세의 일종으로, 상품과 서비스를 생산함으로써 발생하는 탄소 배출에 부과되는 세금이다. 보통 이산화탄소와 같은 온실가스의 방출 시에 부과되는 세금이다. 탄소세의 목적은 화석연료의 가격을 인상함으로써 온실가스의 배출을 줄여 지구 온난화를 방지하고, 탄소 배출량이 많은 상품과 서비스에 대한 수요를 줄이고 탄소 집약적이지 않게 만드는 동기를 부여한다.

이렇게 탄소시장이 강화되는 추세에 있고, 생물다양성 손실이 이슈화되면서 환경에 대한 목표 달성은 실제로 회사 운영에 있어 발생하는 탄소 감축뿐만 아니라 탄소 배출권을 확보하는 등의 다양한 방법을 동원해야 가능하기 때문에 환경에 대한 책임을 다하고 문제해결을 위한 적극적인 태도가 필요하다.

### (2) 사회(Social) 이슈

2000년대 들어 유엔도 인권경영문제에 적극적으로 대처하면서 유엔글로벌콤팩트(UNGC)가 출범했다. 유엔글로벌콤팩트는 기업이 유엔글로벌콤팩트의 핵심 가치인 인권, 노동, 환경, 반부패 분야의 10대 원칙을 기업의 운영과 경영전략에 내재화시켜 지속가능성과 기업시민의식 향상에 동참할 수 있도록 권장하고 이를 위한 실질적 방안을 제시하는 세계 최대의 자발적 기업시민 이니셔티브이다.

기업이 사회적 책임을 이행함으로써 세계화로 인해 발생하는 문제를 해결하고, 인권·노동·환경·반부패의 네 가지 영역에서 10개의 원칙을 준수할 것을 권고하고 있다.

원칙 1: 국제적으로 선언된 인권 보호를 지지하고 존중한다.

원칙 2: 사람이 인권 유린에 연루되지 않았는지 확인해야 한다.

원칙 3: 결사의 자유와 단체 교섭권의 실질적 인정을 지지해야 한다.

원칙 4: 모든 형태의 강제 노동을 배제해야 한다.

원칙 5: 아동 노동에 대한 현실적이며 효과적인 폐지를 수행한다.

원칙 6: 고용 및 직업에서의 어떠한 차별도 철폐한다.

원칙 7: 환경 문제에 대한 예방적 접근을 지원한다.

원칙 8: 환경 책임을 증진하기 위한 이니셔티브를 수행한다.

원칙 9: 친환경 기술의 개발과 보급을 장려한다.

원칙 10: 기업은 강요와 뇌물 수수를 포함한 모든 형태의 부패에 반대해야 한다.

국제표준화기구인 ISO(International Organization for Standardization)는 그간의 논의를 총괄해 2010년 새로운 사회적 책임표준 ISO 26000을 발표했다. 인권경영에 대한 가장 권위 있는 문서로 자리 잡은 2011년에 발표된 「유엔 기업과 인권 이행지침(UNGPs)」은 인권존중 책임을 다하기 위한 수단으로써 기업의 인권정책선언과 실천점검의무(Due Diligence)를 핵심으로 한다. UN, ILO, OECD, EU, 세계은행 등 국가 간 기구뿐 아니라, ISO, GRI, IFC(International Finance Corporation)

등 다양한 국제기구들이 「이행 지침」에 부합하는 인권경영을 실천하기 위해 노력하고 있다.

뉴욕대 기업과 인권 스턴센터(NYU Stern Center for Business and Human Rights)는 「Putting the 'S' in ESG」(2017) 보고서에서 S를 평가하는 12개의 프레임워크를 분석해 1,750개 이상 소셜 기준을 검토한 결과를 발표했다. 유럽에서는 무엇이 사회적으로 지속 가능한 경제 활동인지 구분하는 '소셜 택소노미(Social Taxonomy)' 초안을 2021년 발간하였고 미국에서도 코로나 팬데믹과 흑인 사망 사건인 'BLM(Black Lives Matter)' 이후 DE&I 다양성, 포용성, 형평성(Diversity, Equity, Inclusion)을 중시하는 움직임이 늘고 있다.

하버드 로스쿨 기업 거버넌스 포럼의 「Time to Rethink the S in ESG」(2020) 보고서에서는 'S'의 범위는 지난 20년 동안 점진적으로 넓어졌는데, 이는 기업과 시장이 점점 더 상호의존적임을 반영하고 인권, 노동문제, 작업장 보건 및 안전, 제품 안전 및 품질 등 기업의 'S' 관행은 기업 문화와 Stakeholder(이해관계자)의 관계성을 강조하기도 했다.

2022년 국제노동기구(ILO)가 제110차 총회에서 노동 기본권에 '안전하고 건강한 근로 환경(Safe and healthy working environment)'을 추가하는 의제로 1998년 채택된 '노동 기본 원칙과 권리 선언'이 개정되어 4개 분야로 한정되던 노동기본권이 산업 안전보건 분야가 추가되면서 5개 분야로 확대되었다. 기존의 4개 기본권은 '결사의 자유, 차별 금지, 강제노동 금지, 아동노동 금지'다. 우리 정부도 '산업재해 예방 강화'를 고용·노동 분야의 가장 중요한 국정 과제로 하겠다고 밝힌 바 있다.

이런 변화된 관점에서 기후변화와 탄소중립으로 대표되는 'E(환경)' 분야가 가장 중요한 것처럼 여겨왔지만, 글로벌 관점에서 보면 환경 분야는 정량적 측정이 쉽지만, 사회 분야 항목은 대부분 정성적 측정이기 때문에 어떤 산업이나 기업 활동이 친환경적인지 구분하는 기준인 EU 집행위원회 자문기관인 '지속 가능 금융 플랫폼(PSF)' '그린 택소노미(Green taxonomy)'처럼, 소셜 택소노미는 사회적으로 지속 가능한 경제활동이 무엇인지 명확하게 정의하고 식별하는 분류체계가 필요하다.

유럽에서는 이미 사회 분야에 대한 논의가 활발한 데다 관련 법·제도도 마련돼 있는데 이런 분류체계는 투자자와 소비자에게 기업이 하는 활동 중 어떤 것이 사회적 투자나 사회적 목표 달성에 더 기여하는지 알 수 있도록 보다 많은 정보를 제공하게 된다. 이 기준을 근거로 기업들이 활동하게 되면 보다 '공정한 사회로의 전환'을 가속화해 인권과 노동환경 개선에 이바지할 것으로 기대된다.

'안전하고 건강한 근로 환경'이라는 노동 기본권은 삶의 질을 높이며 이 기본권은 ESG라는 수단을 통해 우리 사회에 구현해 나가야 하는 이슈를 안고 있다.

### (3) 지배구조(Governance) 이슈

거버넌스(Governance)는 '조직이 목표를 추구하는 과정에서 결정을 내리고 실행하는 시스템'이라고 사회적 책임에 대한 국제표준인 ISO 26000에서 정의하였다.

OECD에서는 기업 거버넌스를 '공공의 이익과 부합하는 범위 내에서 이해 관계자들의 이익을 지속해서 보호하기 위한 것으로 기업을 지도하고 통제하는 시스템'을 의미하며, '기업의 목표 설정과 목표 달성수단, 성과 모니터링에 필요한 구조를 제공하고 기업 내에서 권한과 책임의 분배, 의사결정 방식을 결정하는 것'으로 정의하였다.

OECD 기업지배구조 원칙은 1999년 제정된 이후 2004년 1차 개정, 2015년 2차 개정을 지나 2023년 3차 개정본이 발표되었다.

2023년 G20/OECD 기업지배구조 원칙(G20/OECD Principles of Corporate Governance)은 OECD 및 G20 회원국 등 50여 개국을 포함하여 전 세계 많은 국가에서 이를 기업지배구조에 대한 기준(benchmark)으로 활용하고 있다.

3차 개정은 상장기업의 감소와 기관투자자의 소유권 확대, 지주회사 및 기업 집단형태의 소유구조, 공공 부문 비중 증가 등 소유 집중과 회사채 발행을 통한 자금 조달확대, 코로나 팬데믹 사태 이후 위기관리 개선의 필요성, ESG투자의 확산, 디지털 기술 등 10가지를 우선순위로 논의하였다.

- 기후 변화 및 환경, 사회, 거버넌스(ESG)관련 위험 관리
- 디지털 기술 발전에 따른 기회와 위험
- 소유 구조 동향과 소유 집중의 증가
- 기관투자자의 역할과 수탁자의 책임

- 위기 관리 및 위험 관리

- 비금융 부문에서 과도한 위험감수

- 기업 거버넌스에서 채권 투자자의 역할과 권리

- 임원보수

- 이사회의 역할

- 이사회와 고위 경영진의 다양화

제3차 개정에 대하여 OECD에서 공개한 자료 G20/OECD 원칙의 6가지 핵심 요소를 살펴보면 다음과 같다.

① **효과적인 기업 지배구조 프레임워크를 위한 기반 보장**(Ensuring the basis for an effective corporate governance framework)

기업지배구조 체계는 투명하고 공정한 시장과 자원의 효율적 배분을 촉진해야 한다. 이는 법의 지배에 부합해야 하며 효과적인 감독 및 집행을 지원해야 한다.

② **주주의 권리와 공평한 대우 및 주요 소유권 기능**(The rights and equitable treatment of shareholders and key ownership functions)

기업지배구조 체계는 주주의 권리 행사를 보호하고 촉진해야 하며, 소액주주와 외국인주주를 포함한 모든 주주에 대한 공평한 대우를 보장해야 한다. 모든 주주는 과도한 지체 없이 합리적인 비용으로 자신의 권리 침해에 대한 효과적인 구제를 받을 수 있는 기회를 가져야 한다.

③ **기관 투자자, 주식 시장 및 기타 중개자**(Institutional investors, stock markets and other intermediaries)

기업지배구조 프레임워크는 투자사슬 전반에 걸쳐 건전한 인센티브를 제공해야 하며, 주식시장이 우수한 기업지배구조에 기여하는 방식으로 기능할 수 있도록 해야 한다.

④ **공개 및 투명성**(Disclosure and transparency)

기업 지배구조 프레임워크는 회사의 재무 상황, 성과, 지속가능성, 소유권 및 지배구조를 포함하여 기업과 관련된 모든 중요한 문제에 대해 시기적절하고 정확한 공개가 이루어지도록 해야 한다.

⑤ **이사회의 책임**(The responsibilities of the board)

기업 지배구조 프레임워크는 회사의 전략적 지침, 이사회의 효과적인 경영진 모니터링, 회사와 주주에 대한 이사회의 책임을 보장해야 한다.

⑥ **지속가능성과 회복력**(Sustainability and resilience)

기업 지배구조 프레임워크는 기업과 투자자가 기업의 지속가능성과 회복력에 기여하는 방식으로 결정을 내리고 위험을 관리할 수 있는 인센티브를 제공해야 한다.

우리나라에서도 OECD 기업지배구조 원칙은 한국ESG기준원의 기업지배구조 모범규준 및 한국 스튜어드십 코드, 한국거래소의 기업지배구조 원칙에 반영되며, 국내외 ESG 평가 기준 작성 시에도 중요하게 참고 되고 있고 의결권 행사 등 적극적으로 주주 참여 활동을 하고 있는 기관투자자들에게 OECD 기업지배구조 원칙은 중요한 행동기준으로 작용하고 있다.

기후변화와 생물종다양성 등 지구적 지속가능성을 목표로 하는 2015년 파리기후협정과 2022년 몬트리올 종다양성협약을 구체적으로 실천하려는 국제적 노력은 더욱 강화되고 있다.

이미 시행 중인 기후관련재무정보공개(TCFD), G7국가의 기후전환계획과 자연관련 재무정보공시(TNFD), 녹색경제활동분류체계(Green taxonomy) 도입 등은 기업이 시급히 대응해야 할 현안이 되고 있다.

이에 발맞춰 각국의 규제당국도 기후관련 정보공시제도 정비, 금융기관의 기후스트레스 테스트 강화, 녹색경제활동 분류체계(Green taxonomy) 마련, 그린워싱(Greenwashing) 방지, 녹색투자은행의 설립, 탄소국경조정제도 도입 등 여러 가지 규제와 장려 정책을 내세우고 있다.

ESG와 관련된 대표적인 이슈를 간추리면 ESG 경영의 핵심으로 등장한 탄소중립, 기후변화 적응, 삼림과 서식지 보호를 둘러싼 생물종다양성, 그린워싱(Greenwashing) 규제, 노동시장 변화로 인한 노동자 관계, 인적자원 관리, 데이터정보보호 규제, 공급망 ESG 관리, 정치적 이슈에 따른 기업 리스크 대비, 지배구조 개선을 들 수 있다.

ESG 경영은 생태계를 보존하고 공정한 사회를 만들어가는 의미 있는 비재무적인 요소이지만 불확실성과 더불어 국제적인 통일된 기준이 미흡한 관계로 세계경제의 변화와 상황의 변화에 따라 ESG 이슈의 우선순위도 달라지는 만큼 ESG 경영과 지속 가능한 발전을 위해 통합적으로 접근할 필요가 있다.

# 3. ESG 평가

## 1) ESG 평가의 의의

ESG 평가란 비재무적 정보에 기초하여 기업의 지속가능성을 평가하는 것으로 기업의 환경 경영, 사회책임 경영, 지배구조부문에서의 성과를 평가하며, 지속가능성 이슈에 대한 접근 방법, 공시, 전략 또는 성과에 대한 비교평가에 기반하여 기업, 국가, 금융 상품 또는 펀드를 평가하고 기업의 지속가능성 전략과 성과를 평가한다.

기업ESG 평가결과를 통하여 투자자를 비롯한 이해관계자에게 기업의 ESG 관련 경영활동 성과와 ESG로 인한 위험 및 기회요인 등을 이해하고 ESG 요소 중 기업 내부의 상대적인 강약점을 파악함으로써 ESG 수준을 개선하는 데 활용할 수 있다. 그리고 ESG 요소 중 기업 내부의 상대적인 강약점을 파악함으로써 ESG 수준을 개선하는데 활용할 수 있다는 점에 의의가 있다.

기업ESG 평가는 기업이 공시하는 사업보고서, 감사보고서, 지속가능경영보고서 등의 자료와 더불어 정부 및 다양한 기관이 제공하는 ESG 관련 자료, 통계, 산업자료 등과 평가자의 요청에 따라 기업이 제출하는 자료 및 기업과의 면담을 통해 얻은 정보 등이 기반이 된다.

기업의 공시자료, 홈페이지 자료, 공개된 자료, 설문조사 등의 자료를 분석하여 결과를 도출하는 과정에서 객관적으로 검증되지 않고 무분별하게 ESG 등급에 영향을 미칠 수 있다. 그렇기 때문에 각국 규제 당국을 포함한 ESG 주체들은 기업의 공시자료로 인한 ESG 평가에 대한 질서를 확립할 필요가 있으므로 ESG 평가를 하기 위해서는 ESG 관련 글로벌 원칙, 표준 및 가이드라인을 토대로 하여야 한다.

ESG 평가에서 중대성 평가는 기업의 비즈니스와 이해관계자에게 영향을 미치는 중대한 이슈를 도출하는 평가로 선정된 중대 이슈를 지속가능성보고서에서 다룰 범위와 내용을 결정하게 된다. 각 기업별 잠재적인 ESG 이슈 pool 중 중대성에 따라 우선순위를 반영하여 중대 이슈를 선정하는 데 중대성 평가의 기준 및 방법은 기업의 특성에 따라 다양하다. 국내외 ESG 가이드라인은 지속가능경영보고서 작성 시, 중대성평가를 시행하고 그 결과를 보고서 내에 공시할 것을 권고하고 있으며, 각 가이드라인별 중대성평가 프로세스를 제시하고 있다. 중대성평가 결과의 신뢰성 확보와 ESG 워싱 방지를 위해 중대성평가를 진행하는 방식의 점검과 통일성 확보가 필요하다.

ESG 평가의 목적은 ESG 평가회사가 정의하는 일련의 지속가능성 기준에 대해 상대적인 회사의 성과를 측정하는 것이다. ESG 평가는 종종 투자 전 의사 결정, 투자 후 분석 및 특징에 사용되거나 투자 심사 또는 회사 참여를 위한 기초로 사용된다. 이를 통하여 기업의 ESG 경영성과를 측정·평가하여 이해관계자들의 의사결정에 도움을 주며, ESG 목적에 맞는 자금조달을 도와 기업의 ESG 경영을 촉진한다.

## 2) ESG 평가의 종류

ESG 경영의 중요성에 따라서 기업의 ESG 요소가 해당 기업의 신용도에 미치는 영향이 높아지고 이에 대한 평가도 비중이 높아질 것으로 보인다.

ESG 평가는 크게 기업의 ESG 경영 전반에 대한 평가를 통해 ESG 등급을 부여하는 ESG 등급평가와 기업이 특정 ESG 기준을 충족하는지 여부를 확인하여 인증서를 부여하는 과정의 ESG 인증평가로 나눌 수 있다.

### (1) ESG 등급평가

ESG 등급평가는 기업의 ESG 리스크·기회 노출 정도와 리스크 관리 능력 등을 평가하여 점수 또는 등급화한 것이다.

① 모건스탠리 캐피탈 인터내셔널(MSCI, Morgan Stanley Capital International)

MSCI ESG Ratings는 2009년부터 미국의 모건스탠리캐피털 인터내셔널사가 작성하고 발표하는 글로벌 ESG 평가지표 중 하나로, 회사의 재무적으로 관련성 있는 ESG 위험과 기회 관리를 측정하는 것을 목표로 한다.

MSCI ESG 등급체계는 리더(AAA, AA), 평균(A, BBB, BB), 후발주자(B, CCC)로 총 7개 등급으로 구분된다.

〈표 3〉 MSCI ESG 등급체계

| 리더<br>(Leader) | AAA | 가장 중요한 ESG 위험과 기회를 관리하는 업계를 선도하는 기업 |
|---|---|---|
| | AA | |
| 평균<br>(Average) | A | 업계 동업업체에 비해 가장 중요한 ESG 위험과 기회를 관리한 실적이 혼합되어 있거나 예외적이지 않은 회사 |
| | BBB | |
| | BB | |
| 후발주자<br>(Leggard) | B | 높은 노출과 중대한 ESG 위험 관리 실패로 인해 업계에서 뒤처진 회사 |
| | CCC | |

자료: MSCI 홈페이지

MSCI는 ESG 평가를 위하여 자체적으로 환경(13개), 사회(14개), 지배구조(6개) 등 분야별로 총 33개 기준을 마련하고 해당 기업이 속한 산업군과 관련된 ESG 분야 주요 이슈, 해당 기업이 노출된 주요 ESG 리스크 요소, 해당 기업의 리스크 관리 정도, ESG 관련 기회 포착 정도 등을 분석해 선정한다.

② 한국 ESG 기준원 등급평가

한국 ESG 기준원의 등급체계를 보면, ESG 평가 등급은 환경, 사회, 일반상장사 지배구조, 금융사 지배구조 영역별 등급과 ESG 통합 등급이 부여되며, 등급은 S등급부터 D등급까지 총 7개 등급으로 분류되며, 절대평가로 등급별 점수 기준에 따라 등급이 분류된다.

| S (탁월) | 탁월한 지속가능경영 체제를 구축하고 있어 타 기업과 지속가능경영 전반에 모범이 되는 상태 |
|---|---|
| A+ (매우 우수) | 매우 우수한 지속가능경영 체제를 구축하고 있으며 지속적으로 우수한 성과를 보이고 있는 상태 |
| A (우수) | 비교적 우수한 지속가능경영 체제를 구축하고 있으며 체제 고도화를 위한 노력이 필요한 상태 |
| B+ (양호) | 양호한 지속가능경영 체제를 구축하고 있으며 체제 개선을 위한 지속적 노력이 필요한 상태 |
| B (보통) | 다소 취약한 지속가능경영 체제를 구축하고 있는 상태로 체제 개선을 위한 지속적 노력이 필요한 상태 |
| C (취약) | 취약한 지속가능경영 체제를 구축하고 있으며 체제 개선을 위한 상당한 노력이 필요한 상태 |
| D (매우 취약) | 매우 취약한 지속가능경영 체제를 구축하고 있으며 체제 개선을 위한 상당한 노력이 필요한 상태 |

자료: 한국ESG기준원

### (2) ESG 인증평가

ESG 인증평가(Assessment)는 기업이 ESG 관련 특정 기준이나 표준을 충족하는지를 확인하고 검증하여 인증서를 발급하는 평가방법이다.

### ① ISO 14001(환경경영시스템)

ISO 14001은 모든 산업 분야 및 활동에 적용할 수 있는 환경경영시스템에 관한 국제규격이다. 기업은 환경경영시스템을 통해 환경측면을 체계적으로 식별, 평가, 관리 및 개선함으로써 환경위험성을 효율적으로 관리할 수 있다.

<표 5> ISO 14001 요구사항

| 4. 조직상황 | 7. 지원 |
|---|---|
| 4.1 조직과 조직 상황의 이해 | 7.1 자원 |
| 4.2 이해관계자의 니즈와 기대 이해 | 7.2 역량 |
| 4.3 환경경영시스템 적용범위 결정 | 7.3 인식 |
| 4.4 환경경영시스템 | 7.4 의사소통 |
| | 7.5 문서화된 정보 |
| 5. 리더십 | |
| 5.1 리더십과 의지표명 | 8. 운용 |
| 5.2 환경방침 | 8.1 운영 기획 및 관리 |
| 5.3 조직의 역할, 책임 및 권한 | 8.2 비상사태 대비 및 대응 |
| 6. 기획 | 9. 성과평가 |
| 6.1 리스크와 기회를 다루는 조치 | 9.1 모니터링, 측정, 분석 및 평가 |
| 6.2 환경목표와 이를 달성하기 위한 기획 | 9.2 내부심사 |
| | 9.3 경영검토 |
| | 10. 개선 |
| | 10.1 일반사항 |
| | 10.2 부적합 및 시정조치 |
| | 10.3 지속적 개선 |

자료: 인증경영지원센터

② **비콥 인증**(B Corporation Certification)

비콥 인증은 2006년 설립된 비영리기업 비랩에서 제공하는 인증이다. 사회의 어려운 문제를 기업의 힘으로 개선해 포용적이고 공정하며 재생 가능한 경제시스템을 만들어가는 글로벌 네트워크이다. 비콥 인증의 핵심적인 기업 평가 기준인 비 임팩트 평가(B Impact Assessment, BIA)는 비즈니스모델을 지배구조, 기업 구성원, 지역사회, 환경, 고객이라는 5가지 영역으로 나누어 평가한다.

**〈표 6〉 비콥 인증 요건**

| 사회환경적 성과 | B Impact Assessment 검증<br>B Impact Assessment 80점 이상 획득 및 기업 정보공개 답변 완료 |
|---|---|
| 투명성 | 비콥 보고서 공개<br>인증 후 비콥 디렉토리에 B Impact Assessment 결과 공개 |
| 책무성 | 법적인 요건<br>모든 이해관계자를 고려하는 책임 있는 법적 요건 완비(한국 기업은 비콥 선언문에 서명) |

| Chapter 2 |

# 글로벌 ESG 공시 의무 강화

# 1. ESG 경영과 공시

## 1) ESG 경영성과

지구온난화로 인한 기후변화와 코로나 팬데믹과 같은 바이러스의 변이 속도는 급변하는 지구의 이슈로 떠오르면서 탄소중립 실천에 세계 기업들이 장기적인 관점에서 기업가치와 지속가능성에 영향을 주는 ESG의 비재무적인 요소를 평가하는 ESG 경영을 기업의 목표로 세우고 있다.

기업의 지속가능성을 확보하기 위해서는 ESG 경영은 필수가 되었다. ESG 경영은 환경, 사회, 지배구조의 책임을 기업이 투명하게 관리하는 경영 활동을 의미한다.

ESG는 사회적 책임을 다하는 기업에 투자하는 것으로 투자자 관점에서 바라본 사회적 책임이라고 할 수 있다. 그러므로 투자를 하기 위해서는 정량화된 지표가 필요하고, ESG 활동은 다양한 방법으로 계량화, 정량화되고 있다.

ESG 경영은 세계적인 투자사 블랙록의 CEO 래리핑크 회장이 2020년 연례서한에서 ESG를 최우선으로 삼고 2022년에도 '2050년까지 넷 제로 목표를 어떻게 달성할 것인지 사업계획을 기업들에게 공개할 것'을 요구하면서 빠르게 확산되었다.

ESG 경영을 실천하기란 현실적으로 매우 어렵지만 기업의 지속가능성에 대한 성과 연구를 보면, 고객가치에 대한 차별화와 재무적 성과와의 긍정적인 상관관계가 나타났다.

Broadstock은 환경적 책임활동, 사회적 책임활동, 지배구조 활동에 대해 블룸버그 ESG 지수를 메타 분석한 결과 R&D 활동 등 혁신 역량과 총수익 등 재무적 성과에 긍정적인 영향을 미치는 것을 확인했다.

국내 사례로 한국가스공사는 '지속 가능한 미래를 위한 KOGAS 청정에너지'라는 ESG 경영 활동을 통해 태풍 등 대형 재난 사전 예방을 위한 상황관리체계구축, 현장 안전관리 강화, 지자체 연계 안전마을 조성, 산불재난 대응역량 강화 등의 부문에서 긍정적인 평가를 받았고 상생협력과 사회적 가치 실현을 위한 노사공동 협약을 체결하였다.

한국도로공사는 환경(E) 부문으로 탄소 중립기반 고속도로 뉴딜을 구현하고 안전(S) 부문으로 사고 없는 안전한 길 등을 개선하며, 사회(S) 부문은 교통사고 관련 장학금 전달사업, 헌혈뱅크를 도입하였고 지배구조(G) 부문에서는 노동존중, 안전중심 고속도로 실현, 중소기업의 기술혁신생태계 조성 등의 성과를 나타냈다. 그 외 공공기관의 ESG 경영을 통한 우수한 성과 사례는 공개된 정보자료에서 찾아볼 수 있다.


산학기술학회의 「ESG 활동이 성과에 미치는 영향」 연구에 따르면, ESG의 사회, 지배구조는 소비자가 지각하는 사회적 가치와 비재무적 경영성과에 긍정적인 영향을 미치는 것으로 나타났고, 소비자가 지각하는 해당기업의 사회적 가치와 비재무적 경영성과는 기업 이미지에 긍정적인 영향을 미치며, 기업이미지는 프리미엄가격 지불의사 및 도움행동 의도에 유의한 영향을 미치는 것으로 확인되었다.

이러한 연구의 결과는 기업이 비재무적 요소인 사회, 지배구조에 대한 노력과 비용, 자원의 투자는 해당기업의 제품가치를 높여 시장가격 이상의 수익을 제공할 수 있을 것으로 예상되며, 기업의 ESG 활동은 소비자로 하여금 단지 제품의 구매와 소비만이 아닌 기업에 도움을 주는 조력자로서 역할도 하게 할 수 있다. ESG는 제품의 가치와 효용을 높여 소비자의 자존감과 위상을 향상시키고 기업의 생존에 필요한 초과수익을 제공할 수 있기 때문에 기업과 소비자 모두에 이익이 된다는 시사점을 제공하였다.


## 2) ESG 공시

공시(Disclosure)는 상장기업이 법적의무에 따라 정보를 공개할 때 사용되는 용어이다. 환경(Environmental), 사회(Social), 지배구조(Governance)의 영문 첫 글자를 조합한 단어 ESG는 말 그대로 환경, 사회, 지배구조를 중시하는 관점에서 출발하며, ESG 정보 공시제도는 ESG 투자의 핵심

인프라에 해당하므로 ESG 경영 성과와 관련하여 신뢰할 만한 ESG 공시제도가 구축되어야 한다.

기업경영에서 ESG의 중요성이 강조되고, 기업의 ESG 활동을 평가하기 위해 ESG 공시의 필요성이 높아졌지만 재무지표 공시와는 달리 비재무지표인 ESG의 공시와 관련해서는 국제적인 표준을 제공하는 기관이 없었다. 초창기에는 미국 CERS와 UNEP 가 공동 설립한 1997년 설립된 글로벌 리포팅 이니셔티브 GRI(Global Reporting Initiative), 2011년에 설립된 비영리 단체 '지속가능성 회계기준위원회 SASB(Sustainability Accounting Standards Board)는 기업이 투자자 및 기타 재무 이해관계자에게 재무적으로 중요한 지속가능성 정보를 공개하도록 안내하는 산업별 표준을 수립하고 유지하도록 하였고, 2023년에 해산되어 이관된 기후관련 재무정보공개 태스크포스 TCFD(Task Force on Climate-related Financial Disclosures) 등의 기준에 따라 ESG 공시가 이루어졌다.

2021년 11월 글래스고에서 열린 유엔 기후변화회의에서 국제지속가능성기준위원회 ISSB (International Sustainability Standards Board)가 창설되었다. 제26차 유엔기후변화협약 당사국총회 (COP26)에서 설립된 기관으로 전 세계에서 통용 가능한 ESG공시기준을 마련하는 것이 목표였다.

ISSB는 국제 표준 IFRS 지속가능성 공시 기준(IFRS Sustainability Disclosure Standards)은 투자자가 기업가치 판단 시 도움이 되는 지속가능성 관련 정보를 기업이 공시할 수 있도록 돕는 것을 목적으로 2023년 6월 최초의 IFRS 지속가능성 공시기준으로 IFRS S1 일반 요구사항과 IFRS S2 기후 관련 공시를 공표하였다.

2024년부터 적용된 ISSB가 공개한 지속가능성 공시기준 최종안은 크게 2가지로 일반적 지속가능성 관련 공시 요구안 S1과 기후 관련 공시안 S2로 나뉜다.

① S1은 기업이 단기·중기·장기에 기업의 자금흐름, 금융 접근성, 자본비용에 영향을 미칠 수 있는 위험 및 기회에 대한 정보를 투자자에게 제공해야 한다는 내용이다.
② S2는 기후 관련 공시안으로 기후완화 및 기후적응에 특화된 공시기준이다. 기업의 Scope1, 2, 3 온실가스(GHG) 배출량 보고로 기업의 온실가스 배출량은 직접 배출인 'Scope1'과 에너지 사용 등으로 인한 간접배출인 'Scope2', 마지막으로 완전히 간접적인 밸류체인의 배출량 'Scope3'로 나누어져 있다.

ISSB는 2022년 이사회에서 생물다양성, 생태계와 생태계 서비스, 인적 자원, 밸류체인 인권 문제 등을 추가 공시기준 제정 작업의 주제로 정한 바 있으며, S3과 S4에 해당하는 추가 공시기준을 제정할 계획이다.

ISSB의 지속가능성 공시기준은 강제성은 없지만, 각 국가들은 IFRS 지속가능성 공시 기준을 지속가능성 정보 공개를 위한 최소한의 공시 기준으로 하며, 국가별 법령 및 규제에 따라 공시 사항을 추가할 수 있다. 한국지속가능성기준위원회(KSSB) 또한 국내 지속가능성 공시기준 제정에 ISSB 기준을 참고하고 있다.

이렇게 ESG와 관련된 사항을 공시하여 제공하는 것은 공시된 해당 기준을 통해 자본시장에서 기업의 ESG 경영을 판단할 수 있도록 돕고, 기업의 지속가능성 노력을 독려하기 위해서이다.

# 2. 글로벌 ESG 규제 동향

## 1) 해외 공시제도 법제화

ESG 경영방식이 확산되면서 비재무적인 요소까지 기업은 적극적으로 대응해야 하는데 최근 ESG 정보 공시와 관련해 ISSB(국제지속가능성기준위원회)와 EFRAG(European Financial Reporting Advisory Group, 유럽재무보고자문그룹)는 2023년 12월에 지속가능성 보고 기준인 ESRS(European Sustainability Reporting Standards)의 이행을 위한 지침 표준이 발표되어 적용이 임박한 상황이다.

그러나 아직 ESG 경영을 CSR(Corporate Social Responsibility, 기업의 사회적 책임)처럼 호혜적 관점에서 바라보는 환경에서 ESG 경영의 빠른 확산을 위해 선진국을 중심으로 ESG 경영을 의무화하는 법제화 동향이 강화되고 있다.

기업이 사회의 일원으로서 경제적 목표를 추구하는 것뿐만 아니라 사회적, 환경적 측면에서도 책임을 다해야 한다는 CSR은 기업이 지속 가능한 경영을 추구하도록 고객, 직원, 주주, 공급자 등 기업과 관련된 모든 이해관계자들에게 가치를 제공하려는 노력을 포함하고 있기 때문에 투자 유치와 기업의 안정적인 성장을 위한 필수 요소이다.

ESG에 대한 사회적 관심과 기대가 높아짐에 따라 기업이 자율적으로 제공하는 단편적인 정보를 넘어 ESG 관련 정보의 공시를 의무화하는 내용의 법제도 도입에 대하여 세계적으로 빠른 변모를 보이고 있다.

대표적인 글로벌 ESG공시기준에 대한 주요 내용을 제안한 EU의 기업지속가능성 보고지침

(CSRD)과 그 세부적 공시기준인 지속가능성 보고표준(ESRS), 미국 증권거래위원회(SEC)에서 확정한 상장기업의 기후 관련 정보 공시를 의무화하는 규정, IFRS재단에서 발표한 지속가능성 공시 표준안의 공시요구가 서로 달라 공통적인 공지사항을 알아보면 다음과 같다.

① 지배구조: ESG 관련 리스크를 평가하고 관리하는 경영진의 역할과 이사회의 감독기능 공시
② 전략: ESG 관련 리스크가 단기·중기·장기적으로 기업의 사업, 전략, 재무계획 등에 미치는 실질적·잠재적 영향을 공시하도록 하고 있고, 미래의 기후변화로 초래될 수 있는 산업적, 정책적, 시장적 변화를 정의하고 기업의 경영과 전략에 미치는 영향 공시
③ 리스크 관리: '중요한' 영향을 미치는 ESG 리스크를 식별하고, 평가 및 관리하기 위한 회사의 내부 프로세스 공시
④ 지표: 기업 활동으로부터 발생하는 탄소배출량(Scope1)과 외부로부터 구입하여 소비한 전기, 열, 난방의 생산으로 초래되는 탄소배출량(Scope2), 공급망 전체에서 발생하는 간접 배출량(Scope3)을 중심으로 관련 내용을 공시하도록 하고 있다.

## (1) 기업지속가능성 보고지침 CSRD의 지속가능 보고 기준 ESRS

기업지속가능성 보고지침 CSRD(Corporate Sustainability Reporting Directive)에 따른 유럽재무 보고 자문그룹 EFRAG(European Financial Reporting Advisory Grou)은 절차의 실무 지침인 '중대성 평가 이행 가이던스(Materiality Assessment Implementation Guidance)'와 밸류체인 통합 정보 보고 이행을 위한 '밸류체인 이행 가이던스(Value Chain Implementation Guidance)', 'ESRS 데이터 포인트 이행 가이던스(ESRS datapoint implementation guidance)' 3가지를 제공하여 EU 지속가능 보고 기준 ESRS(European Sustainable Reporting Standards)에 대한 표준을 개발하였다.

CSRD에 따라 지속가능성 관련 사업모델과 전략, 지속가능성 목표 설정과 시행 절차, 지속가능성 관련 경영진 및 이사회의 역할과 책임, 지속가능성 이슈 관련 정책, 지속가능성 실사 절차 및 공급망, 사업관계를 포함한 제품·서비스 가치사슬 내 실제적 잠재적 악영향 및 이를 완화·예방·제거하기 위한 방안 및 조치결과, 지속가능성 및 이와 관련된 이슈에 대한 위험 및 관리방법 등을 보고해야 한다. 보고 방식은 EU 지속가능 보고 기준인 ESRS(European Sustainable Reporting Standards)에 따른다. ESRS는 어려운 지침인 CSRD를 기업이 실제로 적용할 수 있도록 쉽고 자세

하게 서술된 공시 기준이다.

<표 7> ESRS Set 1과 Set 2

| | 일반기준 | ESRS 1 | ESRS 2 |
|---|---|---|---|
| Set 1 | 주제별 기준 (E·S·G) | 환경(E) | ESRS E1 기후변화 |
| | | | ESRS E2 오염 |
| | | | ESRS E3 물 및 해양자원 |
| | | | ESRS E4 생물다양성 및 생태계 |
| | | | ESRS E5 자원사용 및 순환경제 |
| | | 사회(S) | ESRS S1 자사 근로자 |
| | | | ESRS S2 가치사슬 근로자 |
| | | | ESRS S3 지역사회 |
| | | | ESRS S4 소비자 및 최종사용자 |
| | | 지배구조(G) | ESRS G1 비즈니스 활동 |
| Set 2 | 산업별 기준 | | |
| | Non EU기업 기준 | | |
| | 상장 중소기업 기준 | | |

자료: 공시기준 정리

### (2) IFRS 지속가능성 공시기준(IFRS sustainability disclosure standard)

1973년 영국 런던에 설립된 국제회계기준위원회 IASB(International Accounting Standards Board) 산하에 있는 국제지속가능성표준위원회 ISSB(International Sustainability Standards Board)는 2022년 3월 IFRS 지속가능성 공시기준 공개 초안을 발표했으며, 2023년 6월 IFRS 지속가능성 공시기준으로 'IFRS S1 일반 요구사항'과 'IFRS S2 기후 관련 공시'를 공표하였는데 이것은 IFRS 공시기준은 기업가치 평가에 도움이 되는 지속가능성 관련 재무정보를 기업이 공시할 수 있도록 지원하기 위한 것이다.

IFRS S1 일반 요구사항(General Sustainability-related Disclosure)과 IFRS S2 기후 관련 공시(Climate-related Disclosures)로써 'S1 일반요구사항'은 기업이 투자자에게 지속가능성 관련 리스크와 정보 등을 공시하도록 권고한 것이며, 'S2 기후관련 공시'는 기업이 투자자나 이용자에게 기후관련 위험이나 전환위험, 내부 탄소 가격, Scope1, 2, 3, 온실가스 배출량 등에 대해 정보를 제공하도록 S1과 함께 적용되도록 고안된 기준이다.

〈표 8〉 ISSB의 IFRS 지속가능성 공시기준

| **가. 공시기준 제정방향**<br>• 국제 기준선<br>• 기후우선 |
| --- |
| **나. 공시기준 성격**<br>• 목적<br>• 일반목적재무보고 |
| **다. IFRS 지속가능성 공시기준**<br>(1) IFRS S1 일반 공시원칙 시안(General requirement prototype)<br>• 목적<br>• 적용범위<br>• 개념적 요소<br>• 일반적 특징(TCFD의 4개의 축(four pillars) 체계 기반으로 구성주제(기후) 기준에서도 동일한 항목으로 공시를 요구 → 비교 가능성 제고)<br>  ① 지배구조 ② 전략 ③ 위험관리 ④ 지표 및 목표<br>• 그 밖의 일반적 특징<br><br>(2) IFRS S2 기후 공시 시안(Climate-related disclosure prototype)<br>• 목적<br>• 적용범위<br>• 공시항목<br>  ① 지배구조 ② 전략 ③ 위험관리 ④ 지표 및 목표 - 산업전반 지표<br>  - 산업기반 지표<br>  - 기후 관련 목표<br>  - 기타 주요 성과 지표 |

자료: KAI게시물정리

### (3) 미국 SEC의 기후 공시(SEC Climate Disclosure)

미국 증권거래위원회 SEC(Securities and Exchange Commission)는 미국 증시에서 이뤄지는 거래를 감시 감독하는 정부 직속 기관으로 2024년 3월 SEC가 의결한 규칙으로, 기업들이 2026년 회계연도부터 온실가스 배출량을 의무적으로 공시하는 내용을 핵심으로 한다.

<표 9> 미국 SEC의 기후 공시

| |
|---|
| **1 Regulation S-K 1500: 기후 관련 정기보고서 및 증권신고서 공시** |
| 1-1. 일반 공시 요구 사항 |
|     ① 거버넌스 |
|     ② 전략, 비즈니스모델 및 전망 |
|     ③ 위험관리 |
|     ④ 지표 및 목표 |
|     ⑤ 중요한 지출 및 재무적 영향 |
| |
| 1-2. 온실가스 배출량 공시 요구사항 |
| • Scope1&2공시 |
| • 초안대비 변경사항 |
|   - Scope3 배출량 공시 제외 |
|   - Scope1&2 배출량 공시는 상장 대기업, 상장 중견기업에게만 해당 |
|   - 조직 경계 설정의 유연성 확보, 온실가스 배출 집약도 공시 제외 |
| **2 Regulation S-X 14: 기후 관련 재무제표 주석 공시** |
| • 심각한 기상이변 및 기타 자연현상이 재무제표에 미치는 영향 |
| • 탄소상쇄 및 재생에너지 크레딧 (RECs)정보 |
| • 재무적 가정 및 추정 |

자료: PwC게시물정리

## 2) 탄소국경조정제도 CBAM(Carbon Border Adjustment Mechanism)

EU는 탄소 과다 배출로 인한 기후·환경 문제를 해결하고자, 2000년대 이후 EU 회원국 기업들의 '영리활동 中 배출하는 탄소량'에 대해 배출권거래제도 ETS(Emission Trade System)의 법안을 통한 규제를 시작했는데 철강, 시멘트, 전기, 비료, 알루미늄, 수소 등 6개 품목을 유럽연합(EU)에 수출하는 기업에 대해 제품 생산과정에서 발생한 탄소 배출량만큼 탄소비용을 부과하는 일종의 관세제도인 탄소국경조정제도 CBAM은 온실가스 배출 규제가 느슨한 국가에서 생산된 제품을 유럽연합(EU)로 수출할 경우 해당 제품 생산 과정에서 나오는 탄소배출량 추정치에 세금을 부과하는 제도이다.

기후변화 이슈를 선도하는 유럽연합(EU)은 2019년 12월 유럽 그린딜(European Green Deal) 계획을 발표했고, 2030년 온실가스 배출량을 1990년 배출량보다 55% 줄이고, 2050년 탄소중립을 실현한다는 것이다. EU 집행위원회(EU Commission)는 2021년 7월 14일, 13개의 그린딜 추진 입법안 패키지, 일명 Fit for 55를 발표했고, 그중 하나가 EU 탄소국경조정제도CBAM(Carbon Border Adjustment Mechanism) 법안이다.

탄소 중립은 산업화시대 이후 온실가스·이산화탄소 등 탄소 과다 배출로 인한 지구온난화 가속을 방지하기 위해 탄소를 배출한 만큼 탄소를 분해하여 '순 탄소 배출량을 0'으로 만들자는 세계적 기조이다.

CBAM 규정은 부속서 I : 상품 및 온실가스 목록, 부속서 II : 직접 배출량만 고려되는 상품목록, 부속서 III: 본 규정의 적용범위에 포함되지 않는 제3국 및 외부영토, 부속서 IV: 내재배출량 산출법, 부속서 V: 내재배출량 산정에 사용된 정보에 대한 부기요건, 부속서 VI: 검증원칙 및 검증보고서의 내용으로 이루어져 있다.

## 3) EU 공급망 실사법

공급망 실사란 기업의 공급망에 대한 ESG 기준 및 실천 사항을 조사하고, 지속가능성 및 사회적 책임 측면에서의 적합성을 평가하는 과정을 뜻하는데 EU 공급망실사법은 EU(유럽연합)의회에서 발표한 'EU 공급망 실사 지침'에서 말하고 있는 ESG 요소에 관련된 기업의 공급망 실사에 대한 내용, 적용 대상, 법적인 제재방안 등의 내용을 말한다.

2023년 6월 유럽의회는 '기업 지속가능성 공급망 실사지침' CSDDD(Corporate Sustainability Due Diligence Directive)을 통과시켰는데 한국에서는 'EU 공급망 실사법'으로 불린다.

EU 공급망 실사법은 2027년부터 기업의 인권과 환경 실사를 순차적으로 의무화하는 법안인데 EU 시장에서 활동하는 일정 규모 이상 대기업들이 자사 공급망에서 발생할 수 있는 환경파괴 및 강제노동 등의 인권침해가 있는지 그 영향을 실사해 관련 정보를 공시하고, 예방 또는 구제를 위한 위험 기반 시스템 도입 및 실행 의무화를 담고 있다.

이 'EU 공급망 실사법'은 EU 역내에서 활동하는 금융업을 제외한 대부분의 산업군에 적용되는데, EU 역외 기업의 경우 EU 내 매출액이 4억 5,000만 유로, 한화로는 6,600억 원을 초과하면 최종 모

기업이 공급망 실사법에 따른 의무를 수행해야 한다.

EU 27개 회원국은 2년 이내에 이 지침을 근거로 법을 제정해야 하고 2027년부터 기업 규모에 따라 순차적으로 시행된다. EU 공급망 실사법은 자사뿐 아니라 납품 업체에서 인권·환경 침해가 일어나면 벌금 등의 제재를 받게 된다는 뜻이어서 기업경영 전반의 대변화가 예상된다.

KPI(산업생산성본부)에서 제공하고 있는 EU 공급망 실사법의 주요내용은 다음과 같다.

(1) 적용 대상: 거점지역에 따라 역내기업과 역외기업으로 분류하고, 기업규모(직원 수, 매출액), 고위험산업 해당 여부 등을 기준으로 구분
(2) 의무내용: 원청 기업은 협력업체를 포함한 공급망 전체에 대해 기업 활동이 인권과 환경 등에 미치는 부정적 영향을 평가·관리
   ① 기업 정책에 공급망 실사 반영
   ② 인권·환경 등에 대한 부정적 영향 파악 및 평가
   ③ 부정적 영향 예방·제거·최소화
   ④ 이에 대한 모니터링 및 실사이행 결과 보고(매년 1회 이상)
(3) 실사항목
   ① 인권(국제인권협약 위반사항)
   ② 환경(생물다양성, 화학물질, 유해폐기물 등에 대한 국제 환경협약)
   ③ 기후변화(파리협정: 상승 1.5도 제한 달성을 위한 사업전략 등)
(4) 책임·제제
   ① 원청 기업의 공급망 실사 의무 미준수로 손해 발생 시 원청 기업에 인사 책임 부과 가능
   ② 감독기구에서는 기업 매출액 등에 비례한 벌금 부과 가능(5)적용시점: EU 회원국은 지침 발효 후 국내법을 제정하여 기업규모에 따라 3~5년 내 적용

## 4) 노동이사제

노동이사제란 근로자대표의 추천 또는 근로자 과반수의 동의를 받은 자를 이사로 선임해 이사회에 참여토록 하는 것이다.

독일의 2차 세계대전 패전 이후 연합국은 전범기업과 중화학공업 기업의 몰수, 해체 통제 절차를 진행했고 노조는 이에 편승해 기업 국유화와 근로자의 경영참가를 통한 경영 통제를 요구했다. 이에 기업들은 이 상황을 벗어나고자 근로자대표의 이사회 참여를 받아들였다. 1951년 독일에서 최초로 도입되었고 이후 프랑스, 네덜란드 등 일부 유럽국가에서 도입되었다.

우리나라에서는 2016년 9월 서울시에서 산하 투자 및 출연기관에서 최초로 시작되어 지방자치단체에서 조례를 제정해 산하 공공부문에서 노동이사를 선임하도록 하고 있으며 공기업과 준정부기관에 적용되었다.

노동이사제는 ESG 경영 방침과 밀접한 관련이 있는데 이해관계자로서 근로자의 경영참여는 독일, 북유럽의 유럽 국가들이 발전시켜온 제도이며 여러 가지 문제를 안고 있지만, 공공기관의 참여적 노사관계 구축과 공공기관 거버넌스 변화 등 다양한 긍정적 변화가 있을 것으로 보인다. 원조 격인 독일이나 프랑스, 스웨덴 등 10여 개 국가는 공공기관과 민간기업에 모두 노동이사제가 의무화돼 있다. 스페인, 그리스 등 6개국은 국가나 지방 공기업에 제한적으로 도입됐다. 개별 기업에 자율적으로 맡기는 나라도 영국이나 이탈리아, 벨기에 등 10여 개 국가가 있다.

## 5) 그린워싱 규제

그린워싱(Greenwashing)은 '하얗게 칠하다, 회칠하다, 불법행위의 진상을 은폐하다, 눈가림하다'는 의미의 Whitewash와 친환경을 의미하는 Green의 합성어이다. 기업이나 단체에서 실제로는 환경보호에 효과가 없거나 심지어 환경에 악영향을 끼치는 제품을 생산하면서도 허위·과장 광고나 선전, 홍보수단 등을 이용해 친환경적인 모습으로 포장하는 '위장환경주의' 또는 '친환경 위장술'을 가리킨다.

환경에 관한 대중의 관심이 늘고, 친환경 제품 선호가 높아지면서 생겨난 현상으로 환경 친화적인 이미지를 상품 제작에서부터 광고, 판매 등 전 과정에 걸쳐 적용·홍보하는 그린 마케팅(Green Marketing)이 기업의 필수 마케팅 전략 중 하나로 떠오르면서, 실제로는 친환경적이지 않은 제품을 생산하는 기업들이 기업 이미지를 좋게 포장하는 경우가 생기고 있다.

캐나다의 친환경 컨설팅 기업인 테라초이스(TerraChoice)는 2010년 '그린워싱의 7가지 죄악'(Seven Sins of Greenwashing)이라는 기준을 제시했다.

(1) 상충효과 감추기(Hidden Trade-Off): 친환경적인 특정 속성만 강조해 다른 속성의 영향은 감추는 행위
(2) 증거 불충분(No Proof): 근거 없이 친환경이라고 주장
(3) 애매모호한 주장(Vagueness): 광범위하거나 오해를 일으킬 수 있는 용어 사용
(4) 관련성 없는 주장(Irrelevance): 내용물은 친환경과 무관한데 용기가 재활용된다는 이유로 친환경 제품이라고 표기
(5) 유해상품 정당화(Lesser of Two Evils): 환경적이지 않지만 다른 제품보다 환경적일 때 친환경이라 주장
(6) 거짓말(Fibbing): 거짓을 광고
(7) 부적절한 인증라벨(Worshiping False Labels): 인증 받은 상품처럼 위장

2024년 1월 소비자를 혼동시키는 그린워싱 제품을 규제하기 위한 EU의 새로운 지침 '녹색 전환을 위한 소비자 역량 강화' ECGT(Empowering Consumers for the Green Transition Directive)가 통과되었고 2026년부터 과학적 검증 없이 제품을 '친환경적'이라고 홍보하는 것을 금지하기로 했다. 위원회는 불공정 관행에 대한 더 나은 보호와 더 나은 정보를 통해 녹색 전환을 위해 소비자에게 권한을 부여하는 지침에 대한 제안서를 발표했고, 이 제안은 기후 중립 사회로의 전환에 적극적인 역할을 하기 위해 정보에 입각한 선택을 하는 소비자의 권리를 강화하기 위해 고안되었다고 밝히고 있다.

지침에는 입증되지 않은 '친환경적', '생분해성', '에코' 등의 친환경 표시 사용 금지, 실질적인 탄소배출 감축 노력 없이 탄소 상쇄에 의존한 친환경 표시 금지, 제품의 내구성을 과장해 홍보하거나 불필요한 소모품 교체 유도를 금지하는 내용이다.

# 3. 강화되는 글로벌 ESG 공시 의무

 기업의 지속 가능한 성장과 관련하여 비재무적인 환경(E), 사회(S), 지배구조(G) 지표에 투자자들의 관심이 증가함에 따라 미국, EU 등 주요 선진국들은 ESG 관련 공시규제를 대폭 강화하고 있다.

 유럽연합 EU의 경우에는 2021년 4월에 기업의 ESG 공시의무를 강화하는 '비재무정보(Non-Financial Reporting Directive)'를 개정한 '기업 지속가능성 보고지침 CSRD(Corporate Sustainability Reporting Directive)'를 발표하였다. 이 지침에는 ESG 공시의무 대상기업을 기존 EU 역내 대형 상장·금융·공익 기업 중심에서 상장·비상장 대기업, 상장 중소기업뿐만 아니라 EU 역내에서 활동하는 글로벌 기업까지 확대할 예정이다.

 공시기준에서도 GRI(Global Reporting Initiative)와 같은 다양한 글로벌 이니셔티브 중에서 기업이 선택해 공시하도록 했던 것을 유럽재무보고자문그룹(EFRAG)에서 제정한 공시기준으로 단일화하는 등 규제를 대폭 강화했다. 또한 기업의 ESG 공시채널을 기존에는 사업보고서 이외의 별도 보고서도 인정했던 것에서 사업보고서로 일원화하고, 제3의 독립기관으로부터 ESG 공시내용을 의무적으로 검증(assurance)받도록 했다. 2024년부터 강화된 ESG 공시기준이 적용된다.

 미국의 경우에도 최근 관련 규제를 강화하고 있다. 미국의 증권거래위원회(SEC)는 기후변화에 대응하기 위해 미국 상장기업을 주요 대상으로 하는 '기후 분야 공시 의무화 방안'을 발표했다. 이 방안에서는 상장기업이 증권신고서와 사업보고서를 제출할 때 온실가스 배출량과 같은 정량적 지표뿐 아니라 기업이 직면하고 있는 기후변화 리스크 관련 정보 등도 공시하도록 하고 있다. 또한 온실가스 배출량의 경우 2024년부터 2026년까지 기업 규모와 상장 여부에 따라 공시의 범위와 내용에 대한 검증 수준을 단계적으로 강화하는 방안을 포함하고 있다. 그 외 영국, 홍콩, 일본 등 주요국도 상장기업을 중심으로 ESG 공시를 강화하고 있는 추세다.

국제회계기준(IFRS) 재단을 중심으로 2021년 11월 IFRS 재단은 G20, 국제증권관리위원회기구(IOSCO) 등의 지지 속에서 글로벌 ESG 공시기준 표준 제정을 위해 국제지속가능성기준위원회(ISSB)를 설립하였다. ESG 공시표준을 발표하고 규제시점은 2023년 6월 확정하여 국가별 적용을 의무화하였고 의무공시는 2025년으로 1년의 유예기간을 주기로 했다. 많은 기업이 부담을 느꼈던 Scope3 배출량에 대한 공시는 2026년으로 정했으며, 국가별 정책은 제3자 검증을 통하여 시행한다.

글로벌 ESG 공시의 실질적인 통합 방안인 국제 지속가능성 기준위원회ISSB(International Sustainability Standard Board)의 최종안 S1, S2가 발표되었는데 S1은 일반 요구사항이고, S2는 기후변화 관련 요구사항이다.

유럽의 지속가능정보공개 방침 CSRD(Corporate Sustainability Reporting Directive), 미국 증권거래위원회 SEC의 기후관련 공시와 함께 비재무정보 정보공개 의무화의 Big3로 불리는 ISSB의 최종안이 발표되어 글로벌 ESG 공시 의무화는 투자자, 기업, 국가에게 중요한 의미가 되었는데, 글로벌 ESG 공시의무가 강화되는 것은 기후변화 대응, 지속 가능한 지구를 위해 꼭 필요한 변화에 대한 주요 이해관계자들의 ESG 요구가 지속적으로 증대되고 있기 때문이다.

첫째, 투자자의 요구증대로 기업구조 개선 등을 도모하는 스튜어드십 코드 강화, 연기금과 자산운용사 등의 책임투자 및 ESG 투자전략 활용 확대되고 있다.

둘째, 고객의 ESG 요구 증대로 ESG가 공급망 관리와 협력업체 선정의 주요한 요소로 등장하고 MZ세대 중심의 고객 ESG 요구 증가하고 있다.

셋째, 무디스, S&P등 글로벌 신용평가사의 기업 신용평가에 ESG 요소가 적극 반영되고 있다.

이러한 공시의무에 따른 각국 정부의 ESG 관련 정부규제 강화로 말미암아 ESG 정보공시의 글로벌 표준화·의무화로 ESG 공시에 대한 기업의 책임이 중요해졌다. 글로벌 ESG 공시 의무강화에 따라 우리 기업들도 글로벌 지속가능성 공시기준 표준화에 맞춰, 지속가능성 관련 위험과 기회에 대한 내용을 공시하며 ESG 전략을 수립하고 실행해 나가야 할 것이다.

# Chapter 3

# 대학 ESG 경영의 역할

# 1. 기후변화 및 융합시대 대학의 역할

## 1) 기후변화와 그린캠퍼스

'기후 변화'(climate change)는 기후 위기(climate crisis), 기후 비상사태(climate emergency)로도 불리며, 지구 온난화처럼 지구의 평균 기온이 점진적으로 상승하면서 전 지구적 기후 패턴이 급격하게 변화하는 현상 또는 이러한 변화로 인한 위험의 증가를 통틀어 일컫는 말이다.

1980년대부터 지구온난화(global warming)와 기후 변화(climate change)라는 단어가 대중화되기 시작했는데, 일반적으로 '지구 온난화'는 지상의 온도 증가만 언급하는 통상적으로 인간이 일으킨 지구의 온난화 현상을 지칭하고 '기후 변화'는 자연적인 혹은 인위적인 경우를 모두 통틀어 말한다.

현대기후 변화 원인으로 지구 온난화의 주범으로 온실기체를 들고 있는데, '온실기체'(Greenhouse gases, GHGs)는 지구의 지표면에서 우주로 발산하는 적외선 복사열을 흡수, 반사하여 지구 표면의 온도를 상승시키는 역할을 하는 특정 기체를 말한다. 지구 대기의 이산화탄소, 메탄, 수증기 등은 지구를 적당한 온도를 유지시켜 주는데, 지금은 그 양이 필요 이상 증가하여 지구의 기온이 과도하게 올라가는 현상을 보이고 있다.

이러한 지구의 기후변화에 대학 역시 온실가스 배출원이라는 점을 인정하고 캠퍼스 환경운동으로 지속가능성과 저탄소에 원칙을 두고 그린캠퍼스 운동을 하고 있다.

대학은 지속가능성과 저탄소를 기반으로 대학 내 기구를 구성하고 대학이 배출하는 온실가스량을 파악하고 이를 구체적으로 실천하기 위하여 국제 연구 대학 협력 기관인 IARU(International Alliance of Research Universities)는 구체적인 감축 계획과 감축 행동 프로그램들을 마련했다.

2006년부터 IARU 소속 대학들은 대학 내 기후변화 담당 기구를 설립해 각 대학 기숙사 시설, 교통수단, 해외 항공 출장, 물품 소비, 에너지 사용량을 평가 비교하고 이에 따른 환경영향을 측정하기 시작했다. 온실가스를 대학이 선도해서 줄이기로 한 것은 대학 자체가 배출하는 온실가스를 줄이려는 노력이 대학의 사회적인 책임성을 높이고 교육적인 효과까지 보이고 있어서 더욱 의미가 깊다.

우리나라의 경우 환경부와 한국 환경보전원은 온실가스 대량 발생원 중의 하나인 대학이 온실가스를 감축하고, 지속가능 성장을 선도할 인재를 양성할 수 있도록 2011년부터 그린캠퍼스 선정 및 지원 사업을 추진하고 있는데, 그린캠퍼스를 지속가능 사회를 위한 대학 운영 및 교류·협력, 교육 및 연구, 친환경 교정 조성 등의 사업수행을 위해 환경부장관이 지정하는 대학이라고 정의하고 있다. 그리고 그린캠퍼스 선정대학의 역할에 대해

① 지속가능 사회를 위한 대학 운영
② 미래의 친환경 인재 양성을 위한 친환경 교육 및 연구 실시
③ 대학 및 지역사회에 친환경 문화 전파를 위한 참여 확산
④ 온실가스 감축을 위한 친환경 교정 구축 등을 들고 있다.

추진체계를 살펴보면 환경부는 정부차원에서 그린캠퍼스 기본계획 수립, 그린캠퍼스 대학 선정, 성과 재고를 위한 정책 연계를 하고 있으며, 한국 환경보전원은 지원 기관으로 그린캠퍼스 선정추진, 그린캠퍼스 운영 지원, 온실가스 감축 기술 지원하고 있다. 그리고 그린캠퍼스에 참여하는 대학은 그린캠퍼스 추진단 운영, 친환경 공간 조성, 친환경 인재 양성, 친환경 문화 만들기 등에 대한 실천적 활동을 한다.

그린캠퍼스의 취지는 학내 구성원이 캠퍼스를 푸르게 가꾸고 환경 친화적 의식을 갖는 것으로 환경 친화적인 캠퍼스를 위해서는 녹지 공간 외에도 태양광 발전시설과 같은 신재생에너지 시스템을 설치, 에너지 절약 등과 같은 친환경 실천 활동이 수반되어야 하며, 대학생들은 수업과 교내에서 진행되는 각종 캠페인을 통해 그에 해당하는 학문을 습득하고, 지역정화와 같은 실천을 통해 친환경 인재로 성장해야 하며, 친환경생활 체험시설과 생태탐방로, 지자체 연계 교육 등을 통해 지역사회와 친환경 의식을 공유한다. 그린 캠퍼스에 대한 정부의 지원은 멈추어서는 안 되며 오히려 적극적 지원을 통하여 국가경쟁력과 고등교육의 지속 발전 가능을 위한 거시적 안목이 필요한 시점이다.

## 2) 융합시대 대학의 역할

블록체인(block chain), 빅 데이터(Big Data Statistical Analysis), 인공지능(Artificial Intelligence, AI), 로봇공학(Robotics), 사물 인터넷(Internet of Thing, IoT), 3D 프린팅(3D printing) 등의 기술 요소로 대표되는 제4차 산업혁명 4IR(Fourth Industrial Revolution)은 정보통신 기술(ICT)의 융합으로 이루어지는 차세대 산업혁명이다.

2016년 클라우스 슈바프(Klaus Schwab)가 의장으로 있던 세계 경제 포럼 WEF(World Economic Forum)에서 주창된 용어로 '제4차 산업혁명'은 물리적, 생물학적, 디지털적 세계를 빅데이터에 입각해서 통합시키고 경제 및 산업 등 모든 분야에 영향을 미치는 다양한 신기술로 설명될 수 있다.

정보통신기술의 발달로 많은 곳에 커다란 변화를 가져오고 있으며 교육에도 접목되어 큰 변화를 일으키고 있다. 팬데믹을 겪으면서 온라인 강의가 일상이 되고 세계 유수의 대학에서 강의 정보를 공개하는 등, 교육의 제반 환경, 지식의 개념, 추구하는 인재상까지 고등교육의 패러다임은 변화하고 있다.

세계화, 국제화, 글로벌 등은 현대사회를 표현하는 대표적인 용어이다. 국제사회에서는 국가경 쟁력의 우위를 차지하고 국가 경제와 문화에 활력을 키우기 위해 양질의 고등교육이 필요하다. 최 근의 학문적 경계와 지식 독점의 구조에 대한 경계가 무너지고 학습자들은 온라인을 통하여 더 많 은 기회와 가능성을 접하게 되었다.

지식은 공유, 참여, 협력을 통해 융합되어 구성되는 것으로 교육에서 추구하는 인재상 역시 융합 형 창의 인재상으로 변모하고 있다.

융합시대의 산업변화로 미래 성장산업을 들 수 있는데, 데이터 산업은 코로나 팬데믹으로 인한 디지털 전환의 가속화로 데이터 및 디지털 역량은 국가 경쟁력과 직결된다.

4차 산업혁명으로 Big3 산업인 시스템반도체 산업, 미래 산업, 바이오산업이 미래 성장 동력으로 부상하고 있다.

그린산업은 기후변화 대응을 위한 '탄소중립사회'로의 전환으로 환경(E), 사회(S), 지배구조(G) 와 연계되어 모빌리티, 제조업, 건축, 농수산업 등 생활 분야로 친환경 산업의 수요가 증대되고 있 다.

로보틱스 산업은 AI, 빅데이터, Cloud 등 로봇기술은 다양한 분야에서 특히 코로나 팬데믹 상황으로 인하여 생산을 지속할 수 있는 자동차 로봇 기술의 중요성이 제고 되었다.

이러한 산업의 변화에 따라 대학의 존재 이유와 역할은 영역에 따른 역할의 축소와 확대를 거치면서 발전해 왔다.

글로벌 또는 지역사회 문제를 공감하고, 다양한 배경을 가진 사람들과 협력하여 창의적이고 혁신적인 방법으로 문제를 해결할 수 있는 역량을 지닌 인재양성과 학문의 균형적 발전에 대한 역할이 강조되고 있다. 종전의 지식 생산과 지식 교환에서 기업가적인 대학으로 적극적인 연구 상용화의 역할을 하였다면 점차적으로 체계적 대학으로 주체들 간의 매개 역할과 참여적 대학으로 적극적 주체로서 발전의 역할을 담당해 나가야 할 것이다.

기후변화 및 융합시대 대학의 역할에서 대학은 교육과 인재양성이 갖는 공적 성격에 기인하여 환경(E), 사회(S), 투명한 지배구조(G) 등에 관심 갖고 사회적 책임을 감당해나가야 하는 당위성을 갖는다.

전문 인력에 대한 사회적 변화와 기업에 부응하기 위하여 전문가를 양성할 의무가 있고, 미래 세대의 지속 가능한 기업을 구현하는 것에 대한 교육은 필수이다.

실천적인 창의 융합인재 양성과 대학 ESG 경영을 통하여 문화 확산에 기여하여야 하고 대학에서 ESG 공시 기준에 의한 경영이 교육 혁신과 미래 교육을 선도할 수 있도록 해야 한다.

# 2. 한국 사회의 대학 현실과 혁신방향

## 1) 한국 사회의 대학 현실

사회사적 대 전환기에는 사회, 정치, 경제 사회전반에 대한 트렌드를 분석하고 예측하는 분야에 초점이 맞춰지게 된다. 현대 사회에서는 기후변화와 융합시대에 맞추어 급변하는 시대에 지속가능성에 따른 현재의 트렌드와 미래사회의 트렌드에 대한 패러다임의 이해가 필요하다.

변화하는 한국 사회에서 대학이 처한 현실에 대하여 여기에서는 공개된 자료를 바탕으로 재구성하였으며 대학의 기준은 고등교육기관을 포괄적으로 포함하여 제시하였다.

한국대학교육협의회에서 발간한 「대학의 구조조정 현황과 과제」 연구보고서(2023)를 보면, 급격한 출산율 저하와 인구감소 및 코로나 팬데믹의 충격 등 복합적 난관이 지속되는 교육환경과 지방대학 구조조정에 대한 정부주도의 한계대학의 거부, 정원감축 프로젝트, 학령인구 감소로 인한 대학 신입생 미충원 규모 증가, 대학 재정지원에 있어서 대학 간 제휴, M&A, 퇴출 및 학교법인 Governance 문제가 선결되도록 재정지원 및 통제와 법제도 장치기준을 요구하고 있다. 이러한 여러 가지 상황으로 사립대학 재정여건은 갈수록 어려워지고 구조조정으로 대학들이 정원축소와 학과 통폐합, 대학 간 통합 등 다양한 생존 플랜을 모색하고 있으며 학령인구 감소에 따라 운영이 어려운 부실위기 한계대학은 급격히 늘어날 전망이다.

재정구조 및 운용(2020)면에서는 사회적 패러다임의 변화에 따른 대학의 경쟁력이 무엇보다 중요한 요소로 부각되는 시기에 정부의 지속적인 투자가 증가되고 있음에도 불구하고 대학의 재정구조 및 운용현황은 매우 열악한 상황이다.

대학 재정 국제비교 분석을 보면, 우리나라는 2010년대 들어서 급격한 감소세를 보이고 있으며, 우리나라 고등교육 학생 1인당 공교육비는 2010년 OECD 평균의 74%까지 상승하였으나 2017년 65%에 머무르고 있다.

우리나라 고등교육에 대한 공적투자는 국가경제규모에 비해서도 낮은 수준이고 민간부담은 여전히 높은 수준이다. 국민 1인당 GDP 대비 대학생 1인당 고등교육 지출비중은 2002년 43%를 최고점으로 2015년에는 30%, 2017년에는 37%까지 점차 하락하고 있다. 학생 1인당 고등교육 공교육비중에서 OECD 평균 대비한 민간재원의 비중은 2011년 1.7배에서 2017년 1.4배로 낮아졌으나 여전히 높은 수준이다.

우리나라의 대학재정 총량규모의 절대부족, 세입구조의 취약성과 세출 구조의 경직성, 정부 재정지원의 불안정성, OECD 국가 수준보다 낮은 정부 부담 공교육비 및 학생당 교육비 등의 문제점을 안고 있다.

2023년 3월 교육부는 지자체의 대학지원 권한 확대와 규제 완화를 통해 지자체 주도로 대학을 지원하여 지역과 대학의 동반 성장을 추진하는 체계로 지역혁신중심 대학지원체계 RISE(Regional Innovation System&Education)를 2024년 시범지역 운영을 거쳐 2025년 전 지역으로 도입한다.

글로컬 대학은 교육부가 2027년까지 비수도권 대학 30곳을 '글로컬(Glocal) 대학'으로 지정해 지원하는 정책 사업으로 글로컬은 세계화를 뜻하는 Global과 지역화를 뜻하는 Local의 합성어이다.

이 정책이 대학구조조정 사업의 일환으로 보아 경영위기대학 정책과 맥락이 같다고 보기도 하지만, 학령인구 감소와 지역격차 등 현시점의 위기 상황에 대응해 대학과 지역사회 간 결속력 있는 파트너십을 맺어 글로벌 수준의 동반성장 견인을 목표로 한다는 점에서 단순한 대학 재정지원 사업과는 다른 점이다.

교육부는 급격한 학령인구 감소와 산업구조의 변화 속에서 지역을 발전시키는 혁신 생태계의 중심이자 지역 우수 인재 누구나 가고 싶어 하는 경쟁력 있는 지역대학 육성을 위해 '글로컬 대학 30 프로젝트'를 추진하고 있다.

대학사회의 가장 큰 현안인 정부의 대학과 지자체 연계 정책이 대학과 지자체 협력 체제가 잘 구축되기 위해 2024년 6월 '대학-지역혁신TF'를 발족하였다. TF에서는 RISE, 글로컬 대학 등에 대한 정책 진단과 안정적인 정책 추진을 위한 고등교육재정 확보 방안, 대학-지자체 협력 체제 구축 방안 등을 집중 논의한다.

한국 고등교육은 대학교육의 질 제고와 책무성 요구가 더욱 증대되고, 대학운영의 투명성이 강조되고 있으며 대학 입학제도, 교육과정 운영 및 개발, 대학평가, 고등교육의 국제화, 직능별 및 개별대학의 발전방안에 대한 현안들이 산적해 있으나 문제의 양상은 매우 다양하며 복합적이다.

교육부(2022)의 고등교육 여건에 대한 현 상황을 요약하여 정리하면 다음과 같다.

(1) 대학의 열악한 미래 투자 여력

① 열악한 재정 여건: 학령인구 급감으로 인한 불확실성 등은 대학에 막대한 재정 부담으로 작용

② 신규 투자 여력 악화: 재정 악화로 대학은 기관 운영을 위해 미래변화에 대응할 교육연구 분야 투자 축소가 불가피한 상황

(2) 지방대학 중심의 위기 가속화

① 학생 미충원의 지역별 격차: 학령인구 감소로 인한 미충원은 특히 지방대로 집중되어 대학 재정 여건에 악조건으로 작용

② 지역 불균형 심화: 지역 사회 경제적 격차가 지방대 위기로, 다시 지역 사회 경제의 위축으로 이어지는 악순환 발생 우려

(3) 인재양성 고도화를 위한 국제 경쟁 심화

① 국제수준 대비 투자 열악: 우리나라 고등교육 투자는 1인당 교육비 국가 경제 규모 대비 미래 투자가 매우 부족

② 국제 격차 확대: 주요 선진국은 인재양성기관으로서 대학의 중요성을 인식하고 대학 투자 규모를 적극적으로 확대하는 양상을 보이고 있다.

한국경제의 발전 수준에서 볼 때 연구의 수준과 교육의 질이 더 높아져야 한다는 비판이 있고, 사회는 급격히 변하고 있는데 대학의 변모 속도가 따라가지 못한다는 비판도 있다. 현실 속에서 나

타나는 부적합성과 문제들을 해결하려는 제도적 노력이 필요하며, 사회적 변화에 따른 대학의 경쟁력을 기르기 위한 우리나라 고등교육정책은 정부주도의 규제형 정책이 아닌 대학에 자유를 주는 선진국형으로 옮겨 가야 하는 시점에 와 있다는 것에 공감한다.

## 2) 우리나라 대학의 혁신 방향

한국은 2020년 기준 고등교육 취학률이 70.4%로 세계 최고의 수준이다. Trow(1972)은 취학률이 50%가 넘으면 고등교육은 보편화에 이르렀다고 하였는데, 보편적 단계의 고등교육은 새로운 형태의 교수, 성취에 대한 새로운 기준을 요구한다. 대학 내의 지배적인 학문적 가치 이외에 다양한 학생의 다양한 요구에 직면하게 된다는 것이다. 보편화단계에서 대학은 보다 적극적이고 시장에 대한 요구에 맞추어 유연성을 발휘하여야 한다.

4차 산업혁명으로 특징되어지는 창의 융합의 AI시대, 기후변화로 인한 ESG에 대한 관심 증대, 팬데믹으로 인한 개인화된 시스템, 출산률 감소 등에 따른 급격한 변화에 차별화된 가치와 전략을 가지고 혁신적으로 대응하지 않는다면 영향력과 지배력에 따른 경쟁력을 가질 수가 없고 자연스럽게 도태될 수밖에 없는 상황에 놓여 있다.

교육부는 2022~2024년 대학혁신지원사업 기본계획에 우수한 인적자원은 우리나라 경제 산업 발전의 근간으로, 인재 양성의 질이 곧 국가미래 경쟁력을 좌우하고 4차 산업혁명 시대를 이끌어 갈 미래 인재의 적시 양성과 인재양성 체제 혁신을 위해 대학 자율혁신의 지속과 고도화 추진이 긴요하다고 하였으나 대학의 실상은 학생미충원과 재정악화 및 투자부족, 고등교육 생태계 불균형의 악순환에 직면해 있기 때문에 고등교육의 혁신이 중요함을 개진하였다.

「2023 대한민국 인재양성사업 안내서」에서 인재란 '자아실현, 삶의 질 향상과 국가·지역의 경쟁력 강화에 필요한 지식·기술 역량과 태도 등 능력과 품성을 갖춘 사람'이라고 정의하며, 영역별 분류 기준은 과학·기술 분야, 인문·사회 분야, 예술·체육 분야, 농림·어업 분야, 융·복합 분야 5대 영역으로 구분하고 5대 첨단분야(ABCDE)는 A(Aerospace/Mobility)항공·우주, 미래모빌리티, B(Bio health)바이오헬스, C(Component) 첨단부품·소재, D(Digital)디지털, E(Eco/Energy)환경·에너지와 인재양성을 위한 3대 전략 10대 과제를 마련하였다.

교육부에서 발표한 대학 혁신 지원사업을 요약하여 다음과 같다.

〈표 10〉교육부 대학 혁신 지원사업

**【'22~'24년 대학혁신지원사업 기본방향 및 주요내용】**

▶ **사업목표**: 대학별 자율 혁신을 통한 체질 개선으로 양질의 대학 교육을 통한 미래 인재 양성
▶ **기본 방향**: 적정 규모화, 특성화를 포함한 대학별 자율 혁신 추진 지원, 지역 수요, 대학 역량 등에 따른 다양한 발전 전략 뒷받침
▶ **세부 추진 전략**: 미래 인재양성을 위한 대학 교육의 질적 혁신과 학생 지원 강화
  • 자율성과 공공성·책무성의 조화
  • 대학별 적정규모화 및 질적 혁신 촉진
  • 산업·사회 변화에 대한 능동적 대응
▶ **대학 내 기반**
  • 대학혁신지원사업(자율혁신계획)을 중심으로 한 사업 간 유기적 연계
  • 대학 내 정부(중앙·지자체) 재정지원사업의 총괄 관리 체계 구축
▶ **고등교육 정책 방향**
  • 대학의 체계적 관리 전략
  • 인재양성 정책 혁신방안

한국교육개발원(2024)에서 공개한 대학의 학과·전공 운영 실태 분석 연구 결과 자료에서 대학 현장의 학과·전공 운영 개선을 위한 요구사항으로는 대학의 특성을 고려한 개편 대상 선정, 지나친 교원 겸임제도의 지양, 학생의 선택권과 전공역량 강화를 동시에 보장하는 교육과정 편성·운영, 전담조직 구축을 통한 지속적 행·재정적 지원 등이 도출되었다. 그리고 우리나라 대학의 학과·전공 운영 개선을 위한 과제를 다음과 같이 제안하였다.

첫째, 대학의 학과·전공 운영 실태를 전공계열뿐 아니라 학문분야 단위까지 고려하여 세밀하게 분석·해석할 필요가 있다.

둘째, 미래 인재양성 정책 수립 시 학문분야별 학생 및 교원 특성을 종합적으로 고려한 분석 결과를 바탕으로 의사결정이 이루어질 필요가 있다.

셋째, 첨단 분야의 학과·전공 증설에 부응할 수 있도록 학생 및 전임교원의 확보 기제를 마련할 필요가 있다.

넷째, 대학의 학과·전공 관련 국가수준 통계조사 항목을 최신화·다변화·구체화할 필요가 있다.

다섯째, 대학의 학과·전공 운영 실태에 관한 심층 분석을 위해 각종 조사 자료를 연계할 필요가 있다.


고등교육 학습패러다임의 변화에 따라 대학의 교육과정 변화의 요구와 교수 역할에 대한 변화 요구로 인하여 학문중심에서 역량중심으로 지속되는 저성장 기조에서 고용문제해결, 개인의 진로 관리 역량 향상이 선제적이며 예방적인 차원의 접근 방식으로 바뀌어야 한다.

주요 국제기구인 경제협력개발기구 OECD(Organization for Economic Co-operation and Development), 유럽 직업 훈련 개발 센터 CEDEFOP(Centre Européen pour le Développement de la Formation Professionnelle), 유엔교육과학문화기구 UNESCO(United Nations Educational, Scientific and Cultural Organization)는 정부 차원의 진로지도 투자 강화를 권고하고 있고, OECD(2021)는 효과적인 진로 개발을 위해서 미래고용기회에 대비하는 변화하는 사회에 유연하게 대응할 수 있는 역량을 함양하는 방식의 개입을 요구하였다.

우리나라 대학 진로탐색제는 대학별로 진로탐색 학기제, 도전 학기제, 창의 학기제, 자기설계 학기제 등으로 불리기도 하는데, 대학생이 재학 중 수업 대신 자신의 꿈에 맞는 다양한 프로젝트를 기획 후 지도교수의 지도·평가와 함께 수행하면 학점으로 인정하는 제도를 말한다.

교육부와 직능연이 실시하고 있는 대학 진로교육 현황조사 자료(2017년~2023년)를 통해 진로탐색 학점제가 학생들의 만족도에 미치는 영향을 분석한 결과 진로탐색 학점제를 운영할 경우 학생들의 대학 만족도, 전공 만족도, 진로교육 만족도가 모두 증가하는 것으로 나타났다. 진로탐색 학점제 도입 및 활성화를 위한 학사제도 개편, 전문 인력의 배치를 지원할 수 있는 적극적인 정책적 노력의 필요성이 나타났다.


온라인 공개수업 MOOC(Massive Open Online Course)는 웹 서비스를 기반으로 이루어지는 상호 참여적, 거대 규모의 교육을 의미한다. 온라인 공개수업은 인터넷 토론 게시판을 중심으로 학생과 교수, 그리고 조교들 사이의 커뮤니티를 만들어 수업을 진행하는 것이 특징이다.

2008년 '긴밀성과 협업 지식'(Connetivism and Connective Knowledge)이라는 세미나에서 명명된 것으로 매니토바 대학의 교육학 전공 과정에서 처음 등장하였다.

2012년부터 MOOC는 미국 Coursera(스탠포드대, 예일대 등 총 114개 기관 강좌 운영), edX(하버드대, MIT등 총64개 대학의 강좌운영), Udacity(스탠포드대, 조지아공대 등 12개기관의 컴퓨터공학 분야 강좌 운영)외 영국(FutureLearn), 프랑스(FUN), 독일(iversity), 중국(XuetangX) 등으로 확산되었다.

2017년 한국형 온라인 공개강좌 K-MOOC(Korean Massive Open Online Course) 운영에 관한 'K-MOOC 가이드라인 1.01'을 교육부와 국가평생교육진흥원에서 개발하여 배포하였는데, 가이드라인의 목적은 '양질의 강좌생산·유지를 통한 고등교육 및 평생학습 혁신을 도모하기 위한 것으로 강좌의 효과적인 개발과 운영을 지원하고, 궁극적으로 학습자들에게 양질의 학습경험을 제공하는 것'이라고 했다.

대학 경영의 위기로 인하여 대학 유형별 체계적 관리, 자율혁신대학, 공유·협력과 체제전환을 통한 질적 혁신, 지자체-대학 협업체계 구축, 학생·학점 교류 및 교양교육 협력, K-MOOC 등 활성화 계속, 대학의 평생직업교육 체제 전환 등 후속 연계조치 방안이 지속적으로 나오고 있다.

살펴본바와 같이, 현재 우리나라 대학 혁신의 이슈는 대학의 내·외적 구조개혁, 교육내실화를 통한 역량강화로 인적 자원 육성, 국제화시대 국가 간 협력 네트워크 구축을 통한 파트너십, 해외유학생 유치·관리를 위한 시스템 구축, 지방 위기와 관련된 지역발전 산학협력체계, 고등 직업 교육과 온라인 교육시스템을 통한 평생교육학습, 융복합 영역과 AI 디지털 전환, 지속발전 가능성 경영 등으로 귀착됨을 알 수 있다.

# 3. 대학 ESG 경영의 중요성과 특수성

## 1) 지속 가능한 대학 경영

최근 출산율의 급격한 저하와 고령화, ICT 환경의 변화, 지식기반 사회의 성숙과 지구의 기후변화에 따른 환경·사회·투명한 지배구조에 대한 ESG 공시의무화, 세계화, 일자리 부족 등의 사회적 패러다임의 변화로 인하여 대학의 지속 가능한 발전을 추구할 필요가 고조되고 있다.

고등교육 대학 학령인구의 감소와 글로벌 대학 경쟁력은 국가 경쟁력과 밀접한 관계가 있으므로 지속가능성이 확보된 장기적인 교육혁신을 통한 향후 추진방향과 실천적 전략이 필요한 상황이다.

세계 각국은 국가 경쟁력 향상을 위해 고등교육의 질 향상을 위한 노력을 기울여 왔으나 이제는 대학의 질 향상은 새로운 지식과 기술을 갖춘 각 분야의 인재육성뿐만 아니라 대학의 역할에 더욱 다양한 스펙트럼을 요구하고 이를 연계하는 대학경영을 요구하고 있다.

한국 고등교육은 보편화 단계에 들어서 있기 때문에 다양한 학습자가 구성되고 요구 또한 다양해지고 있다. 이렇게 고등교육의 보편화는 사회적 합의와 사회통합의 과제를 포함하고 있기 때문에 교육 수요자인 학생과 학부모 그리고 정부재정의 투입으로 인하여 기업 또한 대학 경영에 대한 주체로서 관계하게 된다.

대학 경영의 민주성, 공공성, 지역사회 기여 등 사회적 책임에 대한 관심도 지속적으로 강조되고 있으며, 대학이 사회로부터 지지 받고 혜택을 누리는 만큼 학생뿐 아니라 대학이 속한 지역사회와 국가 및 세계에 대하여 공공성을 증진해야 한다는 요구가 높아지고 있다.

「21세기 대학의 사회적 책임에 대한 고찰」에서 조영하(2010)는 사회적 연대의 관점에서 대학의 사회적 책임에 대학이 갖는 봉사적 임무가 중요하고 사회와의 호혜적 파트너십에 의한 사회적 연대를 통해 교육과 연구는 사회봉사적 연대 안에서 더욱 강화될 수 있으며, 능동적인 참여를 강조하였다. 대학이 각 전공 영역들을 전략적 수단으로 활용하여 사회문제에 능동적으로 참여하고, 이를 통하여 대학의 사명을 다하고자 할 때, 구조적, 제도적, 문화적으로 교육, 연구, 봉사 간 유기적 통합을 추구하게 되면 대학은 공공선으로서 사회와 연대를 이룰 수 있다는 점을 제시하였다.

대학의 기능은 전통적으로 교육, 연구, 봉사에서 주 기능이 교육과 연구였던 것이 사회적 패러다임의 변화로 인한 스펙트럼의 확장이 대학 경쟁력 제고에 있어 사회적 책임의 중요성에 대한 유연한 관점으로 이동하게 하는 주요한 요인이 된 것으로 보여 진다.

기후 변화와 팬데믹 등으로 인한 사회적 패러다임의 변화와 관련하여 지금은 'ESG 시대'라고 불릴 정도로 환경(E), 사회(S), 지배구조(G)에 대한 모든 관심이 지속 가능한 ESG 경영에 쏠려있다.

ESG 정보공시 의무화 시대에 대학은 무엇을 준비하고, 지속가능성에 대해 어떻게 견인차 역할을 해 나가야 하는지에 대한 심각한 고민이 필요하다. 그리고 더 나아가 세계 대학과 비교하여 10여 년 정도 출발점에서 차이가 나고 있지만 대학 ESG 경영의 간극을 줄이며 세계화, 국제화된 경쟁력에서 우위를 차지하기 위해서는 보다 창의적인 접근과 각고의 노력이 필요한 때이다.

2023년 제10회 대학혁신지원사업 웹세미나의 테마는 '대학의 ESG'였다. 고등교육기관의 기본역량과 체질을 개선·강화하기 위한 혁신방안을 논의하고, 대학경영과 미래인재 육성 관련 주제발표와 ESG 적용대학의 교육과정과 해외 및 국내 대학 사례를 발표하였다. 그리고 대학교의 ESG 교육은 기존 환경과 기술 분야 학문과의 융합을 통한 고도화된 교육 제공이 필요하며, 산학협력을 통해 학생들의 역량을 배양함으로써 사회에 꼭 필요한 ESG 인재를 양성해야 한다고 하였다.

ESG는 기업, 정부·공공기관, NGO와 민간기관, 대학 등 사회 전체 영역으로 확산되고 있다. 정부의 ESG 분야 지원 확대, 사회 각 분야에서 ESG 인재 수요증가 등, 지속 가능한 고등교육 생태계 구축을 위해 대학에도 ESG 경영을 통한 인류 사회의 지속가능발전에 기여하고 새로운 가치를 제시하며, 사회적 책임을 보다 적극적으로 도모하며 ESG의 문화적 확산에 기여할 시점이다.

## 2) 대학 ESG 경영의 중요성

지속 가능한 미래를 위한 대학 지도자 협회 탈루아르 선언 TD(Talloires Declaration)은 1990년 프랑스 탈루아르에서 열린 국제회의에서 작성되었으며, 대학 총장들이 고등 교육의 환경 지속가능성에 대한 실행과제를 발표한 최초의 공식 성명서이다. TD는 대학의 교육, 연구, 운영 및 봉사 활동에 지속가능성과 환경 경영을 통합하기 위한 10가지 실행 계획으로, 대학 ESG 경영에 대한 중요성에 대한 요지는 다음과 같다.

(1) 세계 각지의 대학장, 총장, 부총장들은 전례 없는 규모와 속도의 환경오염과 황폐화, 천연자원의 고갈에 대하여 깊이 우려하고 있다.

(2) 지역, 지역 및 글로벌 대기 및 수질 오염, 독성 폐기물의 축적 및 분포, 숲, 토양 및 물의 파괴 및 고갈, 오존층의 파괴와 온실가스의 배출은 인간과 수천 종의 다른 생물 종의 생존, 지구와 생물 다양성의 온전함, 국가의 안보, 미래 세대의 유산을 위협한다.

(3) 이러한 환경 변화는 세계 여러 지역의 빈곤을 악화시키는 불평등하고 지속 불가능한 생산 및 소비 패턴으로 인해 발생한다.

(4) 우리는 근본적인 문제를 해결하고 추세를 반전시키기 위해 시급한 조치가 필요하다고 믿는다.

(5) 인구의 안정화, 환경적으로 건전한 산업 및 농업 기술의 채택, 재조림 및 생태 복원은 자연과 조화를 이루는 모든 인류를 위한 공평하고 지속 가능한 미래를 만드는 데 중요한 요소이다.

(6) 대학은 이러한 목표를 실현하는 데 필요한 교육, 연구, 정책 형성 및 정보 교환에서 중요한 역할을 한다. 따라서 대학 지도자들은 소속기관이 이 긴급한 도전에 대응할 수 있도록 내부 및 외부 자원의 동원을 시작하고 지원해야 한다.

| | |
|---|---|
| 1 | • 환경적으로 지속 가능한 개발에 대한 인식 제고(Increase Awareness of Environmentally Sustainable Development)<br>- 환경적으로 지속 가능한 미래로 나아가기 위한 시급한 필요성을 공개적으로 언급함으로써 대중, 정부, 산업, 재단 및 대학의 인식을 높이기 위해 모든 기회를 활용한다. |
| 2 | • 지속가능성을 위한 대학 문화 조성(Create an Institutional Culture of Sustainability)<br>- 모든 대학이 인구, 환경 및 개발에 대한 교육, 연구, 정책 형성 및 정보 교환에 참여하여 글로벌 지속가능성을 향해 나아가도록 장려한다. |
| 3 | • 환경경영을 위한 시민 의식 교육(Educate for Environmentally Responsible Citizenship)<br>- 환경 관리, 지속 가능한 경제 개발, 인구 및 관련 분야의 전문 지식을 양성하는 프로그램을 수립하여 모든 대학 졸업생이 환경 이해력을 갖추고 생태적으로 책임 있는 시민이 되기 위한 인식과 이해를 갖도록 한다. |
| 4 | • 대학 이해관계자의 환경교육(Foster Environmental Literacy For All)<br>- 모든 학부생, 대학원생 및 전문직 학생들에게 환경교육을 가르칠 수 있는 대학 교수진의 역량을 개발하기 위한 프로그램을 만든다. |
| 5 | • 대학 환경경영 실천(Practice Institutional Ecology)<br>- 자원 보존, 재활용, 폐기물 감소 및 환경적으로 건전한 운영에 대한 대학정책 및 관행을 수립하여 환경적 책임의 모범을 보인다. |
| 6 | • 대학 이해관계자 참여 확산(Involve All Stakeholders)<br>- 환경적으로 지속 가능한 개발을 위한 학제 간 연구, 교육, 정책 형성 및 정보 교환을 지원하는 데 정부, 재단 및 업계의 참여를 장려한다. 지역사회 및 비정부기구와의 협력을 확대하여 환경 문제에 대한 해결책을 찾는 데 도움을 준다. |
| 7 | • 학제 간 융복합 시도(Collaborate for Interdisciplinary Approaches)<br>- 대학 교수진 및 행정가를 환경 실무자와 협력하여 환경적으로 지속 가능한 미래를 지원하는 커리큘럼, 연구 이니셔티브, 운영 및 봉사 활동에 대한 학제 간 접근 방식을 개발한다. |
| 8 | • 초·중등학교 역량 강화(Enhance Capacity of Primary and Secondary Schools)<br>- 초등 및 중등학교와 파트너십을 구축하여 인구, 환경 및 지속 가능한 개발에 대한 학제 간 교육 역량을 개발하는 데 도움을 준다. |
| 9 | • 국내외 조직과의 협업과 홍보(Broaden Service and Outreach Nationally and Internationally)<br>- 지속 가능한 미래를 향한 전 세계 대학의 노력을 촉진하기 위해 국가 및 국제 조직과 협력한다. |
| 10 | • 지속적인 실천(Maintain the Movement)<br>- 사무국과 운영위원회를 설립하여 이 추진력을 지속하고, 이 선언을 이행하기 위한 서로의 노력을 알리고 지원한다. |

자료: ULSF TD 정리

우리나라 한국사학진흥재단은 '지속 가능한 미래교육 실현에 기여하는 ESG 경영 선도기관'이라는 비전을 가지고 ESG에 대한 추진 방향 및 실행과제를 다음과 같이 제시하고 있다.

**〈표 12〉 ESG 분야별 실행과제**

| 영역 | ESG 분야별 실행과제 | |
|---|---|---|
| E<br>(환경) | E-1[환경경영] | 탄소중립 중장기 전략 수립 및 체계 운영 |
| | E-2[환경인식] | 친환경 행복기숙사 운영 |
| | E-3[환경경영] | 에너지 관리 효율화, 폐기물 저감 활동 |
| | E-4[환경인식] | 중소기업 및 녹색제품 우선 구매 |
| | E-5[환경활동] | 구성원 대상 환경교육 및 캠페인 실시 |
| S<br>(사회) | S-1[국민행복] | 사업 추진을 통한 고객 만족도 향상 |
| | S-2[국민행복] | 인권 친화적 문화 조성 |
| | S-3[국민행복] | 상호소통 기반 노사협의체 운영 |
| | S-4[안전보안] | KASFO형 안전 전략체계 관리 및 운영 |
| | S-5[안전보안] | 개인정보보호 활동 강화 및 체계적 관리 |
| | S-6[안전보안] | 기숙사 건설 근로자 보호 |
| | S-7[안전보안] | 학생 인권 보호형 사생실 보급 |
| | S-8[지역상생] | 지역상생형 행복기숙사 건설 및 운영 |
| | S-9[국민행복] | 대학 재정정보 공개를 통한 국민 알권리 충족 |
| | S-10[국민행복] | 폐교대학 구성원을 위한 사회적 안전망 구축 |
| | S-11[지역상생] | 지역사회 동행 가치 창출 |
| | S-12[지역상생] | 지역과 대학의 동반성장을 위한 융자지원 확대 |
| G<br>(지배구조) | G-1[지배구조] | 반부패 및 청렴 문화 확산 |
| | G-2[지배구조] | 건전한 지배구조 확립 |
| | G-3[지배구조] | 외부회계감사 투명성 확보 |
| | G-4[관계소통] | 행복기숙사 운영 참여 다각화와 책임 경영 |
| | G-5[ESG] | 대내외 ESG 문화 확산 |
| | G-6[ESG] | 재단 운영의 공정성 및 투명성 확보 |
| | G-7[지배구조] | 임시이사 선임법인의 안정적인 경영활동 지원 |
| | G-8[관계소통] | 중등이하 학교 및 유치원 대상 무료 연수 지원 강화 |
| | G-9[지배구조] | 사립대학 회계 투명성 증대 |
| | G-10[지배구조] | 자회사 특수목적법인(SPC)의 안정적 운영 |
| | G-11[지배구조] | 사립대학 구조개선을 통한 대학 경영 정상화 |

자료: KASFO 정리

투자자들은 기업의 ESG 관련 활동이 시간이 지남에 따라 기업의 재정적 성공에 중요하다는 증거가 증가함에 따라 더 많은 투자자들이 ESG 성과에 주목하게 되었다. 투자자들은 지속가능성 문제에 더 많은 관심을 가지고 있는데, 투자자의 이익에 대한 이해를 바탕으로 조직의 리더십은 이익을 극대화하기 위해 영업, 비용 관리 및 연구 개발 활동을 조직하는 경향이 있다.

더 많은 투자자들이 지속가능성 성과를 기반으로 투자 결정을 내리면서, 기업 리더들은 기업의 ESG 활동이 재무적 성공과 연결되면서 주류 투자자들 사이에서 지속가능성에 대한 관심이 높아지는 것에 대한 대응에 관심을 갖게 되었다. 그에 따른 대응으로 연구 및 교육 그리고 사회적 책무를 담당하는 대학과 ESG에 대한 혁신적인 지식을 생성하고 활용하는 솔루션을 진행하면서 대학에서의 ESG는 점점 중요하게 되어 가고 있다.

기업은 ESG 공시의무가 강화되고 기술변화의 속도가 빠르고 경쟁이 치열해졌기 때문에 기업에서 인력을 육성하여 활용할 수 있는 시간적인 여유가 사라졌다. 기업들이 현업에 바로 투입되어 성과를 창출할 수 있는 인재육성을 원하면서 지속 가능한 미래를 향한 인간복지를 위해, 위에서 상세히 살펴본 TD와 KASFO의 영역에 따른 구체적인 실천전략은 대학 ESG 경영에서 이러한 목표를 실현하는 데 필요한 교육, 연구, 정책 형성 및 정보 교환에서 중요한 역할을 한다고 보여진다.

### 3) 대학 ESG 경영의 특수성

기업·금융기관·투자자들은 전통적인 금융자산과 재무적 요인을 기반으로 기업 경영활동 평가 외에도, 환경(E)·사회(S)·지배구조(G)와 같은 비재무적 요소에 대한 성과에 대하여 세계적으로 ESG 경영의 필요성이 커지는 만큼, 대학의 교육·행정에도 이를 반영할 필요가 있다. 앞으로 대학평가에 ESG 요소가 반영될 수밖에 없는 대학은 일반 기업과는 다른 특징을 지니고 있다.

일반적으로 기업의 궁극적인 목적은 이익을 극대화한다거나 고객만족을 최우선으로 하는 경영방침 등을 들 수 있다. 기업 경영활동의 ESG는 내재적으로 포함된 비재무적 위험 요인이 상당 부분을 차지하는 것으로 나타나면서 기업의 지속가능 성장을 위하여 2006년 4월 UN 책임투자원칙 PRI(Principles for Responsible Investment)를 주관하는 공식기구가 출범하여 투자에 대한 논의가 본격적으로 확산되었다.

PRI의 기업ESG 투자에 대한 실행 전략은 네거티브 스크리닝(Negative screening), 포지티브 스크리닝(Positive screening), 지속가능성 테마투자(Thematic), 임팩트 투자(Impact investment), ESG 통합(ESG integration), 기업 관여 및 주주 활동주의(Engagement), 규범 기반 스크리닝(Norm-Based Screening)은 모두 기업의 근본적인 목표인 기업생존 전략으로써 ESG 경영은 기업경쟁력 확보를 위한 비즈니스 전략에 해당된다.

일반적인 기업의 ESG와 다르게 대학은 기업보다는 외부환경으로부터 압력은 덜하지만 대학의 고유의 기능과 연계하여 고등교육기관으로써 사회적 요구와 사회적 책무에 선제적으로 임해야 한다는 특징을 갖는다.

1994년부터 영국의 기관인 QS(Quacquarelli Symonds)에서 세계 대학들을 평가해 매년 순위를 발표하고 있는데 평가지표는 학교평가(Academic Reputation) 30%, 논문 피인용 수(Citations per Paper) 20%, 기업으로부터의 평판(Employer Reputation) 15%, 학생 수/교원 수(Faculty Student Ratio) 10%, 외국인 교원 비율(International Faculty Ratio) 5%, 유학생 비율(International Student Ratio) 5%, 국제 연구 네트워크(International Research Network) 5%, 취업 성과(Employment Outcomes) 5%, 지속가능성(Sustainability) 5%를 준거로 하고 있으며, 바뀐 평가기준에는 '국제 연구 네트워크(IRN)', '취업 성과', '지속가능성' 등 지표 3개를 추가해 총 9개 항목으로 준거가 되는 평가 지표는 대학이 환경, 사회 문제에 적극적으로 대처해야 함을 나타낸다.

2005년 시작된 AASHE의 지속가능성 추적, 평가 및 평가 시스템 STARS(The Sustainability Tracking, Assessment&Rating System)는 대학이 지속가능성 성과를 측정할 수 있는 투명한 자체 보고 프레임워크인데, 2024년 6월에 대학을 위한 차세대 지속가능성 프레임워크 최신버전인 AASHE, STARS 3.0 출시하였다. STARS에서는 학문, 참여, 운영, 계획 및 관리, 혁신과 리더십 분야에 대해 평가하고 있다.

이렇듯 대학 ESG 경영은 이윤실현이라는 일반기업과 다른 성격을 지녔기 때문에 환경 보호와 사회적 책임, 그리고 투명한 의사결정을 새롭게 인식하고, 대학의 ESG 경영에 대한 역량증진과 성과를 창출해 나가야 한다. 특히, 대학 ESG 경영은 지속 가능한 시대적 소명을 충족해 나가기 위한 교육, 연구, 봉사를 통한 사회적 책무를 선도해야 하는 명백한 특수성을 지니고 있다.

# 해외 대학 ESG 경영 동향

세계적으로 인류의 생존까지 위협받는 환경오염으로 인한 환경파괴를 막기 위해 국제 3대 환경협약인 기후변화협약과 생물다양성협약, 사막화방지협약이 체결되었다. 환경에 대한 소비자와 투자자의 관심이 커지면서 기업 또한 사회, 경제, 환경, 문화 등 모든 영역에서 공공의 이익과 공동체의 발전에 기여할 수 있는 사회적 가치와 관련하여 기업의 경영은 지속 가능한 재무적인 이윤 추구와 주주의 이익 극대화를 넘어 비재무적인 E·S·G요소를 통한 모든 이해관계자에 대한 사회적 책임 강화로 확대되어 가고 있다. ESG는 지속 가능한 발전에 관한 국제사회 합의를 지지하는 개념으로서 현재와 미래세대를 위해 추구해야 하는 요소이다. 그렇기 때문에 법규상 공적 기관인 대학은 지속가능발전 목표를 달성하기 위한 대학의 사회적 책임과 관련한 시대변화에 대한 문제해결에 적극적으로 참여하며 지속 가능한 발전을 위한 대학의 역할이 더욱 중요해진 시점이다. 그러나 우리나라는 해외 대학에 비하여 초기 단계로 글로벌 선도대학과의 격차를 줄이고 선도대학으로 나아가기 위해 각고의 노력이 필요한 상태이다. 이로 인하여 여기에 소개된 해외대학의 ESG 경영 사례는 각 대학에서 공개한 자료를 토대로 정리 및 재구성하여 지속 가능한 사회를 위한 ESG 선도기관인 대학의 참여와 실천동향을 알아본다.

# 1. 미국

## 1) 소개

매사추세츠주(The Commonwealth of Massachusetts)는 미국 북동부에 있는 주로 매사추세츠 공과대학교(Massachusetts Institute of Technology)약자 MIT는 미국 매사추세츠주의 케임브리지에 있는 연구 중심 공대를 모체로 한 사립대학교이다. QS 2025 세계대학순위 1위로 2013년에 설립된 MIT의 지속가능성 사무소(MITOS)는 학생, 교직원, 교수진, 동문 및 파트너의 집단 지성을 참여시켜 캠퍼스의 모든 수준에서 지속가능성을 통합하고 있다. 지속가능성이 MIT의 표준 운영 절차의 중요한 부분이며 캠퍼스의 작업, 연구, 교육, 사회 및 문화 영역에 완전히 통합되도록 했고 MIT 커뮤니티가 민첩성, 변화 및 집단적 문제 해결을 수용할 수 있도록 하고 있다.

## 2) 미션과 방법론

(1) MITOS는 탄소 제로 캠퍼스(Zero-carbon Campus), 기후 회복력(Climate Resiliency), 물질 수명 주기(Material Lifecycles), 건강한 사람(Healthy People), 번창하는 네트워크(Thriving Networks)의 5가지 영향 영역을 중심으로 MIT 캠퍼스의 우선순위 구성

(2) 캠퍼스에서 운영 우수성, 교육, 연구 및 혁신을 촉진하기 위해 다양한 목소리를 경청하고 참여하며 고양시키는 협업 리더십 프로세스 진행

## 3) 조직 구성

이사, 부국장, 선임 프로젝트 관리자 2명, 프로젝트 관리자 2명, 선임 행정 보조원, 데이터 과학자 및 선임 커뮤니케이션 전문가 등 9명의 정규직 직원으로 팀이 구성되어 있다.

## 4) 탄소제로캠퍼스(Zero Carbon Campus)

### (1) 2050년까지 캠퍼스를 탈탄소화
① 온실 가스 회계 및 측정
② Scope3 데이터 수집 및 시각화 확장
③ 영향 목표 설정(Impact Goals)

### (2) 기후 회복력(Climate Resiliency)
① 회복력 및 적응 로드맵
② 캠퍼스의 열에너지 위험에 대한 이해

### (3) 물질 수명 주기(Material Lifecycles)
① 폐기물 감축 설계
② 구매 절감 및 재사용/재활용 증대를 위해 파트너들과 협력

## 5) 건강한 사람들과 공동체(Healthy People and Communities)

① 기후 커뮤니티 협력 심포지엄: 지역 기후행동을 위한 파트너십
② 지속 가능한 식품 시스템 구축
③ ICEO(연구소 커뮤니티 및 평등 사무실)와 MIT 캠퍼스 서비스 및 관리부서의 전략적 우선순위에 맞춘 환경 정의(Environmental Justice) 증진

## 6) 지속가능성 및 기후 행동 리더십

**(1) 테스트 베드 모델로서의 캠퍼스(Campus as a test bed model)**

① 지속 가능한 캠퍼스를 달성, 구축, 관리 및 시연하는 방법에 대한 이해를 높이기 위해 캠퍼스를 테스트 베드로 활용

② 부서, 실험실 및 센터를 위한 기후 행동 계획

③ 캠퍼스 내외 파트너들과 함께 다양한 기후 및 지속가능성 연결(연계 커뮤니티 행사)

## 7) 전략적 파트너 관계 및 번성하는 네트워크(Strategic Partnerships and Thriving Network)

**(1) 도시, 주, 국가 및 글로벌 규모의 파트너로 구성**

① 케임브리지 시: 케임브리지 재활용 자문 위원회의 MIT 대표로 활동

② 보스턴 그린 리본 위원회 고등 교육 실무 그룹

③ 아이비 플러스 지속가능성 컨소시엄

④ 국제 지속 가능한 캠퍼스 네트워크

## 8) 영향 평가 및 소통(Measuring and Communicating Impact)

① 지속가능성 데이터 풀 구성

② 영향력 전달(커뮤니케이션과 아웃리치)

③ 지속가능성 다이제스티

## 9) 미래 전망(Looking Ahead)

**(1) 2050년까지 캠퍼스를 탈탄소화하기 위한 계획 수립**

① 탈탄소화 2050 실무 그룹의 공동 의장

② 2026년까지 넷 제로(Net Zero) 목표를 달성

③ 기후 영향 목표를 구현, 음식물 쓰레기를 줄이기, 2019년 Kendall Food Vision Prize 플랫폼을 제공

④ 영향력 있고 광범위한 기후 커뮤니케이션 계획 구현

⑤ Fast Forward 계획의 18개 캠퍼스 작업 흐름을 주도하는 작업 지속

# 2. 영국

<br>

**임페리얼 칼리지 런던(Imperial College London)**
* https://www.imperial.ac.uk


**표어: 지식은 제국의 긍지요 방패이다.**
**Scientific Knowledge, the Crowning Glory and the Safeguard of the Empire.**

## 1) 소개

1907년 설립된 임페리얼 칼리지 런던(Imperial College London, 약칭 Imperial)은 영국 런던 켄싱턴에 위치한 세계 최상위권 과학 중심 종합대학이다. 공학, 자연과학, 의학, 그리고 경영학 분야에 특화된 공립대학이다.

QS 2025 세계대학순위 2위로 '지속 가능한 오염 없는 미래를 실현하는 것'을 모토로 하고 있으며, Imperial은 그동안 탄소 관리 보고서를 제시하였으나 첫 번째 연례 지속가능성 보고서는 2022년 8월부터 2023년 7월까지를 포함한 것이다.

## 2) 핵심 사업(Central actions)

① 에너지 효율성과 편의성을 개선하기 위해 오래된 캠퍼스 건물 개조
② 모든 결정에 지속가능성 포함
③ 지속가능성 노력에 대한 커뮤니케이션 강화

## 3) 분야별 사업(Individual actions)

① 실험실과 사무실에서 지속 가능한 관행 구현
② 기후를 고려한 여행 접근 방식 선택

③ 지속 가능한 케이터링 옵션 사용

④ 지속가능성 챔피언 되기

⑤ 더 적은 구매, 지속 가능한 구매, 재사용 및 재활용


## 4) EAUC(Environmental Association for Universities and Colleges) SCEF(Standardised Carbon Emissions Framework) 범주 및 탄소 배출 보고서에 대한 적용

① Scope1 Direct: 회사 시설의 연료 연소, 회사 차량

② Scope2 Indirect: 자가용 전기

③ Scope3 Indirect: 직원 및 학생 통근, 직원 재택근무, 물, 출장, 폐기물, 구매한 상품 및 서비스, 연료 에너지, 학생 기숙사, 물품 운송 및 유통, 투자, 프랜차이즈


## 5) 지속 가능한 연구소 2022-23 성과

실험실이 LEAF(Laboratory Efficiency Assessment Framework) 제도에 참여하여 13개의 평가에서 63개 실험실이 브론즈, 24개 실험실이 실버, 2개 실험실이 골드 등급을 획득


### (1) 전망

① 실험실 지속가능성을 전담하는 팀원 2명 더 영입

② 목표 에너지 효율성 커뮤니케이션 캠페인 중앙 지속가능성 허브에서 실험실 키트 기금(Lab Kit Fund)을 시작

③ 냉장 보관 에너지 소비를 줄이기

④ 지속가능성 이니셔티브 코디네이터(Sustainability Initiatives Coordinator)가 지원하는 LEAF 실무 커뮤니티 개발

⑤ 대학 전체의 실험실에 대해 더 많은 에너지, 상태 및 사용 감사 수행

## 6) ICT 2022-23 성과

### (1) 에너지 소비 대시보드
① 대학 부지 전체의 총 에너지 사용량을 보여 주는 보고서 개발 후 건물, 교수진 및 학과별로 분류
② 시간 경과에 따른 추세 및 소비 평균 계산을 통한 교수진, 학과, 건물별 리그 표를 제공

### (2) 조달/계약
① 주문 후 기기 배송(팔레트화 및 포장재 없는 배송)
② HP 지속가능성 및 재생 가능한 프로세스 활용
③ 저전력 장치 구매
④ 재활용(노후화된 컴퓨터 등)

## 7) 출장(Travel)

① 지속가능전략위원회(Sustainability Strategy Committee)는 여행을 최우선 업무 영역으로 동의
② 출장은 대학 탄소 발자국의 10%를 차지, 전기 소비량과 거의 맞먹는 양이며 이를 크게 줄일 수 있는 현실적인 관행 전환

## 8) 케이터링(Catering, 급식)

① 2022년 말 지속 가능한 식품 및 음료 정책 발표 후 케이터링 팀의 정책 구현 집중 및 큰 개선 성과 창출
② 중앙 생산 주방의 완전 전기화 등 개조 프로젝트 진행
③ 소고기 제거 등 지속 가능한 식품 정책 목표 지속 추구
④ 일회용 플라스틱 사용 감소를 위한 캠퍼스 식수대 설치 모색

## 9) 폐기물 및 재활용(Waste and recycling)

(1) 폐기물 및 재활용 팀은 시범 제도를 도입하고 SMART 목표 개발

① 오염되지 않은 일회용 장갑 재활용

② Purex Water(먼지를 가두어 안정시키는 물) 사용

## 10) 생물 다양성(Biodiversity)

① 생물 다양성을 개선하여 지붕, 벽 및 공간의 면적 늘리기

② 캠퍼스에 기록된 야생동물 종의 수와 다양성을 증가시키기

③ 캠퍼스에 나무와 가뭄에 강한 식물의 수 늘리기

## 11) 사례 연구: 교육 및 연구 캠퍼스

Silwood Park 캠퍼스(런던 중심부에서 25마일 거리)로 이동하여 육상 생태계와 탄소 포집을 늘리기 위해 이러한 생태계를 책임감 있게 관리하는 방법에 대해 배우기.

## 12) 물(Water)

① 2026년 8월까지 기준연도인 2022-23년 대비 물 소비량 5% 감소 목표

② 물 절약 프로그램 방향 결정 및 합의

③ 임페리얼 에스테이트 전역의 물 사용에 대한 SMART 목표설정

## 13) 연례 지속가능성 인게이지먼트(Engagement)

① 2023년 센트럴 지속가능성 팀, 글로벌 챌린지 인스티튜트(Global Challenge Institutes), 임페리얼 칼리지 유니언(Imperial College Union)이 주관하는 올해의 지속가능성 인게이지먼트는

기후, 에너지와 폐기물, 생물다양성, 물과 공기를 주제로 진행

② 기후 문해력 직원 교육 및 그린 임팩트(Green Impact) 제도 시행 등을 통한 지속가능성 교육 및 행사 참여 직원과 학생 수 늘리기

# 3. 스위스

### 취리히 연방 공과대학교(ETH Zurich)
* https://ethz.ch/en.html

**표어: 자유와 개인의 책임, 기업가 정신, 그리고 열린 마음가짐**
Freedom and personal responsibility, entrepreneurial spirit and cosmopolitanism

## 1) 소개

ETH Zurich는 스위스 취리히에 있는 공립 연구 대학으로 1854년에 설립하였으며, 엔지니어와 과학자를 교육한다는 사명으로 과학, 기술, 공학 및 수학에 중점을 두고 있다. ETH Zurich는 스위스 연방 경제, 교육 및 연구부 산하의 대학 및 연구 기관 컨소시엄인 Swiss Federal Institutes of Technology Domain의 일부로 스위스 국립공과대학교들과 국립기술연구소들의 연합체로 ETH(에테하)라고도 불린다.

QS 2025 세계대학순위 7위로 ETH 취리히의 지속가능성에 대한 접근 방식은 대학 전략에 기반을 두고 있으며 생태학적, 사회적, 경제적 차원을 모두 포괄한다. ETH 취리히는 대학이 인류가 직면한 도전에 대한 혁신적인 솔루션을 개발할 수 있는 좋은 기회뿐만 아니라 사회에 대한 책임에 대해서도 확신한다.

## 2) ETH Net Zero 프로그램 2024-2030

2030년까지 감축 경로의 주요 이정표를 달성하고 2030년 이후의 과제에 대한 사전 예방적 과정을 설정하고 있다.

### (1) 항공 여행 프로젝트
① 2017년 시작된 ETH 항공 여행 프로젝트는 회원들의 참여와 사실에 기반하여 과학의 우수성

과 연구자들의 최상의 경력 기회와 양립할 수 있는 구체적인 감소 경로를 구현하는 것을 목표로 함

② 솔루션 지향적인 프로세스를 통해 2030년까지 비즈니스 항공 여행으로 인한 온실 가스 배출량 약 50% 줄이도록 동기부여

## (2) 그린랩(Green Labs)

① ETH의 연구는 환경에 상당한 영향을 미치며 Green Labs는 실험실 운영을 자원 효율화하며 ETH의 연구원들을 연결

② LEAF(Laboratory Efficiency Assessment Framework)를 사용하여 실험실 운영을 체계적이고 진행 상황을 측정가능토록 함

## (3) 지속 가능한 요리법

① ETH는 기후 친화적인 영양, 자원 보존 및 윤리적이고 사회적으로 정의로운 식품 가치 사슬을 기반으로 함

② 캠퍼스에서 지속 가능한 메뉴 및 케이터링 제공, 개발지원

## 3) 지속 가능한 발전 2030 아젠다

① 지식, 혁신 및 과학적으로 건전한 솔루션을 제공하여 대학은 2015년 UN에서 채택한 2030 의제의 17가지 지속가능성 목표 개발과 달성에 기여

② 지속 가능한 발전을 책임지는 지도자와 전문가를 교육하는 대학의 역할의 중요성

③ 연구, 교육, 지식 이전 및 ETH 캠퍼스의 많은 과정과 기여 가시화

④ 국내 및 국제 네트워크의 담론과 대중과의 대화 통합

⑤ ETH 연례 보고서는 개발, 결과 및 솔루션에 대한 모범적인 개요를 제공하고 17가지 지속가능성 목표에 따라 콘텐츠 분류

## 4) 지속 가능한 해결 사업(Events addressing sustainability)

① 일반 이벤트: 송별회, 입문 강의, 전람회, 개강 축하식
② 포럼: ETH 지속가능성 오픈 오피스: 콜로키움, 의회, 음악회, 박람회, 세미나, 스포츠 이벤트,
   국제대회·회의 등

## 5) 지속가능성을 위한 적극적 참여(Active for sustainability)

① 지속가능성 분야의 연구 및 교육
② ETH의 지속가능성 커뮤니티
③ 중앙허브로서의 ETH 지속가능성

## 6) 통계와 함께하는 지속가능성(Our progress in numbers)

① 생태학적 차원에 초점을 맞춘 지속가능성 통계
② 평등 및 다양성 모니터링

## 7) 지속 가능한 캠퍼스 개발 원칙

① 캠퍼스에서 ETH는 사회적, 생태적, 경제적 측면과 관련하여 지속 가능한 개발의 원칙
② 캠퍼스 생활의 다양성 인정
③ 에너지 소비의 최적화
④ $CO_2$를 줄이기 위한 통학 및 출장
⑤ 생물 다양성
⑥ 지속가능금융

# 4. 싱가포르

## 1) 소개

싱가포르 국립대학교 NUS는 1905년에 설립된 싱가포르의 가장 오래된 국립대학으로 메인 캠퍼스는 싱가포르 서남부의 Kent Ridge에 있다. NUS는 종합연구대학교로 17개의 학부 및 단과대학에서 과학과 의학, 공학, 컴퓨팅, 비즈니스, 법률, 예술 등 광범위한 분야의 과정을 제공하고 있으며 3개의 캠퍼스로 구성되어 있다.

QS 2025 세계대학순위 8위로 NUS는 '지속 가능한 개발을 발전시키고 기후 변화에 최선을 다하고 있으며 교육, 연구 및 혁신, 운영 및 행정 분야의 지속가능성을 위한 노력을 통하여 선도적인 글로벌 대학으로서 모범을 보일 의무가 있다.'고 소개하고 있다.

## 2) 대학 지속가능성 및 기후 행동 위원회(University Sustainability and Climate Action Council)

① 위원회 구성: NUS 총장이 의장을 맡고 교수진과 직원으로 구성
② 교육, 연구, 혁신 및 기업, 캠퍼스 운영 및 관리, 지역사회 참여 전반에 걸친 다양한 활동을 통합
③ 지속 가능한 미래를 위한 솔루션 촉진을 목표
④ 기후 회복력이 강한 캠퍼스를 개발하는 방법의 혁신 정책과 프로그램 안내 및 형성

## 3) NUS 지속가능성 선언문

### (1) 교육의 지속가능성(Sustainability in education)

① 학제 간 비판적 사고 및 감각 형성 기술 역량 기르기

② 지속가능성의 핵심 원리와 관행을 배우기 위한 학제 기반 및 학제 간 교육 기회제공

### (2) 연구 및 혁신의 지속가능성(Sustainability in research and innovation)

① 기후 과학과 지속가능성의 복잡성을 인식하여 고품질 연구, 연구원 간 협력

② 새로운 지식 창출하고 열대, 도시 및 아시아 환경에 최적화된 지속가능성 솔루션을 개발 및 혁신 출시

### (3) 운영 및 관리의 지속가능성

① 건물과 캠퍼스의 마스터 플랜, 설계 및 건설, 개조 및 업그레이드, 운영 및 유지 보수에 지속가능성 원칙 적용

② 사용하는 에너지, 물 및 물질 자원 최소화

③ NUS를 폐기물 제로 캠퍼스로 만들기 위한 폐기물 줄이기와 재활용

④ 캠퍼스의 자연 환경 보호, 보존 및 개선

⑤ 지속 가능한 운송 수단의 사용 촉진

⑥ 탄소 배출량 감소 캠퍼스 운영, 탄소 중립 캠퍼스

⑦ 캠퍼스의 도시 열 문제 해결을 위한 솔루션 적용

### (4) 지속가능성을 위한 파트너십(Partnerships for sustainability)

① 실행 가능한 정책 및 솔루션 개발 위한 정부 기관, 대학 및 민간 부문의 외부 파트너와의 협력, 기관내의 광범위한 협력 촉진

② 국제 리더십 참여, 지속 가능한 개발에 대한 국제기구와의 파트너십을 통한 글로벌 아젠다에 기여

③ 지속가능성과 기후 행동을 통합함으로써 교육, 연구 및 혁신 및 공공 서비스 분야를 총체적으

로 지속 가능한 기후 행동의 미래 형성

### 4) 친환경 로드맵

① 교육: 환경 지킴이 육성

② 연구: 지속가능성 솔루션 개발

③ 캠퍼스: 더 친환경적인 캠퍼스 구축

④ 업무: 커뮤니티와 연결

### 5) 리빙 랩으로서의 캠퍼스(Campus as a Living Lab)

① 혁신적이고 지속 가능한 에너지 솔루션을 발전시키기 위한 리빙 랩으로서의 NUS 캠퍼스

② 넷제로를 목표로 첫 번째 건물 클러스터와 새로운 학제 간 센터 설립과 지속가능성 리더십을 위한 싱가포르의 역량 강화

### 6) NUS 2023 보고서

(1) 교육: 마음 형성(Molding Minds)

① 통계 분석하기

② 녹색 미래의 성과 준비

③ 녹색 금융 전문가 양성

④ 플래그십 프로그램에 대한 현대적인 접근 방식

⑤ 친환경 전환에 발맞추기

⑥ 양조(Brewing) 혁신: NUS 졸업생들이 맥주박(spent grain)으로 제과류 만든 방법

(2) 연구: 경계 허물기(Breaking boundaries)

① 지속 가능한 미래 구축을 위한 과학과 공학의 한계 넘기

- 친환경 에너지 및 에너지 효율

- 지속 가능한 제조

- 해안 공학 및 홍수 예방·자연 기반 기후 솔루션

- 수(水)처리 및 정화

- 농식품 기술 등

② 자연의 힘을 활용하여 기후 변화에 대처

- 싱가포르의 식량 안보 강화

- 싱가포르의 수자원 회복력 강화

- 에너지 효율 및 냉각 기술의 발전 등


### (3) 캠퍼스: 설계에 의한 탈탄소화(Decarbonising by design)

① 최초의 순제로 에너지 건물 클러스터로 건축 환경의 탈탄소화 에너지 성능 향상을 위한 녹색
연구실

② 캠퍼스 야외 열쾌적을 적극 해결해 나가는 최초의 지역대학

③ 제로 폐기물 문화 형성


### (4) 리더십: 지속가능성 선도(Spearheading Sustainability)

① 국내 및 글로벌 무대에서 변화 주도

- 2023년 첫 번째 NUS 지속가능성 커넥트 페스티벌 조직

- 2014년부터 유엔기후변화협약(UNFCCC)에서 관찰자 기관으로 인증

- 유엔기후변화협약 당사국총회(COP)28에서 학생 대표단과 직원, 연구원 패널 토론 조직


### (5) 향후전망

① 환경 지속가능성 추진

- 교육, 연구 및 혁신, 캠퍼스 운영 및 리더십 분야에서 환경 지속가능성을 발전

- 지속 가능한 개발에 대한 약속과 이 분야의 리더가 되기 위한 기반 구축

- 교직원, 연구원, 관리자 및 학생 간에 내부적으로 협력기회 창출

- 정부, 민간 부문 및 비영리 커뮤니티의 외부 파트너와 협력기회 창출

- 지속가능성 기여, 성과 및 목표에 대한 투명한 자료 제공

- 국내 및 국제 지속가능성 목표 지원을 위한 환경 지속가능성 주도

② 기후 회복력 구축

- NUS의 지속가능성 연구, 기후 회복력에 대한 기관, 도시 및 국가의 역량 강화

- NUS 지속가능성 선언 관련 사업 지속

# 5. 호주

멜버른대학교(The University of Melbourne)
* https://www.unimelb.edu.au

표어: 후세의 존경으로써 우리는 자라날 것이다.
May I grow in the esteem of future generations.


## 1) 소개

호주 멜버른에 소재한 멜버른대학은 국립대학으로 1853년에 설립되었다.

2009년엔 VCA(Victoria Contemporary arts)와 MCM(Melbourne Conservatorium of Music)이 멜버른대학에 합병되어 2010년에는 멜버른대학은 멜버른 모델이라고 불리는 커리큘럼을 시행하였다.

QS 2025 세계대학순위 13위로 멜버른대학교에서는 연구와 교육은 기후 및 생물 다양성 위기를 해결하고 지구의 지속 가능한 미래를 구축하기 위한 글로벌 노력에 기여하며, 더 나은 기후 미래를 만들기 위해 연구원들이 무엇을 하고 있는지, 혁신 파트너와 어떻게 협력하고 있는지 살펴보고, 글로벌 지속가능성 의제를 형성하는 등 다양한 역할을 수행하고 있다.


## 2) 학제 간 지속가능성 교육

(1) 환경 지속가능성 문제에 대한 학제 간 이해와 규모, 부문에 걸친 정책, 관리 및 거버넌스의 맥락에 대한 기반 제공

① 인류의 생명 유지 시스템을 제공하는 근본적인 지구 시스템 프로세스

② 인류세를 초래한 조건과 우리가 알고 있는 삶에 대한 의미

③ 자연 및 사회 환경과 관련된 생물 다양성, 물, 에너지 및 식량을 포함한 글로벌 및 지역 환경 문제

④ 복잡한 사회 생태 시스템과 중요한 환경 지속가능성 문제에 기여하고 해결하는 역할

⑤ 다양한 관점과 세계관, 가치 및 신념이 지속가능성에 미치는 영향 제고

⑥ 지속 가능한 미래를 구축하기 위한 개인, 정부, 기업 및 혁신의 역할

⑦ 환경적 지속가능성을 달성하기 위한 관리, 거버넌스 및 사회생태학적 문제 해결을 위한 노력

## 3) 지속가능성 캠퍼스(Sustainability on campus)

### (1) 국제적으로 인정받는 지속가능성의 선두주자 그리고 2030계획

① 지속가능성 팀은 캠퍼스 운영, 환경 및 참여 활동을 통해 지속 가능하고 공평한 커뮤니티의 모범으로 발전시키기 위한 노력

② 환경 관리를 통해 변화하는 기후에서 글로벌 지속가능성의 도전에 특별한 역할과 책임

③ 학부 및 조달에서 지속가능성에 중점을 둔 리더십 역할과 주제 전문가 역할의 수 늘리기

④ 폐기물, 청소, 부지 관리, 차량 및 소매업체 제공을 포함한 주요 서비스 제공업체 계약에 지속가능성 포함

⑤ 멜버른 생물다양성 연구소(Melbourne Biodiversity Institute) 출범

⑥ 생물다양성 위원회(Biodiversity Council) 개최

⑦ 멜버른 기후 미래(Melbourne Climate Futures), 멜버른 에너지 연구소(Melbourne Energy Institute) 및 멜버른 생물다양성 연구소(Melbourne Biodiversity Institute)의 전문 지식과 집단 자원을 활용한 글로벌 과제에 대한 솔루션 개발

## 4) 지속가능성 프레임워크(Sustainability Framework)

대학의 지속가능성 프레임워크가 세 가지 요소로 구성되어 있다.

### (1) 지속가능성

헌장이 헌장은 지속 가능한 지구를 만들기 위한 우리의 약속과 지속 가능한 커뮤니티의 모범이 되고자 하는 열망 명시하고 있다.

① 지구는 물리적 시스템이 지구상의 모든 생명체와 긴밀하게 상호 연결된 유한한 환경이다.

② 인류는 이제 물리적, 생물학적 환경의 전 지구적 균형을 변화시키는 역사적 위치에 있으며, 이는 의도하지 않은 결과를 초래한다.

③ 지속가능성은 '미래 세대가 자신의 필요를 충족시킬 수 있는 능력을 손상시키지 않으면서 현재의 필요를 충족시키는 것'을 요구한다.

## (2) 지속가능경영 계획 2030

대학의 10년 기관 전략인 Advancing Melbourne에 부합하는 목표와 우선순위를 통해 헌장을 이행하기 위한 로드맵이다.

### [행동을 위한 세 가지 영역]

#### ① 캠퍼스와 지역사회를 통한 행동 확대

- 지속가능성 플랜의 지식 동원 및 운영 영역을 통합하여 기여 확대
- 기관 활동 간의 시너지 효과를 활용하고 혁신과 학습을 운영 및 참여 방식에 포함시키는 것을 의미

#### ② 행동을 위한 지식 동원

- 지속가능성을 위한 행동과 솔루션을 촉진하기 위해 학생과 교직원이 지속가능성에 대한 심층적인 학문적 및 학제 간 관점 개발
- 지역 사회, 정부, 산업 및 기관 파트너와 협력하여 실제 솔루션과 상호 학습 발전

#### ③ 발전을 위한 운영방법

- 2030년까지 의미 있는 변화를 일으키는 데 필요한 약속과 행동을 모범으로 삼기 위한 기관 운영
- 피해를 최소화하고 생태계와 네트워크의 건강 증진

## (3) 지속가능성 보고서

계획에 대한 대학의 연간 성과를 공개 평가

## 5) SP2030의 2024년 플랜

〈표 13〉 SP2030플랜의 2024년 계획

| SP2030 우선순위 영역 | Plans for 2024 |
|---|---|
| 기후 리더십<br>Climate leadership | • 추가 자원은 공급망에서 Scope3 배출량을 줄이기 위한 이니셔티브를 개발하고 구현하는데 집중<br>• 대학 마스터 플랜에 따른 가스 탈탄소화 프로그램의 개발 및 구현 |
| 일상생활의 실험실로서의 캠퍼스<br>Campuses as living laboratories | • 캠퍼스 리빙 랩을 위한 시드 펀딩 프로그램을 시범 운영하여 캠퍼스 리빙 랩의 개념에 대한 가시성을 높이고 성공적인 리빙 랩을 뒷받침하는 조직 프로세스와 문화 정착 |
| 지속가능성 학습자 및<br>실무자 커뮤니티<br>Community of sustainability<br>learners and practitioners | • 지속 가능한 행사 가이드를 업데이트하고 모든 대학 행사에 지속가능성 관행 포함<br>• 폐기물 교육 로드쇼를 통해 올바른 폐기물 관리 관행에 대한 대학 커뮤니티 교육<br>• 직원의 지속가능성 개발을 위해 지속가능성 지지자 프로그램 재구축 지원하기 |
| 지속 가능한 미래를 위한 졸업생<br>Graduates for a sustainable future | • 전년도에 수행된 기준 커리큘럼 매핑을 사용하여 지속가능성을 강화하기 위한 커리큘럼 개발 알리기 |
| 발견<br>Discovery | • MCF와 기타 관련 학제 간 연구 기관 및 학부 지속가능성 담당자와의 지속적인 협력으로 최신 지속가능성 연구를 통합하여 캠퍼스 운영 및 지속가능성 조치 계획 수립<br>• 연구자들이 일관된 방식으로 신중한 결정을 내릴 수 있도록 대학 접근 방식 개발 |
| 토착 지식<br>Indigenous knowledges | • Murmuk Djerring 원주민 전략 2023-2027의 지속적인 구현 |
| 참여 및 파트너십<br>Engagement and partnerships | • 오세아니아 연구소를 통한 멜버른대학교와 오세아니아 전역의 사람 및 기관 간의 연결과 협력 강화 |
| 기후 회복력<br>Climate resilience | • 대학의 기후 관련 위험을 더 잘 이해하며 기후회복력에 대한 기회 모색 |
| 건강한 생태계<br>Healthy ecosystems | • 생물다양성 기준 데이터 프로젝트(Biodiversity Baseline Data Project)를 마무리하고 '지표 1: 6개 캠퍼스의 식재 가능 면적(Plantable Area)'에 대한 데이터 수집 완료 |
| 건강한 물 순환<br>Healthy water cycles | • 보다 세분화되고 정확한 물 소비 데이터를 수집하기 위한 계획 및 이니셔티브 개발 |

| SP2030 우선순위 영역 | Plans for 2024 |
|---|---|
| 공정하고 순환적인 경제<br>Just and circular economy | • 대학의 공정 무역 인증 검토, 지속적인 활동을 위한 경로결정, 연방 정부 표준일치 확인, Tier 2 공급업체(하청업체) 및 사회적, 원주민 조달의 가시성 향상<br>• 순환 경제 및 폐기물 전략 및 관련 운영 계획 개발 |
| 책임 있는 투자<br>Responsible investment | • 투자 포트폴리오, 탄소 배출량 추정 방법 모색<br>• 새로운 책임투자 가이드 발표 |

자료: SP2030, Report overview

* MCF Academy: Melbourne Climate Futures(MCF)

* Murmuk Djerring 원주민: 호주 원주민과 토레스 해협 섬 주민, 그리고 동료 호주인 간의 관계 깊은 상호 존중으로 특징 지어지는 환경조성 및 호주 전역에 긍정적인 변화 모색

# 6. 중국

## 1) 소개

베이징대학은 교훈과 지정된 교가는 없으며, 루쉰이 디자인한 교표가 있다. 1898년 경사대학당 (京師大学堂)이라는 이름으로 설립되었고, 2000년 4월 3일, 1952년 대학개편 당시 분리된 베이징 의과대학과 합병되었으며, 공과대학, 예술대학 등이 신설되면서 베이징대학은 인문학, 예술학, 자연과학, 사회과학, 공학, 의학 등을 모두 갖춘 종합대학이 되었다.

2018년 5월 2일, 시진핑(習近平) 총서기의 베이징대학 교원과 학생 심포지엄에서 '북경대학은 영광스러운 전통을 계승하고 사회주의적 학교 운영 방향을 견지하며 덕이 있는 인재를 양성하는 결실을 맺었고, 일류 건설에서 괄목할 만한 성과를 거두었으며, 경제 사회 발전에 기여하는 데 탁월한 성과를 거두고 학교의 발전 이념이 뚜렷했으며, 학교 운영의 힘과 영향력을 크게 높여 만족스럽다.'고 했다. 이에 북경대학은 '시진핑 총서기의 격려와 지도 아래 북경대학은 끊임없이 고품질의 최고 혁신 인재 양성의 요람, 첨단 과학 기술과 선진 사상 문화 창조의 중요한 위치, 국가의 고품질 발전에 봉사하는 허브 플랫폼, 높은 수준의 개방을 촉진하는 다리가 되기 위해 끊임없이 노력했으며, 새로운 여정에서 중국 특색의 세계적 대학 건설의 새로운 장을 계속 써 내려갈 것.'이라고 소개하고 있다.

QS 2025 세계대학순위 14위로 북경대학 개발계획과 관련된 요약본 '북경대학 일류대학 건설 계획'과 북경대학 정보공개자료 등을 정리하여 구성하였다.

## 2) 중국공산당 제19차 전국대표대회 정신 관철

① 제13차 국가교육 발전 5개년 계획

② 세계석 일류 대학 및 일류 학문 건설 추진 총괄계획

③ 세계적 일류 대학 및 일류 학문 건설조정 촉진 이행방안

④ 이행 조치에 따른 세계적 수준의 대학과 일류 학문 건설 목표

⑤ 시진핑 '신시대 중국 특색 사회주의 사상' 관철

⑥ 북경대학 개혁발전 제13차 5개년 계획개요에 따른 건설 계획에 대한 연구 및 실증을 연구 공식화

\* 신시대 중국 특색의 사회주의 사상: '신사상의 총 임무는 사회주의 현대화와 중화민족 대 부흥을 실현하는 것으로 전면 샤오캉(小康·모든 국민이 편안하고 풍족한 생활을 누림) 사회 건설의 기반에서 21세기 중엽에 부강하고 민주 문명적 이며 조화롭고 아름다운 사회주의 현대화 강국을 동시에 추진하는 것'이라고 규정

## 3) QS 2025 세계대학순위 평가지표 점수 비율

① 전체(Overall): 88.5

② 학문적 평판(Academic Reputation): 99.5

③ 교수진 당 인원(Citation per Faculty): 97.7

④ 고용성과(Employment Outcomes): 94.2

⑤ 학부학생 비율(Faculty Student Ratio): 92.6

⑥ 국제교수비율(International Faculty Ratio): 50.3

⑦ 국제연구네트워크(International Research Network): 79.8

⑧ 유학생 비율(International Students Ratio): 23.6

⑨ 지속가능성(Sustainability): 46.9

## 4) 사회주의 현대화 실현

일류 대학과 일류 학문 건설을 가속화하고 고등 교육의 내포적 발전을 실현

### (1) 단기 목표 2020년

① 세계 일류 대학으로 거듭나기

② 학교 운영의 주요 지표는 세계적 수준으로 올리기

③ 인재양성 시스템 및 메커니즘의 개혁을 완료하고 인재교육의 질 향상

④ 국제적 영향력과 경쟁력을 갖춘 교수진 양성

⑤ 혁신 능력 향상, 국제적으로 선도적인 획기적인 성과

⑥ 주요 국가 전략적 요구와 경제 및 사회 발전에 기여할 수 있는 능력 향상

⑦ 국제적 명성 향상 및 중국 특색의 현대적인 대학 시스템 확립

### (2) 중기목표 2030년

① 대학의 전반적인 수준은 세계 일류 대학의 선두

② 주요 학교 운영 지표는 세계적 수준, 학교 운영 지표 중 일부 발전, 많은 분야가 세계적 수준의
   대학의 최전선 진입

③ 인재양성 시스템과 메커니즘의 발전, 인재양성의 질 세계 최고의 위치

④ 최고의 인재 그룹 학계활동

⑤ 혁신 능력 세계선도, 국제적 영향력과 획기적인 업적을 달성

⑥ 주요 문제와 독창적인 혁신 해결의 강력한 능력보유

⑦ 학교의 좋은 국제 브랜드와 이미지 확립 및 국제적 영향력 향상

⑧ 중국 특색의 현대 대학 시스템운영 순행

### (3) 장기 비전 2048년

① 세계 최고의 대학으로 도약

② 학교 운영 지표는 세계적 수준의 대학, 주류 분야는 세계 최고 대학

③ 인재 교육의 질 세계 최고 수준 도달

④ 국제적으로 유명한 학문적 석사 그룹 육성

⑤ 선도적인 혁신 능력과 획기적인 결과를 창출하기 위한 노력 경주

## 5) 규범으로서의 개방과 예외로서의 비공개의 원칙

첫째, 정보 공개의 역할을 충분히 발휘하고 정보 보안에 주의

둘째, 정보 공개의 조직과 리더십을 강화, 강력한 팀 구축

셋째, 정보공개 플랫폼 체계 확대, 공시 채널 원활하게 하기

## 6) 정보공개

학교 홈페이지, 대학 웹 포털, 학교 신문 및 북경대학 신문 등의 잡지, 뉴스 웹사이트, 텔레비전 방송국, '두 개의 마이크로 미디어', 국제 뉴미디어 플랫폼을 통하여 정보를 공개하고 있다.

# 7. 프랑스

## 1) 소개

프랑스에 위치한 프랑스의 고등교육기관 그랑제콜(grandes écoles)이 연합한 국립그랑제콜 연방제 연합대학교이다. 정식명칭은 Université de Recherche Paris-Sciences-et-Lettres이고 줄여서 PSL이라고 한다. 국문으로 파리 과학·인문학대학교, 파리문리대학교, PSL대학교라고 불린다.

PSL은 중간 규모의 대학교로서 자연과학, 공학, 인문학 및 사회과학, 예술 분야로 구성되어 있으며, 프랑스 국립과학연구센터(CNRS), 국립정보기술자동화연구소(INRIA), 국립 보건의학 연구소(INSERM)의 협력연구기관으로 참여하고 있다. QS 2025 세계대학순위는 24위이다.

## 2) 이중학제(Bi-disciplinarity)

연구 및 교육 분야의 다학제성에 따른 심화와 우수성, 상보성을 기반으로 하는 핵심전략이다.

### (1) 교육 및 연구의 전략적 영역
① 양성 훈련
  - 조직 및 의사 결정 과학에 중점을 둔 연구 및 교육 분야 전문 지식 개발
  - 2004년부터 공식적으로 주요 기관이 된 Dauphine-PSL은 기업계와 긴밀한 관계를 맺고, 6개의 실험실을 보유한 연구 대학 특성을 갖춤
  - 국가 연구 기관(CNRS, INRIA 및 IRD)과 제휴, 학사에서 박사 학위까지의 이중 학위와 환경

전환 교육을 포함한 다양한 과정 제공

## (2) 연구(Research)

① Université Paris Dauphine: PSL의 6개 연구 실험실 팀의 자체 평가 보고서

- CEREMADE(Centre de Recherche en Mathématiques de la Décision) :교육 및 연구 센터, 의
  사 결정 수학 연구 센터
- CR2D(Centre de Recherche Droit Dauphine): 법률 연구 센터
- DRM(Dauphine Recherches en Management): 도핀 경영과학 연구 센터
- IRISSO(Institut de Recherche Interdisciplinaire en Sciences Sociales): 사회 과학 학제 간 연
  구 연구소
- LAMSADE(Laboratoire d'Analyse et de Modélisation de Systèmes pour l'Aide à la Décision):
  의사 결정 지원 시스템 분석 및 모델링 연구소
- LEDa(Laboratoire d'Économie de Dauphine): 도핀 경제학 연구소

## 3) 두 가지 주요 전략(Two Key Events Supporting Our Strategy)

### (1) 랑데부 도핀 듀러블(Rendez-vous Dauphine Durable)과 도핀 디지털 데이즈(Dauphine Digital Days) 프로그램 행사

① 두 가지 주요 프로그램인 지속 가능한 개발과 기후 변화, 디지털 혁신
② 수학, 컴퓨터 과학, 인간, 사회 및 조직 과학 간의 여러 분야의 교차 전문 지식을 기반으로 한
  독특한 포지셔닝 활용
③ 두 가지 행사를 통한 Dauphine: PSL의 전문가, 지역사회주체, 참여자, 학생들과의 주제에 대
  한 통찰력을 제공하는 나눔의 기회 부여

## 4) 국제화(Internationalization)

세계를 향해 열린 대학(A University that is Open to the World)을 지향하고 있다.

① 세계 50대 대학 중 하나이며, 파리, 런던, 튀니스 캠퍼스와 프랑크푸르트 및 마드리드 외부 프로그램 운영

② 두 개의 다른 석사 학위인 Executive Master's Quantitative Finance 및 SIEE(Extended Enterprise Information Systems)와 인공 지능 및 조직 과학 이중학사 학위제도

③ 전 세계 186개 명문 기관과의 학업 파트너십을 통해 지식을 쌓고, 외국어 능력을 향상시키고, 다문화 사고방식을 개발할 수 있는 중요한 기회를 제공

④ 유엔의 지속 가능한 개발 목표에 관한 YERUN 네트워크 협의회 개최

⑤ 사회 영향 및 글로벌 경영 연합(SIGMA)창립 회원

⑥ QTEM을 위한 MOOC: 2012년에 출범한 QTEM(Quantitative Techniques for Economics and Management)은 전 세계의 학생, 대학 및 기업의 국제 네트워크의 학생들을 위한 영어 MOOC(Massive Online Open Course)를 개발

⑦ 국제 파트너십 간소화: 전 세계 파트너십을 최적화하기 위한 모빌리티 계약 포트폴리오 재구성

## 5) 학생의 성공, 평등한 기회 및 연대

### (1) 매우 높은 수준의 전문 통합
Dauphine 교육 프로그램의 우수한 고용 가능성

### (2) 사회적 다양성을 촉진하기 위한 평등 조치
① 캠퍼스의 기회 균등 프로그램 및 학생 기숙사, 수업료 개혁
② 기회균등프로그램

### (3) 성공 조건으로서의 학생들의 삶의 질
① 2022-2025 다년간 장애인 종합 계획의 실행
② 성폭력 및 성관련 폭력 대처를 위한 환경과 사회 위원회

## 6) HR 운영 및 관리(HR Steering and Management)

### (1) 연구 교수를 위한 새로운 조항
① 프랑스의 연구 계획법(LPR)의 영향
② 인적 자원 전략에 대한 투명성
③ 정기적인 커뮤니케이션 및 일반 정보 회의

### (2) 행정 직원에 대한 인센티브 보너스 창출

### (3) 직원을 위한 공동 이니셔티브
① 장애인 직원 지원 전략을 강화
② 직원의 지원 및 애사심을 위한 고용주 브랜드 개발

## 7) 새로운 캠퍼스(New Campus)

새로운 캠퍼스 조성을 통한 Wing F의 개관식과 전체 캠퍼스 리노베이션

① 현대적인 국제 캠퍼스
② 보다 지속 가능하고 사회적인 캠퍼스
③ 지식 학습 및 공유를 위한 전용 공간

# 8. 캐나다

**토론토대학교 U of T(University of Toronto)**
* https://www.utoronto.ca


표어: 세월이 흘러 자라나는 나무처럼
May It Grow as a Tree Through the Ages

## 1) 소개

토론토대학교는 캐나다 온타리오주 토론토시에 위치한 공립 대학으로, 1827년 영국 국왕이었던 조지 4세의 왕명에 의해 킹스 칼리지(King's College)라는 이름으로 설립되었다. St. George 메인 캠퍼스와 Mississauga 그리고 Scarborough 위성 캠퍼스를 두고 있다. 약칭은 U of T이며, 대학교는 칼리지의 연합단계로 12개의 칼리지들로 구성되어 있다. QS 2025 세계대학순위 25위로 U of T는 지속 가능한 실천의 세계적인 리더가 되는 데 필요한 지속가능성 문화를 육성하는 것을 목표로 지속가능성 비전을 제시하였다.

## 2) 세인트 조지 캠퍼스(St. George)

세인트 조지 캠퍼스 지속가능성 사무소 2023연례 보고서

### (1) 운영(Operations)
① 기후 긍정적인 캠퍼스
  - 2050년까지 온실 가스 배출량을 줄이는 실행 단계로 목표달성위한 대규모 프로젝트 진행
② 프로젝트 도약
  - 이니셔티브 Project Leap을 통해 2027년까지 캠퍼스 Scope1, 2 배출량을 반으로 줄이는 인프라 형성

- 공식적인 자금 조달, 설계, 건설 파트너 확보

- 전기보일러로 교체, 건물 심층 에너지 개조, 지역 에너지 시스템을 개조하는 등 주요 프로젝트 요소 구현

③ ISO 50001 에너지 관리 시스템

- 국제 시스템 표준인 ISO 50001을 준수하기 위한 측정 가능하고 검증 가능한 에너지 사용 감소 및 에너지 성능 개선을 위한 벤치마크

- 캠퍼스 안팎에서 에너지 사용 관리를 관리하는 정책 개발

- 에너지 성능을 지속적으로 개선

- 캠퍼스의 7개 주요 건물을 ISO 50001 준수 프로세스의 파일럿 장소로 선택

④ 에너지 모델링 및 성능 표준

- 신축 및 리노베이션 프로젝트에 대한 에너지, 탄소, 수자원 효율성 목표를 제공

⑤ 지속 가능한 건물 설계 표준

- 대학교 관련 산업 표준 요구 사항 평가 및 식별

- 3개 캠퍼스의 다학제 표준 개발팀 구성 및 지속 가능한 건물 설계 표준 초안 작성

⑥ 3개 캠퍼스 폐기물 워킹 그룹: 2024년 폐기물 감사 실시 및 폐기물 최소화, 폐기물 분산 극대화

⑦ 항공 여행 배출 완화 이니셔티브(ATEMI): 제3자 오프셋을 구매하지 않고 비즈니스 관련 항공 여행 배출을 완화하기 위해 만들어진 거리(km)당 요금 프로그램

⑧ 차량 전기화

⑨ 도서관 태양광


**(2) 관계 구축(Engagement): 세인트 조지 캠퍼스의 프로그램으로 인한 학생들 삶의 지속가능성과 체계적인 변화 장려 및 대학 전체 접근 방식 촉진**

① 지속 가능한 홍보대사·Student Sustainable Ambassador 프로그램을 통한 자원 봉사 기회

- 지속가능성 이니셔티브 홍보부스 설치 및 쓰레기 분류 행사진행

② 지속 가능한 행동 상(Action awards)

- 연례 Sustainable Action Awards를 개최

- U of T에서 지속가능성에 기여한 개인과 팀에게 수여

- 우수상 6개, 준우수상 5개를 학생, 교수진, 직원 및 외부 기업에 수여

③ 지속 가능한 변화 프로그램
  - 지속 가능한 변화 프로그램은 자체 평가 방법을 사용하여 U of T 커뮤니티가 캠퍼스 전체의 사무실, 기숙사, 이벤트 계획, 실험실 및 과정에서 지속 가능한 프로그램 실행에 교육, 참여 및 권한부여
  - Green Chemistry Initiative와 공동인증 챌린지 진행
  - U of T 학생들의 인증관련 Sustainable Student 프로그램 개발

④ 협업(Collaboration)
  - 다양한 컨퍼런스, 워크샵 및 초청 강연 참여
  - 캐나다 대학경영연합 CAUBO(Canadian Association of University Business Officers) 컨퍼런스 참여
  - 고등 교육 지속가능성 발전 협회 AASHE(Association for the Advancement of Sustainability in Higher Education) 컨퍼런스 참여
  - 캐나다 대학교 기후 워크숍(Universities Canada Climate Workshop)과 탄소 중립 도시 연합(Carbon Neutral Cities Alliance) 연례회의 주최
  - 소셜 미디어 참여


## (3) 캠퍼스 학업(Academic)

① 리빙 랩으로서의 캠퍼스
  - 기후 위험 분석
  - 캠퍼스 공간 최적화
  - 다중 캠퍼스 폐기물 감사 및 모범 사례
  - 지속 가능한 변화 과정 프로그램 평가
  - 세인트 조지 캠퍼스의 생물 다양성 평가
  - 순환 캠퍼스
  - 항공 여행 배출 완화 이니셔티브 오프셋 프로젝트

② 근로 장학생

- 연구 개발, 마케팅, 커뮤니케이션, 봉사활동 및 참여, 탄소 및 에너지 관리를 포함한 다양한 영역의 협력 학생 고용
- 연구 및 학습 지원
- 캠퍼스 내 건축 환경에서의 웰빙
- Scope3 배출, 비산 배출, 지능형 빌딩 디지털 트윈, 열 창 코팅, 태양광 패널 코팅, 열에너지 저장, IT 전원 관리

(4) 미래 전망주요 파트너 협력 및 커뮤니티 참여를 확장하면서 지속가능성을 위한 다양한 영역의 진전을 가속화하고 확대
① 재생적 지속가능성
② ATEMI 경과보고서
③ 버드 세이프 캠퍼스
④ 태양 에너지
⑤ 딥 에너지 개보수(Deep energy retrofits)

## 3) UTM(University of Toronto Mississauga)

캠퍼스 지속가능성 전략 계획의 5가지 핵심 요소

### (1) 학업 프로그램 및 커리큘럼
① UTM(University of Toronto)은 학생들에게 현재 시스템에 대한 창의적 접근 방식 탐구, 비판적 사고 기술 적용, 적극적 학습 기회의 공간 제공
② 학위 프로그램에 관계없이 지속가능성 교육을 받을 수 있도록 학생들에게 학제 간 학부 및 대학원 학습 경로제공

### (2) 연구
① 지속가능성과 관련된 학제 간 연구의 선구자 역할

② 다양한 지속가능성 관련 이슈 및 솔루션에 대해 다학문적 팀의 학술 공간 제공

## (3) 캠퍼스 참여

① 학생, 교직원, 사서 및 교수진 주도로 지속가능성 문화 조성

② 캠퍼스 참여 활동지원, 커뮤니티 주도 이니셔티브 촉진, 지속가능성에 대한 기관 참여 확대

③ 캠퍼스에서 지속가능성 이벤트, 프로그램 및 봉사 활동 이니셔티브를 강조하는 마케팅 및 봉사 활동 계획

④ 학생 참여 센터, 학생 주거 및 기숙사 생활 부서, 레크리에이션, 신체활동 및 웰빙 부서를 포함한 내부 이해 관계자와의 파트너십 개발 및 강화

## (4) 시민 참여

① 공동체의 지속가능성에 대한 모범 사례 촉진, 교육, 연구 및 운영 분야에서 지역 및 글로벌 파트너십 구축

② 지역 초등학교 및 고등학교와의 파트너십 개발 및 강화

③ 학습 장려, 경험 공유, 지속가능성을 촉진하는 이웃 학교와 협력 관계 구축

④ 역적, 국가적, 국제적으로 외부 대학, 조직 및 위원회와의 파트너십 개발 및 강화

## (5) 인적 자원 및 인프라

① 시설/건축 환경

 - 온실 가스(GHG) 배출 감소

 - 건물 설계 및 시공에 지속가능성 관련사항 계속 적용

 - Scope3 배출량에 대한 감축 프로그램을 통합

 - 캠퍼스의 자연 서식지 보호

② 음식 및 식사

 - 캠퍼스의 음식물 쓰레기를 줄이기 위한 공식 전략개발

 - 채식 및 비건 옵션을 포함한 건강하고 유기농, 지역 및 공정 무역 식품 및 음료를 캠퍼스에서 이용토록 보장

- 캠퍼스 내 식품 생산 프로그램 지원

③ 조달: 사회적, 환경적, 재정적 지속가능성을 촉진하는 조달 및 계획 활동 수행

④ 웰니스/웰빙

- 커뮤니티 구성원의 헌신적인 지속가능성 활동을 공식 인정

- 캠퍼스 활동을 Community of Care 모델과 연계

- 유연한 근무 방식 모색

- 캠퍼스 웰빙 이니셔티브에 대한 인식 증진을 위한 내부 협력 장려

⑤ 폐기물

- 폐기물 관리 정책, 프로그램, 인프라 및 용기를 구현하여 전환율 증가

- 지속가능성을 위한 새로운 참여 이니셔티브 도입

⑥ 교통

- 캠퍼스 통근을 위한 1인승 차량에 대한 의존도 감소

- 환경 친화적인 교통 지원 방식

# 9. 독일

뮌헨공과대학교 TUM(Technical University of Munich)
* https://www.tum.de/en

표어: 기업가적 대학
The Entrepreneurial University

## 1) 소개

독일 바이에른 주의 주도 뮌헨에 위치한 국립공과대학으로 1868년 설립되었으며, 1877년 바이에른 왕국의 왕 루트비히 2세가 공식적으로 왕립 바이에른 공과 대학(Königlich Bayerische Technische Hochschule München)으로 명명하고, 일반 공학, 기계공학, 화학공학, 토목공학, 건축공학으로 분리되어 운영되기 시작했다. 독일의 9개 국립 공과대학교의 연합인 TU9, 유럽 53개 공과대학교의 연합인 T.I.M.E.에 속해 있다.

QS 2025 세계대학순위 28위로 선정되었으며 대학연구의 목표를 아래와 같이 두고 있다.

① 안전한 미래를 위한 디지털 트랜스포메이션 개척
② 사회에 봉사하는 책임감 있는 연구와 혁신
③ 삶의 본질적인 기초에 대한 이해
④ 신소재 및 제조 기술 창출
⑤ 지속 가능한 생활환경 조성
⑥ 건강유지 및 질병 표적화

## 2) 지속가능성과 회복력

사회의 지속 가능한 변화는 열정과 책임감을 가지고 직면한 도전으로, 포괄적인 전략을 추구하여 생태학적 한계, 경제적 회복력, 사회 정의가 서로 상호작용하므로 지속가능성은 책임과 학생, 교직원, 연구원 및 모든 직원의 일상적인 행동에 초점을 맞춘다.

### (1) 행동분야
① 연구
- 연구 분야와 목표의 선택은 학제 간 협력, 과학, 비즈니스 및 정치 부문과의 국제 파트너십 촉진
- 전 세계의 첨단 과학자들의 자원을 의식하는 작업 방식 구현

② 기업가 정신
- 연구원과 학생들의 아이디어는 지속 가능한 접근 방식을 통한 사회와 경제를 변화시키는 기업설립으로 전환
- 창업자 지원
- 기업가들은 혁신적인 기술과 비즈니스 모델을 사용하여 경제적 성공과 생태학적, 사회적 책임 결합

③ 캠퍼스 및 자료
- 책임감 있는 캠퍼스 운영으로 온실 가스 배출, 이동성, 생물 다양성, 평등 및 포용성 영역 포함
- 기술 대학으로서 최적의 에너지 소비 $CO_2$ 배출량 줄이기

④ 교육환경
- 학생들의 지속가능성에 대한 이해 개발, 학제 간 교육과정 지원
- 교수진의 지속가능성과 관련된 다양한 평생 교육 기회 제공
- 지속 가능한 교육 및 학습 환경 조성

⑤ 지속적인 교육 조치
- 대학 공부와 직업 훈련 및 TUM 안팎의 실무 전문가들에게 지속가능성 분야의 기술 향상 및 평생 경쟁력 유지를 위한 다양한 기회 제공

⑥ 학생 실천 활동
- 지속가능성 학생정보 포럼
- 그린 오피스 활동: 지속가능성 이니셔티브의 허브 역할과 캠퍼스에서 실질적인 구현 활동

## (2) 지속 가능한 생활환경

환경, 기후, 에너지, 식량 및 자원 분야의 모든 전문 지식을 결합하여 기후 변화를 늦추고 영향을 최소화하며 지속 가능한 생활과 직장 환경을 조성한다.

① 공기, 물, 토양 보호, 자연 생태계 보호를 위한 기술개발
② 지속 가능한 농업 및 식량 생산을 위한 전략과 접근 방식 개발
③ 기후 변화와 종 손실 완화 방법 조사
④ 농업과 임업에서 지속 가능한 토지 이용 전략 수립
⑤ 미래 에너지, 모빌리티 및 도시 개발 솔루션 형성
⑥ 자율 주행 차량, 에어 택시 및 하이퍼 루프와 같은 교통수단 개발 참여
⑦ 지능형 도시 및 교통 계획을 통한 도시 및 농촌 지역의 살기 좋은 방법 탐구
⑧ 식물 건설, 목재 건설, 에너지 효율적이고 지속 가능한 설계 및 건설 분야의 선도적인 전문가 확보
⑨ 최첨단 센서, 위성기술로 기후 변화와 환경, 도시에 미치는 영향 기록
⑩ 생물 경제 연구 프로젝트를 통한 화석 연료를 재생 가능한 에너지원으로 대체
⑪ 지속 가능한 바이오 경제를 위한 혁신적인 제품, 기술, 비즈니스 모델 개발

## 3) 지속 가능한 미래전략 2030(TUM Sustainable Futures Strategy 2030)

### (1) 개요

뮌헨공과대학교(TUM)은 책임감, 재능, 과학적 우수성 및 혁신적인 힘을 통해 미래 세대와 자연 및 환경과 조화를 이루는 건강과 번영을 보장하기 위해 사회의 지속 가능한 변화를 형성하고 있다. 따라서 TUM은 지적 및 재정적 자원을 모으고 'TUM Sustainable Futures Strategy 2030'을 통해 지속가능성 및 환경 보호를 연구, 교육과 평생학습, 기업가 정신과 혁신, 캠퍼스 운영 및 자원 관리, 거버넌스 및 커뮤니티, 소통과 글로벌 참여 등 6가지 실행 분야에서 의제의 필수 지침 원칙을 갖는다.

① 연구 분야: 지속가능성 미래를 위한 탁월한 연구

- 학생, 직원, 연구자, 교사, 동문/동문, 전문가 및 경영진에게 권한을 부여하고 과학, 비즈니스, 정치 및 사회의 파트너와 연결하여 지속 가능한 미래를 위한 혁신적인 솔루션 개발
- 사회의 지속 가능한 발전에 미치는 영향 개선, 책임감 있고 확장 가능한 혁신을 통해 시스템, 프로세스 및 제품의 환경보호 연구 지원
- 창업자가 기업가 재능을 사용하여 지속 가능한 혁신을 가속화할 수 있도록 지원
- 지속 가능한 해결책을 위한 정치적, 규제적 틀에 대한 적응 추진, 사회적 수용 증가
- TUM을 지속 가능하고 회복력 있는 사회 설계 혁신

② 교육과 평생학습 분야: 변화를 위한 책임 있는 우수한 인재 교육

- 학생들이 지속 가능한 방식으로 사회형성 교육지원
- 임직원, 동문/동문, 외부 전문가, 임원을 대상으로 한 지속적인 교육 지원으로 지속가능경영 문화 정착

③ 기업가 정신과 혁신 분야: 지속 가능한 영향력을 위한 탁월한 설립자

- 기업가 정신 문화의 기본 원칙으로 지속가능성 구현
- 기업가 정신 직원, 창업에 관심 있는 사람 및 창업자를 위한 지속가능성 역량 개발
- 사회의 지속 가능한 변화에 기여하는 TUM 스타트업 수 확대

④ 캠퍼스 운영 및 자원 관리 분야: 지속 가능한 환경에서 배우고, 가르치고, 연구하고, 일하기

- 2028년까지 에너지 소비 측면에서 기후 중립
- 에너지 및 자원 소비 감소, 효율성 증진
- 모빌리티 관련 온실가스 배출량 대폭 감소
- TUM 캠퍼스의 체류 품질과 생물 다양성을 높이고 건설의 지속가능성 우선시
- 학생과 직원을 위한 지속 가능한 식품 공급
- 대학 공동체에서 감사, 존중, 책임의 문화 지속적으로 촉진

⑤ 거버넌스 및 대학 커뮤니티: 책임감 있는 리더십과 협업 설계

- 지속가능성 기준을 거버넌스 및 의사결정 과정에 통합
- 지속가능성과 기후 보호를 위한 TUM 가족의 공동 노력
- 지속가능성에 대한 TUM 내부 커뮤니케이션 강화

⑥ 소통과 글로벌 참여: 열린 대학 및 지역 사회에 미치는 영향: 지역, 국가, 국제

  - 대외 지속가능성 커뮤니케이션 구축

  - 전략적 파트너십 확대

# 10. 일본

**도쿄대학교 UTokyo(The University of Tokyo)**
\* https://www.u-tokyo.ac.jp

표어: 우수성 발견
Discover Excellence

## 1) 소개

도쿄대학교는 도쿄도 분쿄구에 본부를 둔 일본의 국립대학으로 한국에서는 동경대(東京大), 혹은 도쿄대라고 부르며, 영문 이름 The University of Tokyo이며 약칭은 'UTokyo'이다.

1877년 도쿄 카이세이 학교를 카이세이 대학교로 승격하고자 하는 움직임으로 인해 도쿄 카이세이 학교 본과와 도쿄 의학교 본과가 합병되어 일본 최초의 대학으로서 도쿄대학이 설립되었다.

일본의 대학은 기능에 따라 여러 캠퍼스로 분산되어 있는 형태가 대부분으로, 도쿄대학의 경우 3극구조(三極構造)의 일환으로, 전통적인 전문영역 및 기초 분야 연구를 담당하는 혼고(本鄉) 지구 캠퍼스, 학제 간 연구 분야를 중심으로 하는 코마바(駒場) 지구 캠퍼스, 신생 학문 및 새로운 영역 연구가 중심인 카시와(柏) 지구 캠퍼스의 3곳을 주요 거점으로 두고 있다.

QS 2025 세계대학순위 32위로 도쿄대학은 학제간 연구를 통한 새로운 학문 분야 창출, 국제 연구 교류, 인문 과학부를 책임학과로 하는 1학기 교육 체제를 유지하고, 인문학이념에 입각한 교양 교육 실시, 정부로부터 위임받은 전통적인 역할과 사회와의 협력과 대화를 통한 활동 확대, 더 나은 미래 사회를 위한 자율적이고 창의적인 경영 능력을 습득하기 위하여 지속적으로 개혁하고 있음을 특징으로 들고 있다.

## 2) 도쿄 나침반 2.0(UTokyo Compass 2.0)

다양성의 바다로: 대화를 통한 미래 창조

## (1) 기본 원칙

### ① 지식(Knowledge)관점

- 학문의 자유와 자율성, 사회가 직면한 문제해결을 위한 다양한 학문적 지식창출
- 개방적이고 투명한 대화를 통하여 사람들에게 봉사할 책임 인식
- 기술 혁신에 필수적인 기초 연구의 폭과 깊이의 발전 우선시
- 지식의 융합
- 신기술에 대한 인문학과 과학의 협업
- 학문적 지식의 창조, 사회에 대한 헌신 핵심과 지원

### ② 인재육성(People)관점

- 미래를 창조할 수 있는 인재 육성
- 다음 세대의 리더로서 사람들과 공감 관계 구축을 위한 교육 제공
- 세계 네트워크의 핵심에서 연구, 교육 및 사회 참여를 위한 기능 수행
- 해외 유학 기회 확대, 해외 대학 및 파트너 시설에서의 경험, 글로벌 인턴십 프로그램에서의 경험, 현지 실무자와의 교류 등 다양한 실무 경험을 쌓을 수 있는 틀 강화
- 디지털 전환과 사이버 공간을 활용하여 학생 참여 촉진
- 특정 연령대, 속성 또는 배경에 고정되지 않은 포용적 교육 촉진

### ③ 장소적(Place)관점

- 대화의 실천을 통해 각 학문의 개성과 창의성을 포용할 수 있도록 대학이라는 장을 종합적으로 활용하는 방법을 고민
- 장비와 시설의 개선, 연구, 교육 및 고용 시스템의 종합적 개발
- 교수진, 행정 직원 및 학생의 다양성 존중, 디지털 전환, 고용과 다양한 진로 제공, 국적-젠더-장애 등 다양한 구성원의 포용과 처우 개선
- 재해나 비상사태 시 사람들을 안전하게 지킬 수 있는 캠퍼스 공간
- 온라인 환경개선과 확대를 기반으로 교육과 연구 방법을 개발
- 기금과 대학채를 포함한 재정적 기반 확충
- 다양한 장의 창출을 통해 대학의 공공적 의미와 고유한 기능에 대한 신뢰와 지지, 지원의 선순환 구조 형성

### 3) UTokyo Compass의 20가지 목표

① 자율적이고 창의적인 대학 모델 구축

② 지속가능경영전략 수립 및 대학의 기능 확대

③ 대학의 역할에 대한 지지와 공감의 증진

④ 전지구적 과제에 대한 해결책 모색

⑤ 다양한 학술 진흥

⑥ 우수한 학문적 지식 구축

⑦ 산업계와의 공동 창조를 통한 가치 창출

⑧ 책임 있는 연구 촉진

⑨ 포용성에 대한 감수성과 창의적 대화력을 담는 교육

⑩ 국제적 전망 육성

⑪ 학부 교육: 전문성 외에도 광범위한 지식 및 높은 윤리 기준 함양

⑫ 대학원 교육: 차세대 과제에 대처할 수 있는 높은 전문성과 실천 역량 배양

⑬ 신입 연구원 육성

⑭ 고도의 전문성과 창의적 마인드를 갖춘 행정인력 양성

⑮ 양방향 반복교육을 통한 대학과 사회 연결

⑯ 안심하고 활동할 수 있어 세계 누구나 오고 싶은 캠퍼스

⑰ 교육 및 연구 활동 지원

⑱ 사이버 공간의 캠퍼스 확장

⑲ 더 넓은 사회로 입지확장

⑳ 국제적 입지확장

### 4) 구체적 실천계획

(1) 자율적이고 창의적인 활동을 위한 경영역량 확립

### (2) 지속가능경영전략 수립 및 대학의 기능 확대

① 대학 운영 기금 설립(가칭)

② 자금 조달 다각화를 통한 재정 기반 확충

③ 경영에 기여하는 지식재산 포트폴리오 개발을 통한 지식재산 IR 구현

④ 대학의 역할에 대한 지지와 공감의 증진

⑤ UTokyo Compass에 대한 인식 제고, 세계 최고대학 브랜드 평판구축

⑥ 새로운 UTokyo 브랜드 구축 관리 시스템 개발

⑦ 기부, 산업체공동창업, 창업지원 분야 소통 활동 강화

⑧ 동문들과의 네트워킹 추구

## 5) 녹색전환(Green Transformation)

### (1) 글로벌 규모로 GX(Green Transformation)를 선도

글로벌 커먼즈 스튜어드십 지표(Global Commons Stewardship Indicators) 2013년 대비 온실가스 배출량 감축(Scope1 및 2 50%, Scope3 25%) Race to Zero를 통한 국제사회와의 협력 녹색전환 본부 설치

### (2) GX 리더 육성

① 인류 공유재산으로서의 글로벌 시스템(글로벌 커먼즈) 교육

② 녹색전환을 이끌 고급 전문가 양성 프로그램 추진

### (3) GX 기여를 위한 커뮤니티 및 업계 공동 창조

탄소중립 실행계획 수립 지원, 친환경 혁신, 녹색전환 연구 분야 추진

## 6) 사회와의 공동창조(Cocreation with Society)

### (1) 산업과의 공동 창조를 통한 가치 창출

인공지능, 양자 기술, 차세대 반도체 기술, 차세대 사이버 인프라 등의 분야에서 산·민간, 학계, 정부와 공공부문, 사회 전반의 공동 연구(연간 200억 엔 이상)기능 강화

### (2) 스타트업 생태계 구축

기업가 교육장려, 2030년까지 700개 이상의 도쿄 관련 스타트업 설립, 사회적 기업가 개발

### (3) 양방향 반복교육을 통한 대학과 사회 연결

반복적인 교육 생태계 구축, 사회적, 지역적 문제 대응, 글로벌 인재 육성

## 7) 연구(Research)

① 우수하고 다양한 지식 창출

② 박사과정 학생에 대한 경제적 지원

③ 연구에 집중할 수 있는 환경

④ 연구 중심 대학으로서의 도쿄대학의 국제적 위상 제고

# 국내 대학 ESG 경영 현황

ESG에 대한 대학생 인식을 서베이 조사한 자유기업원(2021)에 따르면 ESG 관련 인식 경로는 대부분 학교수업과 미디어를 통하여 접하고 있으며, ESG 경영과 투자에 대해서는 잘 모르며 업계 위주로 논의되고 있다고 인지하고 있었다. 의사결정 시 ESG 요소를 고려한 상품구매, 주식투자, 입사지원 의향이 있음을 보여 주었다. 이러한 인식은 더욱 증가되어 대학경영 역시 대학의 전통적인 역할인 교육, 연구, 봉사에서 지속 가능한 발전의 행위자로서의 기능을 해야 하는 요구가 강화되고 있는 추세이다.

기후변화와 코로나 팬데믹, 융합시대에 따른 패러다임의 변화는 소비자의 구매 가치를 변화시키고 강화되는 ESG 관련 규제에 대한 대응은 기업생존의 문제가 되었다.

글로벌 ESG 공시규제는 점차적으로 ESG 보고 의무화를 불러오고, 스튜어드십 코드(Stewardship code)는 기관투자자가 의결권 행사 등으로 기업 경영에 관여하는 것으로 투자에도 ESG 관점에서 관련 책임투자 결정이 이루어지고 있는 시대이다.

ESG의 성과에 따른 기업의 신용등급평가는 글로벌 자산운용사, 투자은행, 신용평가사 등에 의해 상품 개발 및 투자의사결정과 관련하여 지속가능경영에 반영하고 있다.

해외대학에서의 ESG 경영에 대한 동향을 앞 장에서 살펴본바와 같이 우리나라는 해외대학에 비하여 10여 년을 늦게 출발하였으나 대학의 ESG 경영은 필수라는 인식이 확산되면서 대학의 ESG 경영혁신을 위한 열정적인 활동들이 펼쳐지고 있다.

대학 ESG 가이드라인이 발표되고 서울대학교의 ESG 보고서 등은 대학의 지속 가능한 발전에 대한 방향키 역할을 하고 있다.

여기에서는 현재 우리나라 대학 ESG 경영 현황을 'QS 2025 세계 대학순위' 100위 안에 들어가 있는 대학과 우리나라 대학 ESG 경영의 시초로 알려진 건국대학교 및 ESG 활동이 활발한 대학을 임의 선발하였다. 2025 QS 세계 대학 순위에서 한국의 대학들은 높은 취업률과 국제적 명성에 힘입어 순위가 급상승하였다.

대학의 ESG 경영에 대한 해외 대학과의 간격을 좁히고 글로벌을 선도할 수 있는 지속 가능한 대학경영에 대한 관점과 요소 및 전략수립과 실천 방법론을 알아보기 위해 공개된 자료 등을 바탕으로 재구성하였다.

# 1. 서울대학교(Seoul National University)

\* https://www.snu.ac.kr

표어: 진리는 나의 빛
VERITAS LUX MEA

## 1) 소개

서울대학교(Seoul National University, SNU)는 서울특별시 관악구와 종로구, 경기도 시흥시, 강원특별자치도 평창군에 캠퍼스를 둔 대한민국의 국립대학이다.

1946년에 경성대학과 9개의 전문학교, 전문학교급 학교들을 통합하여 국립종합대학으로 설립되었으며, 메인캠퍼스인 관악캠퍼스는 서울대학교 종합화 계획에 따라 1975년에 조성되었다.

2011년 국립대학법인 서울대학교 설립·운영에 관한 법률에 따라 법인화하여 '국립대학법인 서울대학교'가 운영하는 고등교육기관이다.

QS 2025 세계대학순위 31위로 서울대학교에서는 '서울대학교 ESG 보고서'를 통해 서울대 ESG 평가체계, 지표별 성과, 지표가치와 의의, 지표별 트렌드와 변동사항 등을 비교적 상세히 보고하고 있다.

2009년 2월 서울대학교는 사회와 인류의 지속 가능한 발전을 위한 교육, 연구 및 실천을 통합적으로 이행하기 위해 서울대학교 지속가능발전연구소 ISD(Institute for Sustainable Development)를 본부 직할 연구기관으로 설립하였다.

## 2) 그린 레포트(The SNU Sustainability Report and Green Report)

### (1) 2003년 에코캠퍼스(Eco-campus) 친환경 캠퍼스활동 시작

① 2008년 지속 가능한 친환경 서울대학교(Sustainable SNU) 선언: 기후변화와 지구온난화 문제

대응 및 온실가스 감축활동 전개

▶ 실천 원칙

- 지속가능성을 실현하는 교육, 연구, 사회봉사 강화를 위한 다양한 학문과 영역을 연계하고 융합

- 학내 구성원들의 참여 및 친환경적 캠퍼스 문화조성

- 지속가능발전을 위한 지역사회 협력 확대, 범지구적인 네트워크 구성

- 지속 가능한 캠퍼스를 위한 조직 구비, 창의적인 운영체제 구축

② 2013년 온실가스 배출량 감소 성과 '2014 그린레포트' 보고서

③ 2022년 '친환경 학생활동 지원사업' 진행: 자연환경보존, 친환경 캠페인, 기후변화 스터디, 자원 재순환에 대한 프로젝트, 축제, 사이트 운영

④ 2023 서울대학교 ESG 구성원 인식조사(2023. 1. 16. ~2023. 2. 3.) *구성원: 학생, 교직원, 연구원

- 조사 개요와 활용 및 ESG 위원회 설립

- 구성원이 생각하는 서울대학교 ESG 중요분야

- 주요한 ESG 활동 목표(지표)

- 민간 대비 서울 대학교 ESG활동 수준 평가

- ESG 추진 주요 주체

- ESG 수준 제고 방안

## 3) 지속가능성과 실천을 위한 ISD 조직

다음 세대를 위한 환경, 사회, 경제가 균형을 이루는 지속 가능한 발전.

### (1) 지속가능발전교육센터

① 대학의 지속가능성 추구 활동과 결합된 교육 활동을 조직 및 운영

② 지속가능발전교육에 관한 연구 및 수행

③ 2011년부터 서울대학교 그린리더십 교과과정 주관 및 운영

④ 그린리더십 내용을 실행으로 옮기는 프로젝트 지원

⑤ 사회의 여러 기업, 기관 및 조직과 협력

## (2) 온실가스·에너지종합관리센터

① 서울대학교 온실가스·에너지 관리 규정(제1847호)에 의거 2012년 설립

② 사회적 책무로서 기후변화저감 연구, 교육, 실천 활동 지원

## (3) 탄소중립센터

① 기후변화의 복합적 위기 해결

② 지속 가능한 탄소중립 사회 이행력 제고를 위한 다학제 간 연구 활성화 지원

## (4) 적정기술센터

① 사회 과학과 인문 과학 및 교육 분야의 전문성 결합과 통합적이고 간학문적인연구가 가능한
   플랫폼 역할 수행

## (5) 지속가능발전정책센터

① 서울대학교, 지역사회, 국가의 지속 가능한 발전을 위한 정책 제안, 개발과 적용을 목표로 지
   속가능성 이론, 정책 연구 및 실천

② 지속가능성 현황 및 문제점, 대안 등을 모색하는 지속가능성 집담회 운영

③ 지속가능성 보고서의 필요성 인식에 따른 연구소의 기본사업 만들기

④ 지속가능성 집담회(TOSS, Talks on Sustainability & SNU)는 교내 다양한 분야의 교수들과 내
   부집담회, 학생, 교직원 대상으로 공개 강연 진행

⑤ 캠퍼스, 구성원들의 지속가능성 향상을 위한 구체적인 아이디어 공모전, Sustainable SNU 선
   언 등을 통한 지속가능성 확보 및 향상 실천

## (6) 지속가능발전이론센터: 연구소 이론적 연구과제 운영

## 4) ISD 연구관리현황

① ESG기반의 제주스마트시티 종합계획 수립 용역

② 환경 친화적 재생에너지 확산 방안 마련 연구

③ 외래생물 맞춤형 실시간 웹 기반 위치정보 추적 시스템 개발

④ 온실가스 저감을 위한 국토 도시 공간 계획 및 관리기술 개발

⑤ 기후-생태-탄소 넥서스: 기후변화 및 변동에 따른 육상 생태계 및 탄소 순환 반응 규명 연구

⑥ 보건의료 빅데이터 플랫폼을 이용한 내분비계 종양의 맞춤 관리를 위한 생활환경 요인 탐색

⑦ 도시 생물종 맞춤형 서식환경 관리 기법 개발

## 5) 서울대학교 ESG 보고서

(1) 국내 대학 부문으로는 첫 번째 ESG 보고서 발간

(2) 'GRI Standards 2021'에 부합한(in Accordance with) 보고 원칙 준수 및 대학 부문의 ESG 프레임 워크로 구성

(3) ESG 칼럼, 주요 성과를 요약한 ESG Fact Sheet, 8개 영역별 주요 활동, 70개 관리 지표성과

(4) 서울대학교 ESG 활동의 3대 핵심 목표

① 4차 산업혁명 시대에 심화될 수 있는 지역 간, 계층 간, 세대 간 교육격차해소

② 인류 난제 해결 및 창의적 인재 배출을 위한 교육과 연구시스템 혁신

③ 에너지원 다변화와 온실가스 감축 분야에서 체감적 성과를 창출하는 탄소중립화계획 수립 설정

(5) 서울대학교 ESG 활동의 구체적 계획

① 대학 경영 Action Plan(5대 분야, 10대 과제)

② 기업 경영 중심의 ESG 지표를 대학에 맞도록 수정한 보고서 기술체계를 국내 대학과 공유하

여, 대학 부문 ESG 활동 증진에 기여 예정

③ 웹사이트 구축, 구성원과 ESG 소통 증진, 2년에 1회 국제 기준에 부합한 ESG 보고서 발행 예정

④ 연간 ESG-Brief 발행을 통한 주요 사업 이행 사항 점검

# 2. 한국과학기술원 KAIST(Korea Advanced Institute of Science and Technology)

\* https://www.kaist.ac.kr

표어: 도전 창의 배려
Challenge Creativity Caring

## 1) 소개

한국과학기술원법은 '산업발전에 필요한 과학기술분야에 관하여 깊이 있는 이론과 실제적인 응용력을 갖춘 고급과학기술인재를 양성하고 국가 정책적으로 수행하는 중·장기 연구개발과 국가 과학기술 저력 배양을 위한 기초·응용연구를 하며, 다른 연구기관이나 산업계 등에 대한 연구지원, 기술의 이전 및 사업화를 촉진하고 창업을 지원하기 위하여 한국과학기술원을 설립함을 목적으로 한다.'고 제1조에서 KAIST의 설립목적을 밝히고 있다. 1971년 설립 등기되었으며, 대전광역시 유성구에 있는 본원과 문지캠퍼스, 서울캠퍼스, 도곡캠퍼스로 운영되고 있다.

QS 2025 세계대학순위 53위로 G-inK(Green in KAIST)는 교내 환경 보호 및 환경 의식 보전 활동을 펼치는 학부 총학생회의 특별기구이며, 녹색성장지속가능대학원 GGGS KAIST 등이 운영되고 있다.

## 2) G-inK(Green in KAIST)

### (1) 회칙 전문
① 한국과학기술원(KAIST) Green in KAIST(G-inK, 징크)는 단체나 개인에 간섭 받지 않는 독립적 단체
② 다양한 환경문제, 학교구성원들을 위한 친환경캠퍼스 사업수행
③ 학교구성원들의 쾌적한 생활환경 조성

④ 민주적 자치를 위하여 제정 공포

## (2) 활동 목적

① KAIST 캠퍼스, 더 나아가 전 지구의 환경문제에 관심을 가지고 이러한 환경문제를 해결하는 일에 자발적으로 참여한다.

② KAIST 캠퍼스 내의 환경문제를 탐색하고 이를 개선시키기 위한 방안들을 제안·수행해 나간다.

③ KAIST 구성원들을 대상으로 한 캠페인과 활동을 진행하여 구성원들의 환경의식을 고취시킨다.

④ KAIST 구성원들이 보다 쾌적한 생활을 할 수 있는 캠퍼스 환경 조성을 위해 노력한다.

## (3) 사업예시

① 이면지 프로젝트: 재사용 가능한 이면지들을 학교 내부 공부 시설에 배치

② 코인노래방 프로젝트: 코인노래방에서 발생되는 쓰레기들에 대한 분리수거 인증 이벤트 진행

③ 에코 공동 구매 프로젝트: 친환경 물품을 학우들과 공동구매

④ 타 대학과의 교류: 타 대학 환경 동아리와의 대면 미팅

⑤ 환경 지니어스: 환경 교육 콘텐츠 개발

⑥ 분리수거 카톡봇 프로젝트: 분리수거 방법을 알려 주는 카카오톡 자동응답 봇 제작

⑦ 에코 챌린지 프로젝트: 교내 카페 식당 매점에서 할 수 있는 친환경 미션을 제시하고 실천을 인증하는 이벤트 진행

⑧ 다육이 프로젝트: 교내 카페에서 일회용 플라스틱 컵을 수거하여 다육이 화분으로 재활용한 뒤 학우들에게 나눔

⑨ 온라인 에코 페스티벌: 환경을 주제로 온라인 게임을 제작하여 축제 진행

⑩ 이달의 친환경: 매달 친환경 제품과 활동을 소개하는 카드뉴스를 제작하여 G-inK SNS 게시

## 3) 녹색성장지속가능대학원(GGGS KAIST)(Graduate School of Green Growth& Sustainability)

### (1) 연혁

1999년: 경영대학 환경경영정책전공 신설

2009년: EEWS(에너지Energy, 환경Environment, 물Water, 지속가능성Sustainability) 대학원 설립

2013년: 경영대학 녹색성장대학원 설립

2023년: 공과대학 녹색성장지속가능대학원 조직 시행

### (2) 미션 및 비전

비전: 탄소중립을 선도할 융합 인재 양성으로 글로벌 기후위기 대응과 녹색성장에 기여.

① 전략목표 1: 탄소중립 융합 인재양성(Carbon Neutrality Talent Incubator)

    1-1 과학기술과 정책/금융의 융합 교육

    1-2 글로벌 탄소중립 인재 네트워크 구축

    1-3 KAIST 탄소중립 융합 인재영성 허브

② 전략목표 2: 탄소중립 기술 솔루션과 임팩트(Climate Solutions Exchange)

    2-1 기후 인텔리전스 고도화

    2-2 기후기술시스템 혁신체계 고도화

    2-3 한계 돌파형 기후기술 도약 생태계 구축

③ 전략목표 3: 글로벌 녹색성장 가치 확산(Global Green Growth Hub)

    3-1 글로벌 녹색성장 씽크탱크

    3-2 녹색성장 이해관계자 소통 플랫폼

    3-3 녹색산업의 글로벌 진출 창구

### (3) 연구

① 기후 인텔리전스 고도화

탄소중립 이행평가, 기후기술 및 정책평가, 기후영향 평가를 통한 탄소중립 과학기술 솔루션 도출.

- 기후기술 통합평가

- 기후정책 통합평가

- 기후영향 통합평가

② 기후기술시스템 혁신체계 고도화

탄소중립기술, 녹색에너지, 자원순환 기술통합 시스템의 혁신체계(개발-실증-확산)를 구축.

- 기후기술 시스템 개발(development)

- 기후기술 실증(demonstration)

- 기후기술 확산(deployment)

③ 한계돌파형 기후기술 도약 생태계 구축

기후변화 대응 임팩트가 높은 혁신적인 기후기술 개발과 사업화(Lab to Market)를 지원.

- 혁신 원천기술 개발 추진

- 개발기술 발굴과 사업화 지원

- 한계돌파형 기후기술 개발 생태계 조성

# 3. 연세대학교(Yonsei University)

* https://www.yonsei.ac.kr

표어: 진리가 너희를 자유케 하리라.
VERITAS VOS LIBERABI.

## 1) 소개

연세대학교는 1885년 설립된 광혜원과 1915년 설립된 조선기독교대학에 연원을 두고 있으며, 조선 기독교대학을 모체로 하는 연희전문학교는 1946년에 연희대학교로 승격, 광혜원을 모체로 하는 세브 란스의학전문학교는 1947년에 세브란스의과대학으로 승격하였고, 1957년에 연희대학교와 세브란스 의과대학이 통합하여 연세대학교가 되었고 신촌캠퍼스, 국제캠퍼스, 미래캠퍼스로 구성되어있다.

QS 2025 세계대학순위 56위로 선정되었으며, 경영연구소의 지속가능경영 연구센터, ESG/기업 윤리 연구센터(Center for Global ESG and Business Ethics)가 있으며, 고등혁신원, 지속성국가과 제연구소, 기후변화 적응형 사회기반시설 연구센터, 기후적응 리빙 랩 연구사업단, 포장재저감·자 원화를 위한 지속가능 패키징 교육연구팀, 글로벌 사회공헌원 지속가능발전연구센터, 4단계 BK21 지속가능 화학 교육연구단 등이 있다.

## 2) ESG/기업윤리 연구센터(The Center for Global ESG and Business Ethics)

### (1) 설립 목적

① 영리기업 및 비영리기관을 포함한 다양한 조직의 지속 가능하고 균형 잡힌 성장관점에서 연 구 활동수행

② 기업윤리 및 경영철학, 지배구조(Corporate Governance), 내부통제(Internal Control), 환 경성과(Environmental Performance), ESG 경영전략, 인공지능윤리(Ethics for Artificial

Intelligence), 사회책임투자(SRI), Corporate Social Responsibility 등과 관련된 연구 및 교육

## (2) 비전과 미션

① 비전: 선도적이고 영향력 있는 기업윤리와 ESG(Environment, Social, Governance) 경영 연구 및 교육의 산실

② 미션: 윤리적이고 혁신적인 기업문화 제고를 위한 기업윤리, 내부통제, ESG 경영에 대한 연구와 교육을 통해 기업의 선한 영향력 확대

## (3) 강의와 연구

① 강의: 지배구조와 기업윤리관련 과목을 대학, 대학원, 기업인들을 대상으로 강의

  - 내부통제와 회계감사

  - 기업지배구조와 ESG 전략

  - 기업윤리와 기업의 사회적 책임

  - 기업가정신과 경영철학, 지속가능성장

② 연구

  - 기업의 지배구조, ESG 전략, 기업윤리, 인공지능윤리, 사회적 가치 창출 및 기업의 사회적 책임과 관련된 연구

  - 영리기업 및 비영리 기관의 경영자가 직면하는 도덕적 딜레마 상황을 극복하기 위한 제도적, 윤리적 문제점 진단

  - 사회 전체의 공유가치를 극대화하기 위한 연구

## 3) 지속가능경영 연구센터

## (1) 설립 목적

① 기업들의 공급망 훼손, 에너지 위기 등, 복합위기에 따른 지속가능기업의 경쟁력 강화 필요

② 기업의 경쟁력 향상을 위한 실질적 모델 발굴 및 적용을 통한 실질적인 성장견인의 필요성

③ 기업과 사회 포지티브 섬을 가져오는 경쟁력 강화와 지속가능성장에 대한 연구를 통한 방향 제시

## (2) 연구 활동

① 혁신주도형 산업생태계 구축, 사회적 이슈(지속가능성장, 동반성장)에 대한 주된 연구영역 설정

② 구체적으로 기업의 지속 가능한 발전을 위한 생산성, 지속가능성을 주제로 연구를 수행

③ 지속가능경영 세미나 및 워크숍 등의 관련 행사 운영

④ 목적을 같이하는 국내외 기관 및 산업계와의 교류추진

## 4) 고등혁신원

### (1) 설립배경

2018년 총장직속기구로 출범하였으며, 미래형인재육성 및 고등교육혁신 동력 마련.

① 사회 환경변화

   - 글로벌 환경변화: UN 아젠다의 변화에 따른 지속가능 발전의 중요성 증대, 경제적 불평등, 사회적 위험, 환경오염 등 사회문제 심화
   - 한국적 특수성: 저성장, 고실업 고착화로 청년들의 무력감이 증대되는(New Normal) 시대의 등장, 개인의 역능성(Empowerment)증대로 다양한 가치관 공존

② 한국고등교육 한계: 성과 교육중심, 일방향적 교육, 전공중심 교육

### (2) 미션 및 비전

① 미션: 사회문제 해결에 기여하는 미래형 인재 양성

② 비전: 사회혁신 역량의 강화와 확산을 위한 고등교육의 전환

③ 핵심가치관·전략적 혁신/변화주도: 공공가치의 실현 및 확산을 위한 다양한 실험적 참여를 제안하고 그 성과가 측정될 수 있는 사회변화 주도

   - 사회참여/공헌: 공감과 나눔을 통해 함께 참여할 수 있는 혁신을 유도하고 배려와 책임이 함께하는 공동체적 가치지향
   - 공감확산/공공가치: 학생들의 주체적이고 개방적인 소통과 협업이 가능할 수 있는 플랫폼 역할수행

### 5) 연세대학교 글로벌사회공헌원(IGEE)

#### (1) 설립배경
글로벌사회공헌원은 연세의 창립 정신을 바탕으로 '사회참여'를 대학의 중심 책무로 선포하고 지구촌의 문제들을 적극적으로 해결하기 위해 2017년 출범.

#### (2) 비전
① 정보교류 네트워킹: 연세대학교와 세브란스의 인적, 지적 자원과 연구 활동을 파악하여 네트워킹하는 작업
② 협력적 참여: 지속가능발전 관련 연구와 인적 자원을 관련 분야 사업이나 프로젝트 등과 연결
③ 교육 및 연구: 세계시민양성과 지속가능발전을 위한 교육과 연구
④ 변혁적 메시지: 지속가능발전의 의의와 책무성에 대한 사회적 인식을 높이고 관련 기관들과의 협력사업 추진

#### (3) 주요활동
① SDG's Hubs
② 프로그램
    - SDG's Course: SDGs 교과목 개설, 강의
    - LearnUS-SDGs Lecture: 글로벌지속가능발전포럼 2023 등 무료수강
    - 사회 참여 기금(SEF, Social Engagement Fund): 지속가능발전목표 달성에 기여하는 다양한 연구 활동 지원
③ 세미나
④ 글로벌지속가능발전포럼(GEEF): 유엔의 지속 가능한 개발을 위한 2030 의제 달성을 위해 매년 2월 개최

# 4. 고려대학교(Korea University)

* https://www.korea.ac.kr

표어: 자유 · 정의 · 진리
LIBERTAS · JUSTITIA · VERITAS

## 1) 소개

고려대학교는 서울특별시 성북구에 서울캠퍼스가 있으며, 세종특별자치시 조치원읍에 분교인 세종캠퍼스가 위치한 대한민국의 사립대학이다.

학교법인 고려중앙학원 산하의 종합대학으로 1905년 대한제국의 내장원경 충숙공 이용익이 고종의 지원을 받아 설립한 우리나라 최초의 근대적 사립 고등교육기관인 보성전문학교에 연원을 두고 있고, 1946년 종합대학으로 승격하면서 고려대학교로 교명을 변경하였다.

QS 2025 세계대학순위 67위로 선정되었으며, 기업경영의 ESG(친환경 경영: Environment, 사회적 책임: Social, 투명한 지배구조: Governance)에 대한 중요성을 인식하여, 고려대학교 ESG연구원, 지속발전 연구소, 4단계 BK21 지속가능생활시스템 융합교육연구단, 지속가능원 등을 통하여 지속가능발전에 대한 연구와 실천을 행하고 있다.

## 2) 고려대학교 지속가능원(KU Institute for Sustainability)

고려대학교 지속가능원은 교내 지속가능발전목표 SDGs와 환경 · 사회 · 지배구조 ESG 관련활동 주관기관으로 사회와 환경 분야의 현장 참여 프로그램을 모든 단과대학/학부로 확대하고, 연구, 교육 및 대학 행정 · 관리 전반에 걸쳐 지속가능성을 높이기 위한 노력 강화하고 있다.

## (1) JEDI 지속가능성위원회

JEDI(Justice Equity Diversity and Inclusive) 지속가능성위원회(KU Presidential Council on JEDI and Sustainability)는 ESG 경영 및 SDGs 실현과 관련된 다양한 활동을 통합 운영 및 관리하고자 2023년 12월 설립된 컨트롤 타워로 총장, 교내 부서장, 학생 대표, 지역사회 관계자가 참여.

## (2) KU Sustainability Plan

① 지속가능성 목표: 지속 가능한 미래 실현을 선도하는 글로벌 대학

② 가치

- KU의 핵심요소로서 지속가능성의 내재화

- 전 구성원이 참여하는 지속 가능한 캠퍼스

- 변화의 주체로서 국내외 리더십 발휘와 소통

③ 전략

▶ 창의융합형 콘텐츠 혁신

- 교육: 지속 가능한 미래를 이끄는 참여형 인재 양성

- 연구: 지속가능성을 높이는 혁신적 연구

▶ 참여소통형 네트워킹 혁신

- 참여확산: 전 구성원이 참여를 통한 사회적 가치 실현 국내외 네트워크를 통한 지속가능성 역량 확대

▶ 미래선도형 인프라 혁신

- 운영(거버넌스): 전략적 기획기능 강화를 통한 지속 가능한 사회적 가치 실현

- 다양성과 포용성을 보장하는 거버넌스 구축

## (3) SDGs 활동현황

① 기후활동: 2022년 6월, 2045 탄소중립선언식 개최 및 2045년까지 탄소중립 달성위한 단계적이고 구체적인 감축계획과 이행체계 및 세부계획발표

② 깨끗한 에너지: '복원력을 가진 자율 운영 전력망 연구 센터' 개소

③ 지속 가능한 교통

- 캠퍼스 구성원 및 일대 주민편리를 위한 개인형 이동장치 주차구역 확대

- 친환경 교통수단 지원, 지속 가능한 에너지 소비 촉진

④ 깨끗한 물: Water Tracking, 수질 개선을 위한 EM흙공 던지기 캠페인 등

⑤ 건강 및 웰빙

- 고려대/한국농수산식품유통공사, '지속 가능한 먹거리 환경 조성' 업무협약 체결

- 다문화 학생 학습, 정서 지원 멘토링 다람쥐 친구들 외


## (4) DEI(Diversity, Equity, Inclusion) Office

① 인권·성평등센터

② 다양성 위원회

③ 장애학생지원센터


## (5) 다양한 활동 공개

학생활동, 오픈캠퍼스, 지속 가능한 조달 및 투자정책, SDGs 교육, 지속가능성 보고서 등 지속 가능한 미래를 위한 활동 공개.


## 3) 고려대학교 ESG 연구원(경영대학 부설)

### (1) 설립목적

① 2023년 3월 정식연구소로 승격하였고, 'ESG 연구원은 지식 플랫폼'으로 소개

② 기업들이 환경을 보호하면서 지속 가능하고 투명한 기업 경영을 실천할 수 있는 방안연구

③ 인류사회가 당면한 제반 문제해결을 위한 실천적 방안 제시

④ 관련 교육과정 운영을 통해 다양한 이해관계자와 공유

⑤ ESG 관련 연구 및 교육 콘텐츠 개발, 공공기관/산업계의 연구 수요 발굴 및 대외협력 사업 수행

⑥ 인류사회의 지속적 발전에 기여할 수 있도록 경영학 및 기업경영 실무의 ESG 관련 패러다임을 선도적으로 변화

## (2) 사업활동

① ESG 관련 연구 활동

 - ESG 관련 연구 촉진을 위한 연구비 제공

 - ESG 관련 학제간 융복합 연구 촉진을 위한 콜로키움 개최

 - ESG 관련 국내외 석학과의 연구논의를 위한 세미나 개최

 - ESG 관련 연구결과를 공유하는 심포지엄 개최

 - ESG 관련 Big Data 축적 및 정보시스템 구축 방안 수립

② ESG 관련 교육 콘텐츠 개발

 - 우수 ESG 활동 사례 수집 및 Case 개발

 - ESG 관련 신규 교과목 개발

③ 대외협력

 - 공공기관, 연구소, 기업 등과의 협약을 통해 ESG 산학연관 연구 네트워크 구축, ESG 관련 연구결과를 바탕으로 공공기관 및 기업의 ESG 연구용역 수요 창출

④ 연구용역 수주 및 교육 프로그램 제공 계획

 - ESG 산학연관 연구 네트워크를 활용하여 ESG 관련 연구 용역 수요를 직접 창출하고, 이를 통해 ESG Regulation, ESG Financing, ESG-themed M&A, ESG Innovation, ESG Reporting, ESG 활동 평가지표 등과 관련된 연구 용역 수주

 - 공공기관 및 기업의 대표 또는 임원 등을 대상으로 하는 6개월 과정의 ESG 최고위과정 신설

## 4) 지속발전연구소 ISD(Institue for Sustainable Development)

### (1) 설립배경

① 정부의 저탄소녹색성장과 관련한 연구 수행

② 지속가능발전정책 개발을 위해 인문 사회 분야, 이공학 분야의 기술 분야 등 학제 간 융합연구

③ 2030 지속가능발전목표(SDGs)정착, 인재 양성

④ 전문적인 기술·지식·네트워크를 활용한 지역사회문제, 글로벌 문제에 대한 혁신적·융복합적 해결책 제시

⑤ 대학과 대학원이 '리빙 랩(Living Lab)'으로서의 역할수행

⑥ 대학·대학원에는 민-관-학 협력을 통한 사회문제 해결형 지식·기술·네트워크 활용한 새로운 사회공헌 영역 및 실천 방안 창출

## (2) 비전

사회적·환경적·경제적 조화와 상생의 '정의로운 전환'을 통한 지구와 인류의 지속가능 발전.

## (3) 미션

지구와 인류의 지속가능발전을 위한 세계적 수준의 연구 활동과 연구지원, 최고급 연구인력 양성.

## (4) 목표

사회적·환경적·경제적 지속가능발전을 위한 세계적 수준의 혁신적 융복합 연구소로 도약.

① 지속가능발전 연구의 효과적 수행을 위한 거버넌스 체계 개편

② 지속가능발전 관련 글로컬 연구 및 정책 네트워크의 허브

③ 지속가능발전 연구를 지원하고 확산하는 학술활동

④ 지속가능발전 분야 최고급 융복합 연구인력 양성

## (5) 목적사업

국내외 세미나 및 학술대회 개최하며, 정부 및 민간을 통한 연구비 수주 및 이를 통한 연구보고서 및 단행본, 연구저널을 발간한다. 또한, 지속가능발전과 관련된 국내외 학술연구 및 정책결정 동향에 대한 정보를 수집하고 공유하며, 환경부 '그린리더십 인증 교과과정 운영대학 지원사업' 선정에 따른 학부생 대상으로 그린리더 육성 및 연구사업을 진행한다.

① 보건·사회협력센터(사회적 지속가능성)

   - 지속 가능한 보건/사회발전 방안 연구 및 전략수립

   - 복잡중재기반 국제개발 협력 사업평가 및 방법론제시

② 에너지 환경센터(환경적 지속가능성)

    - 에너지정책과 에너지 외교

    - 기후변화

    - 환경관련 제반 정책적 연구

③ 포용적 발전센터(경제적 지속가능성)

    - 글로벌 지속가능경영/ESG

    - 사회적 기업과 사회적 경제

# 5. 포항공과대학교 POSTECH(Pohang University of Science and Technology)

* https://www.postech.ac.kr

표어: 창의·성실·진취

## 1) 소개

1986년 경상북도 포항시에 소재하며, 포항제철의 지원을 받아 설립되었다. 과학기술 연구와 교육을 목적으로 과학기술 분야의 연구중심 대학을 표방한 사립 이공계 대학이다.

영문명은 POSTECH(포스텍, Pohang University of Science and Technology)이며, 대외적으로 이 명칭을 주로 사용하고 있다.

1995년 12월 포항공대의 운영주체는 학교법인 제철학원에서 학교법인 포항공과대학으로 변경되었다. 학교법인 포항공과대학교의 법인 이사장은 전현직 포스코 회장이 맡고 있어 포항공대는 포스코와 불가분의 관계에 있다.

QS 2025 세계대학순위 98위로 선정되었으며, ESG관련 기관으로 포스텍기업시민연구소(지속가능연구소), 탄소제로 그린 암모니아 사이클링 연구센터, 기후변화 연구센터, 글로컬 R&D센터 등이 있다.

## 2) 포스텍 기업시민연구소 CCRI(POSTECH Corporate Citizenship Research Institute)

포항공과대학교(POSTECH) 부설연구소로, 기업이 경제적 이윤의 추구와 함께 문명 시민으로서 역할을 수행함으로써 사회적 가치창출을 통해 지역과 국가, 나아가 인류를 위한공익 추구를 함에 필요한 융합적 연구와 콘텐츠 제공하기 위한 목적으로 2019년 설립(2024년 7월 포스텍 지속가능연구소로 명칭 변경)

## (1) 기업시민

기업에 시민이라는 인격을 부여한 개념으로, 현대사회 시민처럼 사회발전을 위해 공존·공생의 역할과 책임을 다하는 기업을 말한다.

기업시민의 구성원과 일반시민은, 기업시민이 지향하는 공존·공생의 가치를 업무와 일생생활에서 의사결정의 기준으로 삼고, 배려와 나눔을 기반으로 더 나은 사회를 만드는데 자발적으로 참여하는 개인으로 소개하고 있다.

## (2) 미션

기업시민 철학과 가치의 성공적 구현에 필요한 학술적·실용적 연구, 교육 지원, 콘텐츠 제공으로 많은 기업이 기업시민으로 도약하는 데 기여한다.

## (3) 비전

기업시민 전략과 실질적 추진에 필요한 연구, 교육, 콘텐츠를 제공하는 Global Research Hub.

기업의 사회적 책임과 ESG 이슈에 대하여 기업의 경영이념인 이윤추구뿐만 아니라 공동체의 호혜를 중시하고 인간 친화적, 환경 친화적 행동양식을 내면화하는 시민사회의 주요 행위자가 되겠다는 실천개념을 가지고 이론적 기반, 실천 및 다양한 방법론을 모색하는 안내자 역할.

## (4) 콘텐츠

① 기업시민 실천Story

- 기업이 사회공동체의 일원이라는 기업시민 이념을 통해 사회구성원들에게 더 큰 경제적, 환경적, 사회적 가치를 제공
- 포스텍에 교환학생으로 보내는 GYP(Global Young Leader Program)프로그램 운영
- 학교연계프로그램 「지속가능 경영과 ESG」 교과목 진행
- Scope3 탄소배출 저감활동: 사무용품 재사용을 통해 탄소저감에 기여하는 '자원多있다' 사업
- $CO_2$ 감축: 기술 키워드 '그린(Green)'과 '스마트(smart)'를 통한 기술 개발 집중
- 도시혁신스쿨: 지속 가능한 도시마을 조성 사업으로 프로젝트에 참여하는 대학생들이 전문

가 코칭 아래 도시 재생 위한 아이디어 제안 및 실현하여 도시 재생에 실질적 기여

- Collective Impact: "꿈을 Green다"라는 장애인 유튜브 크리에이터 양성 사업 진행

- 폐어망 자원순환 프로젝트: 폐어망 업사이클링, 탄소저감, 순환경제 실현

② 기업시민 Now

-「기업시민경영과 ESG」교과목을 수강으로 기업시민 및 ESG 실천 아이디어 프로젝트를 위한 배경지식 습득

- ESG앰배서더: 현장 속 ESG 실행력 강화

- 대학생의 ESG역량 레벨업을 지원하는 'PBL기반 정규 교과목' 운영

③ 기업시민·ESG 러닝랩

-『기업시민 ESG 러닝랩』은 포스코 그룹 기업시민 전담조직을 대상으로 외부 전문가를 초청하여 진행하는 학습과 새로운 대안 마련의 장

- 포스코 경영연구원 ESG 경영 연구실과 포스텍 기업시민연구소 공동주관

④ 기업시민 TV: LEVEL UP GROUND


**(5) 연구**

① 기업시민 리서치 발간

② 기업시민연구공모전

③ 서적 출간

④ 포스코 관련논문 등


## 3) 탄소제로 그린암모니아 순환연구센터 CGACRC(Carbon-zero Green Ammonia Cycling Research Center)

2021년 9월 1일 과학기술정보통신부 산하 국립연구재단(NRF)의 지원을 받아 공학연구센터(ERC) 사업으로 설립하였으며, CGACRC는 포항공과대학교 화학공학과에서 프로그램을 진행하고 있다.

기존 하버보스 암모니아 생산 공정을 대체하고 온실가스 배출량을 연간 6억 톤 감축할 수 있는

핵심 친환경 기술 개발을 목표로 하고 있고, 암모니아를 고밀도 그린 수소 에너지원으로 친환경적으로 전환하는 과정을 통해 수소 에너지 생산 기술을 확보하며, 그린 암모니아 재활용 소재/공정 기술 개발로 인하여 탄소 감축 목표 달성에 기여하고 있다.

### 4) 환경과학수사연구소(Environmental Forensic Center)

#### (1) 국내 환경오염 문제의 법적 대응을 위한 구심점 구축
① 2021년 설립, 과학/기술의 기반으로 국내에서 발생하는 환경오염 문제의 원인자 규명을 위한 오염원 추적 기법 구축
② 다양한 오염원, 환경매체(대기, 산림, 토양, 해양, 극지, 생물)에 특화된 분석 기법 연구
③ 환경오염 문제의 법적 대응을 위한 근거자료로 활용될 수 있는 인벤토리 확보 및 과학적 프레임 정립

#### (2) 국제 환경정책 활동을 위한 전문가 양성
① 국제 환경정책의 유효성 평가에 부합할 수 있는 국내 모니터링 기술 개발 및 국내 전문 인력 양성
② 국제적으로 민감하고 월경성 환경오염 문제(중국발 미세먼지, 극지방으로 거동되는 오염원 등)의 해결을 위한 과학/사회/보건적 근거 마련 및 국제 환경정책 활동에 기여할 수 있는 전문 인력 양성

### 5) 대기오염연구실

#### (1) 목표
① 대기 오염 노출, 건강 결과 및 불평등 완화
② 기후 변화가 대기 질에 미치는 영향 조사

(2) 연구접근법

① 기준 대기 오염 물질 및 온실 가스를 포함한 대기 오염에 대한 다단계 관찰

② 통계, 머신러닝, 지리정보시스템(GIS)을 사용한 데이터 분석

③ 대기 질 및 탄소 중립에 대한 정책 및 규정을 알리기 위한 데이터 기반 결론

# 6. 건국대학교(Konkuk University)

\* https://www.konkuk.ac.

표어:誠(성)·信(신)·義(의)

## 1) 소개

1946년 상허 유석창 박사가 조선정치학관으로 설립하였으며, 1959년 재단법인 건국대학원으로 개편하여 종합대학으로 승격하고 교명을 건국대학교로 변경하였다. 서울특별시 광진구 화양동과 충청북도 충주시 단월동에 소재한 사립 종합대학교로 글로컬캠퍼스는 충청북도 충주시 소재 사립 대학으로서 광진구에 위치한 서울캠퍼스와 고유하고 독립적인 캠퍼스로 운영하고 있으나 글로컬 캠퍼스와 서울캠퍼스는 하나의 건국대학교를 구성하고 있으므로 전체 대단위로 운영되는 대내외 적인 사업들과 졸업식 등을 같이 개최하고 있다.

건국대학교는 '2021년 국내 대학 최초로 ESG위원회를 설치하고 ESG 경영을 실천하며, ESG 경영을 선도하는 리더십을 발휘하고 있다'고 소개한다. KU ESG지원단, 한국지속가능경영연구원, 건국대학교 기후연구소, 탄소중립과 관련된 기관 등이 있다.

## 2) ESG지원단

대학에서 추진할 수 있는 ESG 교육, ESG 자격, ESG 인증, ESG 네트워크, ESG 스마트행정 등의 사업 추진을 위해 ESG에 대한 가치 확산 및 대학의 ESG 경영 정착 유도, 건국대학교의 ESG 경영 실현에 기여.

## (1) 전략체계

① 미션: 지속 가능한 ESG 경영 실현

② 비전: 글로벌 ESG 선도대학

③ 핵심가치: 환경(Environment) 사회(Social) 지배구조(Governance)

④ 전략: ESG 인재 육성, ESG 문화 확산, ESG 역량 강화

## (2) 사업

① 지속 가능한 사회 실현을 위한 ESG 교육, ESG 인증, ESG 홍보와 관련된 사업 추진 및 건국대학교 ESG 경영 실현

② ESG 지원사업, ESG Brief 발간, ESG 민간자격증, ESG 비학위과정

## (3) ESG 위원회

① 운영목표: 탄소배출량 감축 노력과 친환경 에너지 도입

　- 다양한 이해관계자들의 고용·안전·인권과 청년창업 등 사회적 책임, 윤리경영과 투명성 강화 등을 위한 실천전략과 방안 및 추진함으로써 ESG 경영가치 실천

② 위원회 역할

　- 연구 및 정책 개발: 연구 기획 및 관리, ESG 인증 성과지표 개발, 자체연구수행 및 자료발간, 연구과제 발굴

　- 교육 및 참여확대: 교육과정·프로그램 개발, 수탁사업 운영 및 관리

　- 실천 강화: ESG위원회 운영지원, 이해관계자 협력지원, 추진 현황 모니터링 지원

③ 운영전략

　- 탄소배출량 감축 및 친환경 에너지 도입

　- 이해관계자들의 고용, 안전, 인권 증진

　- 청년창업 지원 및 청년 직무역량 강화

　- 윤리경영 및 투명경영 실천

④ 운영방안

　- 환경경영(E)분과: 탄소배출량 산정 및 감축관리, 친환경에너지 도입 지원, 온실가스 감축 프

로그램 수집

- 사회적 책임(S)분과: 고용확대, 안전강화, 인권증진, 사회문제 해결을 위한 통합적 논의

- 투명경영(G)분과: 윤리경영 및 투명경영 실천


## (4) ESG 지원사업

① 산학연 연계 ESG 청년 취업역량 강화 및 일경험 지원

② ESG경영컨설팅: 마이크로러닝 온라인 ESG 경영 직무교육과 ESG경영컨설팅 오프라인 직무
교육(2개월) 수행 후, ESG 경영 실천 의지가 있는 우수 강소기업을 대상으로 ESG 보고서 작성
등 일경험(2.5개월)을 수행하는 프로그램

③ SW엔지니어: (주)엘리스그룹에서 2개월간 SW엔지니어 직무교육 수료 후 (주)엘리스그룹 및
(주)알엠소프트에서 관련 업무 일경험(2.5개월)을 수행


## (5) ESG Brief

ESG Brief는 ESG 지원단에서 매월 발행하는 월간지로, 2022년 8월 창간하였으며, ESG 관련 주요
이슈 및 동향을 중점으로 구성하여, 대학 내·외에 ESG에 대한 관련 정보 전달.


① 운영내용

- ESG 정책, 기업동향 및 이슈 분석

- 전문가 기고

- ESG 실천사례

- ESG 관련 최신 연구논문 요약정리

- KU ESG 경영활동 관련 통계분석 및 그래프

- ESG지원단 자체 연구원 기고 등

② 기대효과

- ESG 동향 및 이슈에 대한 이해관계자의 접근성 증대

- 건국대학교 ESG 경영에 대한 인식제고 및 참여 활성화

- ESG 선도기관으로서 건국대학교의 위상 및 이미지 제고

## 3) 한국지속가능경영연구원 KSMI(Institute for Korea Sustainable Management)

2023년 8월 지속가능경영 분야 연구를 목적으로 특수연구소인 KSMI설립, 지속가능경영 연구, 조사, ESG 교육 과정 개발 및 운영, 지속가능경영 전략 및 컨설팅 사업 추진.

### (1) 지속가능경영 R&D

① 지속가능경영대상 평가지표 개발

　- 기관별 지속가능경영 세부 평가지표 개발

　- 환경, 사회, 지배구조 지속가능경영 전체 부문에서 공공, 민간, 기업 등 기관별 평가기준 제작

② 지속가능경영 교육·컨설팅: 지속가능경영(ESG) 교육 및 세미나

　- 한국공인노무사회와 지속가능경영 관련 MOU 체결로 노무사회 회원 대상 지속가능경영 교육과정 개발

　- ESG 분야의 역량강화 및 인재양성교육, 실무중심의 지속가능경영 커리큘럼 구성

　- 저명인사, 글로벌 컨설팅사, 현장 전문가 및 실무자로 구성된 ESG 전문인 양성

## 4) 건국대학교 기후연구소CRI(KU Climate Research Institute)

① 기후변화 과학과 그 영향 평가에 연구력 집중

② 정부 기관이나 관련 기관에서 발주하는 기후변화 및 그 영향평가에 관한 과제수주

③ 연구결과 저명학술지 발표, 기후변화 관련 세미나, 심포지엄 정례화

④ 기후의 대중화를 위한 기후관련 교양서적 발간

⑤ 기후 관련 해외 지역 답사 연례화

# 7. 성균관대학교(Sungkyunkwan University)

* https://www.skku.edu

**표어: 수기치인(修己治人)·인의예지(仁義禮智)**

## 1) 소재

1398년 조선의 유교적 건국이념에 따라 한성부 숭교방에 새로이 설립한 최고학부 성균관의 전통을 계승한 성균관대학교는 1946년 문교부의 인가를 받았고, 1953년 종합대학으로 승격되었으며, 1965년부터 1977년까지는 삼성문화재단이, 1979년부터 1991년까지는 봉명재단이 운영하다가 이후 1996년 11월 다시금 삼성그룹이 재단을 인수하였다.

성균관대학교는 서울특별시 종로구의 인문사회과학캠퍼스와 1981년에 이설한 수원시의 자연과학캠퍼스로 이원화 캠퍼스 체제로 운영되고 있으며, 아시아에서 가장 오래된 고등교육기관이다.

성균관대 ESG, 탄소중립 에너지복지 연구센터(그린리모델링 혁신인재 양성사업단), 지속가능설계 및 생산연구실 SDML(Sustainable Design and Manufacturing Laboratory), 인권센터 등이 ESG 관련 사업을 진행하고 있다.

## 2) SKKU ESG

2022년 성균관대학교는 캠퍼스 ESG 정책 총괄 및 제정을 위해 대외 ESG위원회가 출범하였으며, ESG 경영, 기술, 사회와 지속가능경영, 기후변화 등 다양한 ESG 관련 과목을 개설하였다.

2023년 공학 분야 유네스코 의장국으로 선정되었고 회원국의 지속가능발전목표(SDGs)를 달성하기 위한 지원으로 에너지, 환경에 대한 새로운 기술과 패러다임을 개발촉진하고 있으며, 지속 가능한 캠퍼스의 발전을 촉진하고 관련 이해 관계자와의 교육·연구 및 참여를 통한 지역 및 국제적으로 지속 가능한 개발을 촉진한다.


(1) 환경 E(Environment) 지속가능성

▶ 성균관대학교 기후 및 지속가능성 전략 2022-2025

① 2050년까지 탄소 중립 달성

  - 건물 리노베이션을 통한 효율성 개선, 캠퍼스 내 재생에너지 배치 증대, 구매 전력으로 인한
    캠퍼스 배출량 저감 계획

  - 신축 건물 에너지 효율 극대화, 재생 가능 에너지 활용

  - 캠퍼스 녹지 공간 확장

② 2035년까지 폐기물 제로 달성

  - 탄탄한 지속 가능한 건축 정책 및 기준을 통해 지속 가능한 건축물 가속화

  - 건물 서비스의 물 효율성 최적화 위한 예방 유지보수 프로그램 개발

  - 재활용 및 재사용


(2) 사회 S(Social) 지속가능성

① 새로운 지식과 솔루션 창출: 에너지환경융합연구단을 비롯한 연구센터는 주로 교육, 녹색연
  구, 국가 R&D 사업을 통해 세계에 영향력 행사

② 리더 육성위한 프로그램 과정: 공공, 민간 및 비영리 부문에서 일하는 새로운 유형의 에너지
  전문가 교육


(3) 지배구조 G(Governance)

① ESG위원회: 총장직속기구

  - 대학 ESG 비전 및 목표, 경영전략 수립

  - 교내 ESG 활동성과 점검 및 자문

  - 대내외 ESG 교육·홍보활동 등

② 분과: E환경·안전관리위원회, S사회공헌위원회, G윤리경영위원회

### 3) 지속가능설계 및 생산연구실 SDML(Sustainable Design and Manufacturing Laboratory)

SDML 학제 간 융합 접근 방식을 기반으로 설계 및 제조에 대한 광범위한 연구수행을 하고 있다.

① 지속 가능한 제조: 절단하기 어려운 소재를 위한 기계적 가공 공정, 금속 적층 제조,

② 스마트 제조: 제조 시스템의 PHM 및 CPS, 제조 자동화

③ 데이터 기반 설계: 데이터 분석을 통한 사용자 중심의 신제품 설계 프로세스

### 4) 탄소중립 에너지복지 연구센터(그린리모델링 혁신인재 양성사업단)

탄소중립 에너지복지 연구센터는 2050탄소중립 달성을 위하여 국내외 탄소중립건축 사업 확산과 이론-실무 융합형 교육프로그램 운영을 통한 탄소중립건축 전문인재 양성을 위한 센터이다.

#### (1) 역할 및 활동

① 기축건물 그린 리모델링을 위한 건물에너지 분석, 건물에너지 성능 평가

② 노후 건축물의 그린 리모델링 가이드라인, 건물에너지 향상 방안 제시

③ 그린 리모델링의 원활한 수행을 위한 건물에너지평가 전문 연구원들의 실무 및 교육 지원 사업

④ 건물 부문 탄소중립 달성 및 에너지 복지 구현을 위한 연구 및 개발

⑤ 그린 리모델링 관련 정기 간행물, 출판물의 발간

⑥ 국내외 교육, 연구기관과의 학술교류 및 연구발표회 개최

#### (2) 탄소중립건축 협력네트워크

① 직능별, 지역별 전문가 네트워크를 활용한 탄소중립건축사업 기술자문

② 협력 네트워크기관과 탄소중립 에너지복지 연구센터가 보유하고 있는 각종 측정 장비, 측정 기술을 활용한 기축건축물 현장 진단 지원체계 구축

③ 그린 리모델링 사업 추진단계의 설계정보, 시공정보, 기술정보, 에너지절감효과 등을 기록하는 그린 리모델링 DB 작성 및 운영

④ 실증테스트베드를 운영하여 그린 리모델링의 효과(실내 공기질 개선, 에너지 절감 효과, 열

쾌적성 등)의 원격, 연속 모니터링 및 분석

⑤ 탄소중립건축 교육 및 홍보, 인력양성, 창업/취업지원, 신기술개발, 제도개선 등을 추진.

⑥ 산학연으로 구성된 협력네트워크를 통한 지역 대학 참여 학생들의 탄소중립건축 실무 역량 강화

# 8. 한양대학교(Hanyang University)

* https://hanyang.ac.kr

표어: 사랑의 실천

## 1) 소개

한양대학교 1939년 동아공과학원으로 백남 김연준 박사가 설립한 서울특별시 성동구에 위치한 서울캠퍼스 본교와 경기도 안산시 상록구에 소재한 제2 캠퍼스 ERICA캠퍼스 분교로 이루어진 사립대학이다.

1948년 7월 한양공과대학에서 1959년 종합대학으로 한양대학교로 변경하였다. 1953년 성동구 본교와 1980년 안산에 분교를 설립하였으며, 1987년 안산캠퍼스에서 2009년 클러스터형 산업중심 대학을 뜻하는 에리카 캠퍼스ERICA(Education Research Industry Cluster at Ansan)로 변경하였다.

1994년 국내 최초로 사회봉사단을 설립하였으며, UN의 지속가능개발 목표에 따라 HANYANG 2030 중장기 발전을 계획하였다.

2023년 총장직속기구로 글로벌사회혁신단을 출범하여 컬렉티브 임팩트센터, 국제 C&D협력센터, 글로벌사회혁신팀 등이 지속 가능한 가치 창출을 위한 교육과 연구를 진행하고 있다.

## 2) 한양지속가능경영

환경(E), 사회(S), 의사결정(G) 이슈에 관계되는 SDGs 목표를 발전전략에 통합함으로써 대학의 사회적 가치를 높이고자 하는 경영철학을 지닌다.

## (1) 목표

① 학생가치, 사회가치, 대학가치 제고에 기여

② 글로벌 대학의 위상에 부합하는 사회적 책임의식 내재화

③ Social Impact 중심의 경영으로 대학 사회 변화 촉진

## (2) 경영 프레임워크

① HYU지속가능 경영: ESG 관점에서 집중할 9개 SDGs 목표를 실현하기 위한 대학의 지속가능 경영전략

② ISO 26000을 통한 실행: 노동, 인권, 환경, 공정운영, 소비자, 지역사회 거버넌스 등 7대 관점에서 사회책임경영을 위한 총체적 접근방법을 정의한 국제표준에 근거한 실행

③ GRI standards 가이드라인 보고서 공유: 지속가능경영 보고서 제작을 위한 글로벌 가이드라인에 기초한 성과 공개

④ HYU BS2.0/학과평가: 대학의 모든 부서에 대한 SDGs 목표달성 기여도 평가를 통한 ESG 정책추진의 내재화

## (3) 조직: 캠퍼스별 자율과 통합의 조직체계

① 캠퍼스별 ESG 중심 경영 방침 점검 및 주요 의사결정

② 캠퍼스별 친환경 캠페인 기획 및 추진

③ ESG 관련 프로젝트 추진 성과평가 및 환류

## 3) 한양SDGs

### (1) 9개의 SDG 항목 선정

① 학생들이 빈부, 출신, 성별 등의 차별 없이 역량을 키우고 미래사회를 이끌어 갈 리더로서 비전을 갖출 수 있도록 대학 내부의 혁신을 촉진하는 과제와 관련된 분야

② 연구영역에서 상대적 경쟁력을 갖춰 기술 기반의 혁신을 통해 대학의 시스템과 문화를 변화시키고, 국제사회에 영향력을 창출할 가능성이 높은 분야

③ 대학 경영에 관계된 이해관계자에 대한 태도와 내부 행정 관행의 변화를 촉진하여 대학의 지
속가능성 제고에 기여할 수 있는 분야


▶ E(환경이슈)

① SDG 6 물과 위생

- 물 자원의 중요성 강조 교육 강화

- 교내 물 자원 인식개선 노력 강화

- 물 정호 및 보건위생 관련 연구 집중 및 사회적 공유 확대

- 물 재활용 비율 확대를 위한 정책수립

② SDG 7 친환경 에너지

- 친환경 에너지의 중요성에 대한 인식개선 교육 강화

- 친환경 에너지 관련 연구 집중 및 사회적 공유 확대

- 건물 신·증축 시 각 지자체에서 설정한 에너지효율 표준 준수

- 조명, 냉난방기, 펌프 등 노후 기기를 고효율 기자재로 적극적 대체

- 탄소 배출 및 에너지 소비 저감을 위한 캠페인 추진

- 친환경 에너지 정책 및 활동에 대한 체계적 계획 수립

③ SDG 13 기후변화 대응

- 기후변화는 소수의 국가와 집단에 집중된 발생 원인과 전 지구적, 무차별적인 피해 발생이
라는 비대칭성의 한계 인지

- 교육과 연구, 정책적 노력을 통해 비대칭성의 한계를 극복하기 위한 전 세계적인 노력에 동참

- 기후변화 대응을 위해 SDG 6, SDG 7, SDG 12와 관련된 교내 주요 정책을 통합적으로 관리

- SDG 파트너십을 통해 공동 대응을 하기 위한 전략적 정책 수립


▶ S(사회이슈)

① SDG 1 빈곤 종식

- 부모의 소득과 관계없이 학생의 학업역량을 향상시켜 사회의 리더로 성장하는 기회 제공

- 이를 통한 사회 양극화 극복 및 지속 가능한 사회 발전에 기여

- 소득 수준과 연계한 가계곤란장학금 지원 확대

- 학비감면 장학지원 소득구간 확대

- 생활비 지원 장학제도 정착

② SDG 2 기아종식

- 대학구성원, 학교방문 지역주민들에게 양질의 음식과 적정한 가격 제공

- 음식쓰레기 양을 최소화 위한 원재료 조달 및 배식 시스템 혁신

- 저소득층 학생에게 무상 제공하는 자원봉사활동 장려

③ SDG 9 산학협력

- 대학 연구 성과를 바탕으로 기업, 지역사회와의 적극적 교류로 인한 사회적 가치 창출

- 지적재산 창출 활성화를 위한 선진 특허출원, 관리 지원제도 운영

- 우수 특허의 기술이전 지원제도 운영

- 기술기반 창업 활성화를 위한 교육 및 인큐베이팅 시스템 구축


▶ G(의사결정이슈)

① SDG 8 양질의 일자리

- 기업과 지역사회가 참여하는 교육을 통해 양질의 일자리 창출에 기여

- 산학협력 교육 활성화를 위한 Industry Connected Education 정책 추진

- 교직원의 안전감과 만족도를 높이는 환경 및 복지 제도 개선

- 성별이나 학력, 출신에 관계없이 역량을 함양, 공평한 기회제공 노력

- 아웃소싱 근로자에 대한 동등한 권리 보장 노력

② SDG 12 지속가능소비/생산

- ESG관점에서 대학의 지속가능성 제고요소 분석, 관련 지표 통합적 관리

- 지속가능성 분석현황 정기적 제작/홍보, 교내외 구성원 이해도 제고

- 재활용 촉진 및 일회용품 사용 억제를 위한 다양한 제도 시행

③ SDG 17 파트너십

- 파트너십은 모든 SDG 목표를 달성하는 데 공통적으로 필요한 실행 수단이라는 중요성 인지

- 교내외 다양한 이해관계자들과 긴밀한 협력관계를 구축하여 SDG 목표 달성에 기여

- 교내 파트너(부서, 연구자, 학생)와 교외 파트너(정부, 지자체, 기업, 국제기구, NGO)를 세부적으로 정의하고, 파트너의 성격과 지향점에 따라 맞춤형 협력체계 구축 노력

## 4) 지속가능경영보고서

### (1) 2030 중장기발전계획

① 학생가치 중심 교육: 창의적 문제해결형 인재양성, 대학원 교육의 전문성 강화, 연구구조 변화시대, 평생교육 강화대학으로의 전환

② 사회가치 창출 연구: 연구의 국제적 영향력 강화, 사회와의 연결성이 강화된 연구생태계 조성, 4차 산업혁명시대, 비즈니스 기술 이전, 기술사업화, 창업 등이 강한 대학으로의 전환

③ 대학가치 실현 경영: ESG중심 지속가능경영시스템 구축, 디지털 트랜스포메션 기반, 새로운 비즈니스 모델 창출, 핵심자산의 전략적 육성을 통한 미래 성장 동력 확보

### (2) 사회성과(Impact)측정

① 사회성과 측정개요: 문헌조사 및 활동 분석, 사회성과 산식 개발완료

② 사회성과 측정원칙: 이해관계자 규명, 보수성에 기반한 지표 설정, 사후가정적 사고, 준거시장 기준 적용

③ 사회성과 측정방법: 화폐가치화를 통한 사회적 가치와 경제적가치의 단위를 통일할 필요성, 창출하는 임팩트의 추세 및 미래성장을 확인하기 위한 도구의 필요성, 임팩트를 체계적으로 관리하기 위한 일원화된 시스템 도입 필요성

### (3) 평가

① 1단계: 5가지 사회성과 유형

- 경제적 효과(Economic Impact): 직접소득효과, 간접소득효과, 유도소득효과, 창업 지원의 경제적 효과 등

- 인적자본 효과(Human Capital Impact): 인적자본 공급효과, 교육을 통한 생산성 증대효과 등

- 지식생산 효과(Knowledge Impact): 지식생산 및 판매효과, 지적재산권 논문, 기술 이전,

R&D 효과 등

- 지역사회 효과(Community Impact): 공정한 교육기회제공, 사회봉사, 커뮤니티 기여, 중소

기업/스타트업 지원효과 등

- 환경적 효과(Environmental Impact): 친환경 연구와 교내외 활동 통해 환경에 영향을 주는

효과

② 2단계: 각 유형별 세부 사회성과 지표

- 지역사회 효과(Community Impact) 12개 지표

- 지식생산 효과(Knowledge Impact) 6개 지표

- 경제적 효과(Economic Impact) 8개 지표

- 인적자본 효과(Human Capital Impact) 6개 지표

- 환경적 효과(Environmental Impact) 4개 지표

# 9. 경희대학교(Kyung Hee University)

\* https://www.khu.ac.kr

표어: 학원의 민주화, 사상의 민주화, 생활의 민주화

## 1) 소개

1911년 개교한 항일 독립군 양성기관 신흥무관학교를 이어받아 1949년 신흥초급대학을 개교했으며, 1955년 종합대학 승격과 함께 신흥대학교로 교명을 변경했고, 1960년에 경희대학교로 개칭하였다.

서울캠퍼스는 동대문구 회기동에 소재하며 경기도 용인시의 국제캠퍼스, 경기도 남양주시의 광릉캠퍼스는 이원화 캠퍼스이다.

대학 ESG 경영은 KHU ESG와 관련하여 ESG위원회를 구성하여 진행하고 있다.

## 2) KHU ESG

### (1) 비전

ESG 가치에 기반한 학술과 실천을 통해 전 지구적 책임을 구현하는 대학다운 미래대학.

### (2) 목표

(E) 친환경 캠퍼스 구축하고 환경의 보전을 위한 교육과 연구에 투자

(S) 사회적 책임을 실현하는 교육, 연구, 창업, 공동체 협력에 참여

(G) 투명한 거버넌스 체제를 구축해 교내 구성원과 교외 이해관계자와 적극 소통하며 책임 있는 의사결정 시행

### (3) 전략

① ESG의 가치를 구현하는 과제를 영역별로 제시하고 이에 따른 세부 실천과제를 설정

② QS의 Sustainability 평가와 THE Impact Ranking 평가에 반영되는 요소를 선제적으로 반영해 대내외 위상 제고에 활용

### (4) 영역별 목록

① 환경 E(Environmental)

- 친환경/녹색성장 특화 교육 연구사업 운영
- 융합기술연구소 내 에너지/환경 센터 교원참여 확대 및 활성화
- 환경관련 연구 특화 연구과제 시행
- 탄소제로(친환경) 캠퍼스 실현
- 환경지속 노력에 구성원의 참여
- 환경관련 국제 협약/기구 가입

② 사회 S(Social)

- 사회적 책임 구현 학생지원 제도
- 평생교육 플랫폼을 통한 공동체 대상 교육 체계 시행
- ESG/SDGs 연계 학위/비학위/MD 시행
- 지역사회 상생 및 교류 프로그램
- 사회적 약자(장애인, 여성 등) 고용 확대
- 기타 기관과 지식 교류/연계 확대

③ 지배구조 G(Governance)

- 지역 및 지구사회 협력
- ESG 추진 정책 및 사업 인증
- ESG 연례 리포트 발행
- 총장직속 ESG 위원회 운영
- 구성원 소통 채널 및 참여 기회 확대
- 반부패/청렴 추진 거버넌스 운영

## 3) KHU SDGs

UN에서 제시한 UN SDGs의 항목들은 ESG와 겹쳐 있기 때문에 ESG, SDGs 관련 교육과 연구, 실천을 하고 있다.

### (1) SDG 01(NO POVERTY): 빈곤층 감소와 사회안전망 강화
▶ University anti-poverty programmes(대학 내 빈곤 퇴치 프로그램): 지역사회 연계형 사회혁신 프로젝트 '사회혁신 리빙 랩' 운영

### (2) SDG 02(ZERO HUNGER): 기아해소와 식량안보
▶ Campus food waste (음식물 쓰레기 배출량): 경희구성원 별 폐기물 배출 실적사항 투명 보고, 관련 자료 '올바로 시스템' 통해 지역 구청 보고

### (3) SDG 03(GOOD HEALTH AND WELL-BEING): 보건 증진
▶ Collaborations and health services (의료 협력 및 서비스): 금연 캠퍼스 정책 시행-캠퍼스 전체 금연, 지정 장소 흡연

### (4) SDG 04(QUALITY EDUCATION): 교육 보장과 평생학습
▶ Lifelong learning measures (평생교육 정책): 평생교육, 직업교육 등 일반인 참여 가능 교육 제공-국가평생교육진흥원의 한국형 온라인 공개강좌 경희 K-MOOC강좌 개발 운영

### (5) SDG 05(GENDER EQUALITY): 성평등과 여성
▶ Policies (여성 지원 정책): 차별 신고자에 학업 및 근로상 불이익이 없도록 보호하는 정책/규정-통합 민원부서 경희 옴부즈 운영

그 외 영역은 SDG 06(물과 위생), SDG 07(에너지), SDG 08(경제성장과 일자리), SDG 09(인프라와 산업화), SDG 10(불평등 해소), SDG 11(지속 가능한 도시와 주거지 조성), SDG 12(지속 가능한

소비와 생산), SDG 13(기후변화), SDG 14(해양생태계), SDG 15(육상생태계), SDG 16(평화, 정의 및 제도 구축), SDG 17(글로벌 파트너십)으로 구성되어 실천하고 있다.

## 4) P-ESG 지표(Public Sector ESG Index) 개발

### (1) P-ESG(Public sector ESG) 평가의 필요성

① 사회적수요

- 전환의 주요 단위인 지역과 도시의 기후변화 또는 지속가능성에의 기여도를 평가하는 글로벌지표가 아직 출현하지 않았음
- 성과지표는 각국 정부나 기업이 지속 가능한 미래를 위해 취한 활동을 알리는 동시에 상호 비교와 베스트사례를 통해 서로를 교육하고 보다 적극적인 활동을 촉진하는 순기능을 가지고 있음
- 지역과 도시차원의 ESG 성과지표의 부재는 대전환의 속도를 늦추는 한 요인이 될 수 있음

② 경희대의 이니셔티브

- P-ESG 지표를 개발해 국내뿐만 아니라 글로벌 지역과 도시, 그리고 해당지자체의 ESG활동과 성과를 평가하고자 함

### (2) 지표체계

E, S, G Pillar값은 32개, 28개, 30개의 세부 지표에 의해 결정.

① 32개의 E: 세부 지표는 5개 category로 분류

- 기후변화, 오염 물질 배출, 자원 관리, 환경관리, 환경평판)

② 28개의 S: 세부 지표는 3개 category로 분류

- 인구/경제, 주거/안전, 사회/인프라

③ 30개의 G: 세부 지표는 6개 category로 분류

- 전략과 정책, 행정성과, 재정관리, 이해관계자, 내부통제, 투명성

## (3) 세계도시를 대상으로 한 P-ESG 평가핵심요소

E는 탄소중립을 중심으로, S는 지역사회 통합과 포용성 제고를 중심으로 ESG Framework 적용, G는 E와S 관련활동이 효과적으로 이루어질 수 있도록 적용

① 규제: 정부의 ESG 규제가 기업의 ESG 활동 촉진

② 전략계획: 도시의 정부는 범도시적 전략계획, 기본계획, 실행계획을 수립하고 실행하는데 이들 다수가 SDGs와 관련

③ 서비스 제공: 도시를 포함한 지자체 정부는 상당량의 오염물질을 배출하는 서비스 공급자로 기능

④ 재정/재원할당: 도시는 재원(지속 가능한 경제적발전과 도시의 많은 문제와 관련)의 효율적 배분과 관련하여 결정적 역할 수행

⑤ 모니터링: 지자체 정부는 각종 규제 이행 여부, 중앙정부 또는 지방정부의 전략계획의 진행 상태를 모니터링하는 기능을 가짐

# 10. 중앙대학교(Chung-Ang University)

* https://www.cau.ac.kr

표어: 의에 죽고 참에 살자.

## 1) 소개

중앙대학교는 1916년 중앙교회 부설 중앙유치원으로 설립되었고, 1922년 중앙유치원 내에 중앙유치사범과가 설치된 이후 1928년 중앙보육학교를 출범한 후 1935년 승당 임영신 박사에 의해 중앙보육학교가 인수되었고, 1937년 흑석동에 기틀을 잡으며 현재의 서울캠퍼스가 조성되었다. 1953년 종합대학 중앙대학교가 출범하였으며, 1972년 서라벌예술대학, 2011년 적십자간호대학과 통합했다. 1980년 안성시에 다빈치캠퍼스가 설립되었고, 2011년에 본·분교 통합을 통해 현재의 이원화 캠퍼스 체제를 갖추게 되었다.

ESG 경영은 지속가능발전목표(SDGs) 지지 선언으로 SDGs Archive를 통한 SDGs 중심 ESG 실천을 진행하고 있다.

## 2) SDGs Archive

### (1) 지속가능발전목표(SDGs) 지지 선언

① 학생들에게 지속가능발전목표(SDGs)의 과제를 이해하고 해결할 수 있는 지식과 기술, 동기부여 제공

② 지속가능발전목표(SDGs) 관련 과제를 해결하는데 필요한 연구 장려 및 수행

③ 대학의 거버넌스와 정책을 지속가능발전목표(SDGs)와 일치

④ 범부문적 대화 및 행동촉진, 지속가능발전목표(SDGs)의 지역적, 국가적, 세계적 실천 지원

## (2) SDGs-ESG 활동

① [SDG 1]-빈곤퇴치(NO POVERTY)

- 지역사회 대상 지속가능 스타트업 지원: 서울시 메트로9호선㈜와 '청년창업 지원 공간 운영 공동협력 협약식' 진행

② [SDG 2]-기아종식(ZERO HUNGER)

- 식량안보 및 지속 가능한 농업기술 교육: 식품안전연구실 운영으로 생물학적 위해요소의 검출과 진단, 제어 연구
- 오염된 식품이나 식품작업 표면에서 세균을 제어하는 화학적, 물리적 살균법개발

③ [SDG 3]-건강과 웰빙지원(GOOD HEALTH AND WELL-BEING)

- 대학 구성원의 정신건강 지원: 행복한 대학생활을 지원하는 '학생생활 상담센터', 건강센터-중앙인 마음건강지원 사업 안내(정신건강의학과 의사 방문 진료)

④ [SDG 4]-양질의 교육보장(QUALITY EDUCATION)

- 기후환경 및 환경의 지속가능성에 대한 교육 제공: 핵심교양 「환경과 인간(The Earth Environment and Human)」
- 탄소중립 ESG 최고경영자과정

⑤ [SDG 5]-성평등 달성(GENDER EQUALITY)

- 여성인권 증진 및 트랜스젠더 인식 개선 프로그램: 여성인권 증진 및 트랜스젠더 인식 개선 프로그램 운영
- 가정폭력 피해 여성에 대한 인식 변화 프로그램 운영

기타 UN SDGs의 17개 관련 과제를 실천하고 있으며, 다음을 소개한다.

▶ 중앙대의료원, ESG 비전 선포식: '지속·실천 가능한 ESG 경영으로 미래 의료를 선도한다.'는 비전과 3대 전략목표로 환경 친화적인 녹색경영, 사회적 가치와 책임을 다하는 상생경영, 공정하고 투명한 윤리경영을 발표

▶ 2040년까지 탄소중립 실천: '2030 탄소중립 ESG 공유 포럼' 발족, '탄소중립 ESG 미래선도 실전문제연구단'과 '탄소중립 디지털혁신 플랫폼연구소' 설립, 탄소중립 핵심 분야로 지속 가능

한 에너지·물 사용, 지속 가능한 구매·조달, 지속 가능한 통근·수송 등 선정

## 3) 지속가능발전 보고서

UN의 17개 지속가능발전목표(SDGs)와 SDSN Australia/pacific이 발간한 「Getting Started with the SDGs in Universities」 가이드 참고.

### (1) 교육
① 지속가능발전교육 제공
② 지속가능발전 연계 스타트업 육성
③ 평생교육 기회 증진
④ 소외계층을 위한 교육 봉사 활동

### (2) 연구
① 산학협력을 통한 혁신추진
② 지속 가능한 해양·육상 생태계를 위한 연구
③ 지속 가능한 농업을 위한 스마트팜 연구

### (3) 운영&거버넌스
① 평등한 고등교육 접근 기회 보장
② 여성의 안정적인 교육 고용 환경 보장
③ 불평등과 차별 없는 대학 운영
④ 대학 구성원에게 좋은 일자리 제공
⑤ 대학 구성원의 건강한 삶과 웰빙 증진
⑥ 친환경 캠퍼스 구축
⑦ 민주적인 대학 거버넌스 운영

## (4) 리더십

① 탄소중립을 위한 범분야적 협력 추진

② 지속 가능한 도시 및 거주지 조성 노력

# Chapter 6

# 대학 ESG 가이드라인 및
# 대학 ESG 보고서

# 1. 대학 ESG 가이드라인

## 1) ESG 이니셔티브

ESG(Environmental, Social, and Governance) 이니셔티브는 일상적인 과업이 아닌 방향성을 가지고 특별한 과제나 프로젝트를 추진하는 각 산업계에 속한 글로벌 기업들의 행동강령이나 가이드 형태의 자율적 규범을 준수하는 협의체 또는 조직을 뜻한다. 그러므로 ESG 이니셔티브는 지속가능발전 경영을 위해 ESG 표준, 가이드라인, 프레임워크를 개발하거나 구현을 추진한다.

ESG 이니셔티브를 다루는 대표적인 글로벌 기관으로 GRI(Global Reporting Initiative, 글로벌 보고 이니셔티브), STBi(Science Based Targets initiative, 과학기반감축목표 이니셔티브), UNGC(UN 글로벌 콤팩트), TCFD(Task Force on Climate-related Financial Disclosures, 기후변화 관련 재무정보공개 협의체) 등을 들 수 있다.

지속가능경영보고서에 대한 가이드라인은 다양한 ESG 분야의 정책과 규정에 대한 경영의 실천적 측면에서 구체적인 표준이나 공개방법에 대한 지침의 성격을 지니고 있다.

기업들은 객관적인 이니셔티브의 전문 분야에 대한 검증을 통해 ESG 경영에 대한 성과를 관리함으로써 기업의 이미지와 공익에 기여하고 있음을 대내외적으로 알릴 수 있다.

대표적인 글로벌 ESG 이니셔티브를 살펴보면 다음과 같다.

▶ 기후변화 분야
• SBTi(Science Based Targets initiative, 과학기반감축목표 이니셔티브): 파리협정 목표에 부합

하는 온실가스 감축 목표

- CDP(Carbon Disclosure Project, 탄소정보공개프로젝트): 기후변화 대응 및 환경 경영 관련 정보공개 플랫폼
- TCFD(Task Force on Climate-related Financial Disclosures, 기후변화 관련 재무정보공개 협의체): G20 재무장관과 중앙은행장 회의가 만든 이니셔티브로 기후 변화가 기업의 재무성과에 미치는 영향을 투명하게 공개할 수 있는 정보 공개 프레임워크 개발

▶ 지속가능성 분야
- GRI(Global Reporting Initiative, 글로벌 보고 이니셔티브): 지속가능성 보고를 위한 글로벌 프레임워크로 GRI 가이드라인에 따라 지속가능경영 보고서 발간
- SASB(지속가능회계기준위원회, Sustainability Accounting Standards Board): 미국 증권거래위원회(SEC)에 제출한 기업의 비재무 평가지표를 개발하여 재무적 성과와 연계된 ESG 요소를 중심으로 한 세부지침 제공
- GSIA(글로벌지속가능투자연합, Global Sustainable Investment Alliance): ESG 투자 방법론 7가지를 제시, 적극적으로 매입하는 투자 전략인 포지티브 스크리닝 방식이 주류로 자리매김하고 있으며 'The Global Sustainable Investment Review' 발간
- UN SDGs(UN 지속가능발전목표): 지속가능발전의 이념을 실현하기 위한 인류 공동의 17개 목표 제시

▶ 인권 분야
- RBA(Responsible Business Alliance, 책임 있는 비즈니스 연합): 글로벌 공급망 분야의 이니셔티브로 근로자, 환경 및 비즈니스를 위한 지속 가능한 가치 추구

이니셔티브의 행동강령은 각 산업계에 속한 주요 글로벌 기업이 해당 산업만의 특성을 고려해 가이드라인을 만들게 되는데, 이니셔티브에 가입하게 되면 공개적으로 게시하고 준수하는 서약을 행하는 경우가 대부분이다. 이런 준수서약 행위가 리스크로 돌아올 수도 있는 위험성도 안고 있음을 간과할 수는 없다. 이니셔티브마다 특징과 중점을 두는 사항도 다르며 회원등급체계도 다르다.

공시가 강화되고 있는 상황에서 이니서티브의 특성과 기업의 현실적인 실천 가능성을 충분히 고려하여 기업의 상황에 따라서 가입 여부를 신중하게 결정할 필요가 있다.

## 2) 대학 ESG 가이드라인 V2.0
\* https://esgko.com

한국 ESG경영원은 2023년 대학을 위한 ESG 가이드라인의 필요 요구에 의하여 「대학 ESG 가이드라인 V1.0」을 대학 특성에 적용 가능한 평가 및 검증 시 진단할 수 있도록 제시하였는데, 「대학 ESG 가이드라인 V1.0」의 진단항목체계는 4개 영역, 19개 범주, 88개 진단항목으로 구성되어 있다.

- 대학경영 HEM(Higher Education Management): 교육과정, 연구, 이해관계자 참여, 지역사회 공헌의 4개 범주와 22개 진단항목
- 환경경영 E(Environmental): 환경경영 목표, 환경관리 2개 범주와 23개 진단항목
- 사회적 책임 경영 S(Social): 사회적 책임 경영 목표, 노동, 다양성 및 양성 평등, 안전보건, 인권 존중 및 보호, 동반성장 및 지역 상생, 정보보호, 이용자 만족 및 권리, 사회 법/규제위반의 9개 범주와 27개 진단항목
- 지배구조 G(Governance): ESG 관리체계 구축, 운영위원회 구성 및 활동, 윤리경영, 회계 투명성 및 법규준수의 4개 범주와 14개 진단항목 총 4개

'대학 ESG 지표를 통한 대학의 ESG 경영에 대한 고찰: 대학 ESG 가이드라인 V1.0을 중심으로'(최부경 외)의 논문은 '대학 ESG 가이드라인 V1.0'을 분석하여, 대학의 자생적 ESG 경영목표 수립 및 지속 가능한 경영을 위한 시사점을 제공하고자 한다는 연구목적을 가지고 있다.

문헌고찰을 분석 토대로 대학 특성을 반영한 대학경영(HEM) 및 ESG 개별단위인 환경(E), 사회적 책임(S), 지배구조(G)의 진단항목을 파악하여 대학의 지속가능성을 판단하기 위한 도구로서의 적합성 여부를 검증한 결과, 대학 ESG 활동 필요 요소로 대학경영 영역에서는 융복합형 인재양성 교과과정수립, ESG 관련 교육토대로 지역사회와의 협력사업, 상생하는 경제체계 구축 실현, 환경 영역에서는 적극적 환경경영, 사회적 책임에서는 다양성, 평형성, 포용성 실현, 지배구조 영역에서

는 투명하고 공정하며 지속 가능한 의사결정을 중시하는 등의 요소들을 제안하였다.

2024년 6월에는 이해관계자들에 대한 의지를 반영하여 대학의 ESG 성과를 보고하고 공유함으로써 대학의 지속가능성과 시대적 소명을 충족시킬 수 있도록 한국 사학진흥재단, 한국고등직업교육학회, 한국대학신문과 협업을 통해 「대학 ESG 가이드라인 V2.0」을 발간하였는데, 「대학 ESG 가이드라인 V1.0」을 통해 ESG 활동 방향성과 지향점을 정리했다면 「대학 ESG 가이드라인 V2.0」은 ESG 리스크 관리와 실무적으로 구체화할 수 있는 체계화를 통해 ESG 역량 증진과 ESG 성과를 창출하는 것이 목표임을 밝히고 있다.

「대학 ESG 가이드라인 V2.0」은 4개 영역 19개 범주, 60개 진단항목으로 1.0의 적용 지표 및 이니셔티브를 대학기본역량진단 편람, 그린캠퍼스 가이드라인, STARS, K-ESG 가이드라인, SDGs를 참고하였다면 대학 ESG 가이드라인V1.0과 V2.0의 차이점으로 2.0에서는 QS와 GRI Index를 포함하여 적용하였다.

## (1) 대학 ESG 가이드라인 V2.0에 적용된 평가 및 공시지표
① 대학진단평가 편람
② 그린캠퍼스 평가기준 및 조성 가이드라인
③ STARS
④ QS Sustainability Rankings
⑤ K-ESG 가이드라인
⑥ UN SDGs
⑦ GRI 가이드라인

## (2) 대학 ESG 가이드라인 V2.0 진단항목 정의서 특징
대학 ESG 가이드라인V2.0 진단항목은 V1.0보다 28개 감소했는데 줄어든 항목을 보면 다음과 같다.

▶ 대학경영 HEM
• HEM1(교육과정): 학부(학과) 과정 프로그램, 대학원 과정 프로그램 2항목

- HEM2(연구): V1.0의 연구기관, ESG(지속가능성)연구지원, ESG 연구에 대한 개방적 접근 3항목을 ESG 연구조직(기관/부서/단체 등), ESG(지속가능성)연구 및 활동지원 2항목으로 1항목 줄여서 조정
- HEM3(이해관계자 참여): 8항목에서 3항목으로 5항목이 감소되었는데 V1.0에서 이해관계자를 학생, 직원, 교직원으로 세분했다면 대학구성원으로 일괄 정리
- HEM4(지역사회 공헌): '지역사회 ESG 협력체계' 1항목을 제하고 V2.0 HEM4-3의 '지역사회 ESG 교육프로그램'의 항목 설명에 지역사회 구성원들과의 협력과 연대강화 넣어 조정

▶ 환경경영(E)
- E1(환경경영 목표): '대학운영에 친환경 정책 및 규범적용' 1항목을 제하고 V1.0의 '캠퍼스 환경목표와 세부 추진 계획 수립'에 포함하여 E-1-1 '환경경영 세부 추진계획 및 추진'에 1항목 감소 조정
- E2(환경관리): V1.0의 진단항목 '에너지 효율 설비, 에너지 정략 건축물(제도), 친환경 건축설계 및 시공, 친환경 건물 운영 및 유지관리, 지속 가능한 식품사용, 경관관리, 생물다양성, 녹지 공간 확대' 8항목을 줄이고 V2.0의 '에너지 사용 절감 및 체계적 관리, 탄소 배출량, 친환경 및 탄소인증 제품 구매, 대학 환경관리 및 녹지 공간 확대' 등의 항목에 통합하여 진단항목을 12개 항으로 조정

▶ 사회적 책임경영(S)
- S2(노동): V1.0의 진단항목 '정규직 비율, 교직원의 평균임금, 1인당 자기계발 비용' 3항목을 감소 조정
- S3(다양성 및 양성평등): V1.0의 진단항목 '여성 구성원 비율, 여성 급여 비율(평균 급여액 대비), 장애인 고용률' 3항목 제하고 V2.0에서 '취약계층 지원강화' 항목에서 경제적, 사회적 약자 및 건강, 환경적 위험을 포함한 대학 취약계층 학생들 관련 1항목 신설, 총 2항목 감소
- S5(인권존중 및 보호): V1.0의 진단항목 '인권 모니터링 평가' 1항목을 제하고 V2.0의 '인권침해 예방 및 인권 보장' 항목에 인권 리스크 평가지표, 평가 기준, 평가 일정 등의 인권 영향 평가 결과 백서 자료 포함.

• S8(이용자 만족 및 권리): V1.0의 진단항목 '건강프로그램' 1항목 제함

▶ 점검기준
• 점검기준 적용방안은 항목에 따라 단계형으로
  3단계 적용은 1단계 0점, 2단계 75점, 3단계 100점 구분,
  4단계 적용은 1단계 0점, 2단계 50점, 3단계 75점, 4단계 100점 구분,
  5단계 적용은 1단계 0점, 2단계 25점, 3단계 50점, 4단계 75점, 5단계 100점

▶ 지배구조(G)
• G2(운영위원회 구성 및 활동): V1.0의 진단 6항목을 통합하여 V2.0에서 4항목으로 조정하여 2항목 감소
• G3(윤리경영): V1.0의 진단항목 '기부금(품) 사용 및 관리의 투명성' 1항목을 제하고 V2.0의 '청렴 윤리 모니터링 평가'에서 이해관계자와의 신뢰성 및 투명성 관점 고려

① 기본 진단 항목의 단계별 상세 기준 및 방향성 제시
• 대학의 ESG 평가지표의 경우 ESG 성과 측정을 위한 기준을 공개하지 않아 대학들의 자가 진단의 어려움으로 과도한 비용과 노력 소요
• 대학 ESG 가이드라인 V2.0의 진단 항목은 단계별 상세 기준 및 방향성에 대한 정보를 공개함으로써 대학들이 진단 항목의 기준 및 방향성을 활용해 스스로 성과를 진단하고 ESG 성과 목표 수립이 가능하도록 지원
• 국내 대학의 특성 반영, 법/제도 정합성을 반영할 뿐만 아니라 해외 대학평가에 적용할 수 있도록 구성
• 국내 대학 경영환경에서 ESG 경영을 위한 최소한의 기반 마련과 함께 사전적 평가 대비 가능

② 대학의 자가진단을 위한 기본 진단항목에 대한 상세 설명 제공
• 대학의 ESG 경영 구축을 위해 기본적으로 갖추어야 할 요소들에 대한 정보들의 진단항목 체계
• 대학의 ESG 경영에서 중점적으로 고려해야 할 요소들을 각 영역(ex. 대학경영, 환경, 사회, 지

배구조)의 하위 범주들로 구성

- 개별 진단항목 개발 시, 단계별 기준에 대한 기준 제시 및 추가적 설명을 통해 ESG 자가진단을 위한 상세한 정보

- 각 영역의 범주별 ESG 수준 향상을 위해 참고할 수 있는 다양한 자료

③ 기본 진단 항목 외 추가/대체 활용 가능한 추가 진단 항목 제시

- 대학의 ESG 수준 및 성과는 기본 진단 항목을 활용해 진단

- 기본 진단 항목으로 평가가 불가하거나, 기본 진단 항목이 아닌 특화된 항목을 원할 경우 개별 대학의 니즈를 고려해 활용해 참고할 수 있는 추가 진단 항목

- 다양한 이해관계자가 각자의 목적을 달성하기 위해 대학 ESG 가이드라인 V2.0 활용

④ 다양한 이해관계자가 활용할 수 있는 활용 방안 제시

- 대학 ESG 가이드라인 V2.0은 대학의 ESG 수준과 평가를 위한 방향성 제시

- 대학이 자체적으로 ESG 현황과 수준을 진단할 경우 ESG 경영 목표 수립이 용이하도록 진단항목 구성

- 그 외에도 평가 및 검증기관이 '대학 ESG 가이드라인 V2.0'을 활용하여 대학의 ESG 수준 평가 및 진단에 활용할 수 있는 방안을 제시함은 물론 다양한 형태로 활용할 수 있는 방안

〈표 14〉 대학 ESG 가이드라인 V2.0 진단항목 체계

| 영역 | 범주 | 분류번호 | 진단항목 |
|---|---|---|---|
| 대학경영<br>(Higer<br>Education<br>Management:<br>HEM) | 교육 과정<br>(HEM1) | HEM-1-1 | 학사구조 ESG 반영 |
| | | HEM-1-2 | ESG 비교과 프로그램 개발 및 운영 |
| | | HEM-1-3 | ESG 교육과정 및 교수학습 방법 |
| | | HEM-1-4 | ESG 교육의 영향 자체평가 |
| | 연구<br>(HEM2) | HEM 2-1 | ESG 연구조직(기관/부서/단체 등) |
| | | HEM 2-2 | ESG(지속가능성)연구 및 활동 지원 |

| 영역 | 범주 | 분류번호 | 진단항목 |
|---|---|---|---|
| | 이해관계자 참여 (HEM3) | HEM 3-1 | 대학구성원 ESG 오리엔테이션 |
| | | HEM 3-2 | ESG 관련 캠페인 |
| | | HEM 3-3 | ESG 관련 학생 동아리 |
| | 지역사회 공헌 (HEM4) | HEM 4-1 | 지역사회 ESG 파트너십 |
| | | HEM 4-2 | 캠퍼스 간 ESG 협력 |
| | | HEM 4-3 | 지역사회 ESG 교육 프로그램 |
| | | HEM 4-4 | 지역사회 ESG 기반 봉사 |
| 환경경영 (Environmental: E) | 환경경영 목표 (E1) | E-1-1 | 환경경영 세부 추진계획 및 적용 |
| | | E-1-2 | 대학 구성원의 환경 인식 수준을 높이기 위한 노력 |
| | 환경 관리 (E2) | E-2-1 | 에너지 사용 절감 및 체계적 관리 |
| | | E-2-2 | 청정 재생에너지 |
| | | E-2-3 | 탄소배출량 |
| | | E-2-4 | 물 사용량 |
| | | E-2-5 | 폐기물 배출 |
| | | E-2-6 | 유해폐기물 관리 |
| | | E-2-7 | 음식물 쓰레기 저감 |
| | | E-2-8 | 친환경 및 탄소인증 제품 구매 |
| | | E-2-9 | 캠퍼스 차량 |
| | | E-2-10 | 대중교통 이용제도 |
| | | E-2-11 | 대학 환경관리 및 녹지 공간 확대 |
| | | E-2-12 | 환경 관련 법규/규제 미준수 및 위반 |
| 사회적 책임 경영 (Social: S) | 사회책임 경영 목표 (S1) | S-1-1 | 사회적 책임경영 목표 수립 및 공시 |
| | 노동 (S2) | S-2-1 | 공정한 채용 |
| | | S-2-2 | 교직원 복지 향상 노력 |
| | | S-2-3 | 노조 활동 보장 |
| | 다양성 및 양성평등 (S3) | S-3-1 | 다양성과 형평성 추진체계 |
| | | S-3-2 | 소수집단 학생 지원 |
| | | S-3-4 | 취약계층 지원 강화 |

| 영역 | 범주 | 분류번호 | 진단항목 |
|---|---|---|---|
| | 안전보건 (S4) | S-4-1 | 안전보건 체계 구축 |
| | | S-4-2 | 작업장의 건강 및 안전 |
| | | S-4-3 | 안전사고 빌생 현황 |
| | 인권 존중 및 보호 (S5) | S-5-1 | 인권정책 수립 |
| | | S-5-2 | 인권침해 예방 및 인권 보장 |
| | 동반성장 및 지역 상생 (S6) | S-6-1 | 지역사회와의 동반 성장 및 평생교육 프로그램 운영 |
| | | S-6-2 | 협력사 ESG 협력 및 지원 |
| | 정보 보호 (S7) | S-7-1 | 정보 보호 시스템 구축 |
| | | S-7-2 | 개인정보 침해 예방 및 구제 |
| | 이용자 만족 및 관리 (S8) | S-8-1 | 이용자 만족도 평가 |
| | | S-8-2 | 편의시설의 적절성 |
| | | S-8-3 | 고충 처리 및 환류 |
| | 사회법/규제 위반 (S9) | S-9-1 | 사회 법/규제 위반 |
| 지배구조 (Governance: G) | ESG 관리체계 구축 (G1) | G-1-1 | ESG 위원회 조직 |
| | | G-1-2 | 대학 내 ESG 계획 |
| | | G-1-3 | 포괄적 및 참여적 거버넌스 |
| | 운영위원회 구성 및 활동(G2) | G-2-1 | 위원장과 위원의 적절성 |
| | | G-2-2 | ESG 위원회의 위상 강화 |
| | | G-2-3 | ESG 운영위원회의 다양성 |
| | | G-2-4 | ESG 운영위원회 운영 현황 |
| | 윤리경영 (G3) | G-3-1 | 윤리경영체계 구축 |
| | | G-3-2 | 부패예방 및 청렴 강화 |
| | | G-3-3 | 청렴 윤리 모니터링 및 평가 |
| | | G-3-4 | 연구 윤리 감시 장치 설치 여부 |
| | 회계 투명성 및 법규 준수(G4) | G-4-1 | 회계의 투명성 관리 |
| | | G-4-2 | 지배구조 법/규제 미준수 및 위반 |
| 4개 영역, 19개 범주, 60개 진단항목 | | | |

자료: 대학 ESG 가이드라인 V2.0

# 2. 대학 ESG 보고서

## 1) 서울대학교 ESG 보고서

「2021 서울대학교 ESG 보고서」는 2022년 8월 ESG위원회 출범 이후 국내대학 부문으로는 첫 번째 ESG 보고서를 2023년 4월에 발간하였는데 'GRI Standards 2021'에 부합한(in Accordance with) 보고 원칙준수와 대학 부문의 ESG 보고 프레임 워크로 구성되었다.

서울대 ESG 보고서는 ESG 칼럼, 주요 성과를 요약한 ESG Fact Sheet, 8개 영역과 대학 ESG 48개 목표(주요 이슈), 53개 성과지표를 선정하였다.

### 서울대학교 ESG 활동 3대 핵심 목표

① 4차 산업혁명 시대에 심화될 수 있는 지역 간, 계층 간, 세대 간 교육격차의 해소
② 인류 난제 해결 및 창의적 인재 배출을 위한 교육과 연구시스템 혁신
③ 에너지원 다변화와 온실가스 감축 분야에서 체감적 성과를 창출하는 탄소중립화 계획

### (1) 이해관계자 그룹

**〈표 15〉 이해관계자별 소통채널과 핵심 이슈**

| 이해관계자 | 소통채널 | 핵심 이슈 |
|---|---|---|
| 교원 | 학사위원회 등 학내위원회, 서울대학교 교수노조, 인권센터, 교수학습개발센터, 연구지원서비스 | 교육 및 연구 지원, 대학운영과 인사, 성희롱/성폭력 및 인권 침해 |

| 이해관계자 | 소통채널 | 핵심 이슈 |
|---|---|---|
| 직원 | 서울대학교 노동조합의 단체협약과 임금협상 등, 인권센터 | 노동기본권 확립 및 근로조건 개선과 지위 향상, 정규직화, 성희롱/성폭력 및 인권 침해 |
| 학생 | 학생지원서비스, 장애학생지원센터, 경력개발센터, 인권센터, 대학생활문화원, 연구지원서비스, 열린S&U(건의·문의·칭찬·웹사이트), 총학생회, 동아리연합회 | 학사 및 징학, 시설이용, 연구지원, 장애학생지원, 취업, 성희롱/성폭력 및 인권침해, 심리적 위기와 대인관계 상담, 학생복지, 동아리활동 |
| 정부부처, 공공기관, 국회 | SNU국가전략위원회, 세미나/토론회, 연구과제, 자문회의, 대학원 최고위과정 | 국가의제 및 정책제안, 국가연구개발, 전문교육지원 |
| 민간 기업, 비영리단체 | 서울대학교 우수인재 채용박람회, 세미나/토론회, 연구과제, 대학원 최고위과정 | 인재선발, 연구 및 기술개발, 전문교육지원 |
| 대학, 연구기관 (해외) | 총장협의회, 학술교류협정, 학술대회, 연구과제, 자문회의 | 대학운영, 학생교류 및 연구협력, 연구 및 기술개발 |
| 지자체, 지역주민 | 관악구와 협력 협약서, 서울대학교 웹사이트, 매거진 서울대사람들, 소식지 SNU NOW, 행정서비스 고객 만족도 조사 | 관악구 현안해결, 주민이 서우래 문화/체육 시설 및 프로그램 이용 |

자료: 2021 서울대학교 ESG 보고서

## (2) ESG 지표 선정

▶ 기업기준

① K-ESG

② GRI index

▶ 국제대학평가기관

① QS 대학평가

② THE 대학평가

## (3) ESG 성과 관리지표

- ESG 위원회는 국가 인재 양성을 위한 혁신교육, 지역 간 교육격차 해소, 반부패, 개인정보 보안 등의 ESG 목표 보강 제외

- 성과 측정이 가능한 통계량, 지표구성이 가능한 목표와 그렇지 않은 목표 구분(현시점에서 설정 가능한 지표이며 추후 변동 가능)

- 표의 내용 중 K는 산업부, G는 GRI Index, Q는 QS 대학평가, T는 THE 대학평가, S는 서울대 대학성가 평가에 제시되어 있는 지표 의미

**〈표 16〉 ESG 성과 지표 안 - 1. 복지와 건강**

| 보고 대분류 | | | 보고 중분류 | 보고 소분류 |
|---|---|---|---|---|
| 대학 ESG 영역 (주요 토픽) | UN SDGs 부문 분류 | | 목표와 의의(주요이슈) | ESG 성과 관리지표(안) (K: 산업부, G: GRI Index, Q: QS 대학평가, T: THE 대학평가, S: 서울대 대학성과 평가) |
| 1. 복지와 건강 | 1 | No Poverty | 저소득층 학생을 위한 재정 지원 | (S)저소득층 학생 등록금 대비 장학금 수혜율 |
| | 2 | Zero Hunger | 학생의 식사 보조 | (T)학생들을 위한 저렴한 식사 보조 프로그램 (이용자수 혹은 만족도) |
| | | | 채식 등 지속 가능한 음식 선택권 보장 | (T)캠퍼스 내에서 채식 등의 음식 선택권 제공 여부 |
| | 3 | Good Health and Well-Being | 학생 및 교직원의 건강 증진 | (G)학생과 직원을 위한 건강 및 복지프로그램 (이용자수 혹은 만족도) |
| | | | 지역사회의 건강 기여 | (T)위생, 영양, 가족계획, 운동, 노화 등 건강 및 복지 전반의 향상을 위해 지역사회에 자원봉사 프로그램 및 관련 프로젝트(이용자수 혹은 만족도) |

**〈표 17〉 ESG 성과 지표안 - 2. 교육**

| 2. 교육 | 4 | Quality Education | 학생의 창의 능력 증진 | (S)학생 자율 창의 능력 증진 프로그램 참여 학생 수 |
|---|---|---|---|---|
| | | | 지속가능발전 관련 교육 강화 | (Q)기후 과학 및 지속가능성 교과목 수 |
| | | | 개방형 교육프로그램 확대 | (S)교육 격차 해소를 위한 국민 평생학습 지원 (수강생들의 프로그램 만족도) |
| | | | 사회봉사 프로그램 확대 | (S)글로벌 해외 봉사 수혜 인원 수 |
| | | | | (S)국내 지역사회 공헌활동 수혜 인원 수 |
| | | | | (S)개발도상국 및 저개발국 차세대 지도자 양성(SPF 선발학생 수) |
| | | | 국가 인재 양성을 위한 혁신 교육 | |

<표 18> ESG 성과 지표안 - 3. 인권과 성평등

| | | | | |
|---|---|---|---|---|
| 3.<br>인권과<br>성평등 | 5 | Gender<br>Equality | 성차별 철폐 | (Q)학생/교수진/보직교수성비 |
| | | | 다양성 관련 정책강화 | (G)차별 건수와 수정 조치 |
| | | | 인권/성평등 교육 강화 | (S)학생 인권/성평등 교육이수인원 |
| | 10 | Reduced<br>Inequalities | 인권/형평성 관련<br>위원회 운영 | (T)관련 위원회 운영(운영횟수/주요안건/운영<br>예산 등) |
| | | | 인권 관련 정책강화 | (G)차별건수와 수정조치 |
| | | | 소수자 우대 정책 확대 | (T)소수민족, 저소득층, 여성, 성소수자, 장애<br>인등 소수자에 해당하는 학생들의 입학 및 서<br>비스 현황 |
| | | | 지역 간 교육 격차<br>해소 기여 | |

<표 19> ESG 성과 지표안 - 4. 에너지와 기후변화

| | | | | |
|---|---|---|---|---|
| 4.<br>에너지와<br>기후 변화 | 7 | Affordable<br>and<br>Clean Energy | 에너지 소비 효율화 | (G)에너지 소비량 |
| | | | 재생에너지 생산 확대 | (K)재생에너지 사용 비율 |
| | | | 에너지 소비<br>저감 계획과 활동 | (T)건물 개·신축 시 에너지 효율기준을 준수하<br>도록 하는 정책이행 성과 |
| | 13 | Climate<br>Action | 온실가스 배출량 산정<br>및 검증 유무 | (K)온실가스 배출량(Scope1&2) |
| | | | 탄소중립 관련 계획과<br>활동 증진 | (Q)탄소 중립을 위한 이행/기후변화 이행 등 |
| | | | | 환경·에너지관련 교육현황(추가) |
| | | | 학내 공식적인 지속가능<br>발전 추진 조직운영 | (Q)공식적으로 인정된 지속가능성 기구의 구<br>성원과 학생 참여 현황 |

<표 20> ESG 성과 지표안 - 5. 자원, 폐기물, 생태계

| | | | | |
|---|---|---|---|---|
| 5.<br>자원,<br>폐기물,<br>생태계 | 6 | Clean Water<br>and Sanitation | 물 소비량 감소와<br>재활용률 증대 | (G)연간 물 소비량<br>(K)연간 재사용 용수 비율 |
| | | | 물 저감계획 추진 | |
| | | | 방류수 관리 강화 | |
| | 12 | Responsible<br>Consumption<br>and Production | 폐기물 발생 감소와<br>재활용 증대 | (K)폐기물 배출량<br>(K)폐기물 재활용 비율 |
| | | | 지속 가능한 구매/<br>친환경인증제품구매 확대 등<br>친환경 공급망 증대 | (K)친환경 인증제품 및 서비스 비율<br>에너지효율 연구 기자재 구매 건수<br>(금액)(추가) |
| | | | 유해물질관리 강화 | (G)중대한 유해물질 유출 건수 및 유<br>출량 |
| | | | 일회용품 저감정책 시행 | (T)일회용품(플라스틱)사용을 최소<br>화하기 위한 정책 |
| | 14 | Life Below Water | 지속 가능한 해양생태계,<br>어업 등을 위한 교육, 연구<br>또는 직접 활동참여 | |
| | 15 | Life on Land | 지속 가능한 육상생태계,<br>생물다양성 보호를 위한 교육,<br>연구 또는 직접 활동참여 | |

<표 21> ESG 성과 지표안 - 6. 문화, 교통, 주거

| | | | | |
|---|---|---|---|---|
| 6.<br>문화,<br>교통,<br>주거 | 11 | Sustainable Cities<br>and Communities | 지역사회에 대한<br>문화적 기여 증진 | (S)캠퍼스 공유프로그램 수혜자 수 |
| | | | 지속 가능한 교통 증진 | (T)지속 가능한 통근수단의 비율을<br>향상시키기 위한 조치 |
| | | | 구성원 주거복지 강화 | (T)학교에서 제공하는 저렴한 주거<br>시설을 이용하는 구성원 수 |

<표 22> ESG 성과 지표안 - 7. 노동과 산학연

| 7.<br>노동과<br>산학연 | 8 | Decent Work<br>and<br>Economic Growth | 정규직/고용안정성/<br>차별 조항 철폐 | (K)정규직 비율 |
| | | | 자발적 이직률 감소<br>(직장 만족 증진) | (G)자발적 이직률 |
| | | | 근로자 단체 활동 보장 | (G)단체협약이 적용되는 근로자 비율 |
| | | | 산업재해 감소 | (K)산업재해율 |
| | | | 지속 가능한 재정 확충 | (S)자체 재원 세입액(단위: 억원) |
| | | | | (S)발전기금 모금액<br>(단위: 억원) |
| | 9 | Industry, nnovation<br>and<br>Infrastructure | 산학협력 성과 증진 | (S) 창의 선도 지원연구과제 수 |
| | | | | (S)창업지원 인프라 강화 및 프로그램 운영 |

<표 23> ESG 성과 지표안 - 8. 대외협력과 정책기여

| 8.<br>대외협력과<br>정책 기여 | 16 | Peace, Justice<br>and<br>Strong Institutions | 법규준수 | (K)사회 법/규제 위반 여부(횟수 및 조치) |
| | | | | 반부패 청렴도 평가(추가) |
| | | | | 개인 정보 보안 정책(추가) |
| | | | 정부 정책 조언 시행 | (S)국가정책 과제 연구와 과제 개발 (포럼 개최 횟수) |
| | | | 이해관계인과 소통 강화 | (G)최고 거버넌스 기구의 위원회를 포함한 조직의 거버넌스 구조, 경제적, 환경적, 사회적 영향에 대한 의사 결정의 책임이 있는 위원회 (운영횟수/주요안건/운영예산 등) |
| | | | 연구윤리 강화 | (S)대학원 신입생 연구윤리 교육인원 |
| | 17 | Partnerships<br>for the Goals | SDGs 연구나 활동에<br>직접 참여 | (T)SDGs에 대한 사회 각 계층 및 부문 간 대화를 개최하거나 해당 대화 참여 |
| | | | 지속가능성 보고서 발간 | (T)SDGs가 명시된 지속가능성 보고서 출판 |
| | | | 국제교류 프로그램 확대 | (S)국제교류 프로그램 참여 학생 수 |
| | | | | 글로벌 해외 봉사 프로젝트 및 프로그램(추가) |

## (4) ESG 중대성 평가

중대성 평가 차트에 첫 번째 중요 그룹은 교육과 에너지와 기후변화 영역, 두 번째 중요 그룹은 복지와 건강, 인권과 성평등, 노동과 산학연 영역으로 나타났다.

이러한 지표로 추출된 핵심 이슈(2022)는

① 복지와 건강 부문: 학생 및 교직원의 건강 증진, 학생의 식사 보조

② 교육 부문: 학생의 창의 능력 증진, 지속가능발전 관련 교육 강화

③ 인권과 성평등 부문: 다양성 관련 정책 강화, 인권 관련 정책 강화

④ 에너지와 기후변화 부문: 에너지 소비 효율화, 온실가스 배출량 산정

⑤ 자원, 폐기물, 생태계 부문: 폐기물 발생 감소와 재활용 증대, 일회용품 저감정책 시행

⑥ 문화, 교통, 주거 부문: 지속 가능한 교통 증진, 구성원 주거복지 강화

⑦ 노동과 산학연 부문: 고용안정성, 산업재해 감소

⑧ 대외협력과 정책기여 부문: 법규준수 유지가 선정되었다.

# 대학 ESG 경영 실천 전략

아미나 모하메드(Amina J. Mohammed) 유엔 사무차장은 2024년 고위급 정치 포럼(High-Level Political Forum 2024)의 'SDG 약속 지키기: 가속화를 위한 길(Keeping the SDG Promise: Pathways for Acceleration)'이라는 제목의 행사에서 회원국과 파트너 모두가 협력을 수용하고 2030년까지 전 세계가 SDGs를 달성할 수 있도록 SDG 가속화를 주도하는 정부, 유엔 기구, 시민 사회, 연구 기관, 청소년 및 소외된 그룹의 목소리와 이니셔티브를 강조했다.

SDG 전반에 걸쳐 표적화되고 변혁적인 투자가 필요한데 식량 시스템의 변화, 재생 가능 에너지 혁명, 자연 세계 보호, 기후 행동 촉진, 디지털 기술 활용이 포함되었다. 또한 양질의 일자리, 사회적 보호에 대한 접근, 포용적인 양질의 교육 및 기술 또한 빈곤을 퇴치하고 누구도 소외되지 않게 하는 토대이며 이러한 영역은 모든 SDGs에 파급 효과를 미칠 수 있으며 현재와 미래 세대에게 최상의 결과를 가져올 수 있기 때문에 SDG 가속화에 필요한 사고의 전환과 17개 목표 사이의 인위적인 경계, 기후 행동과 SDG 행동 사이의 인위적인 경계를 허무는 다른 접근 방식이 필요함을 역설하였다.

첫째, 변혁적 투자를 위한 전략적, 체계적, 규모 확대 조치는 통합된 정책 전환, 공공 및 민간 부문의 자금 조달을 통한 혁신적인 투자, 부문 간 영향을 가능하게 하는 효과적인 기관을 필요로 한다.

둘째, SDG 가속화를 위한 방법으로 기후 행동 활용은 기후 행동을 위한 자금 조달 및 프로그래밍이 탄력적인 인프라 개발, 에너지 그리드 및 디지털 통신 시스템에 대한 투자이다.

셋째, 목적에 부합하는 유엔 개발 체제 만들기로 공동 SDG 기금(Joint SDG Fund)과 같이 공동으로 투입된 자원강화로 자금지원협약(Funding Compact)을 이행하는 노력이 필요하다.

넷째, 포용정책 강화로 2030 의제는 포용과 누구도 소외되지 않게 하는 데 있으며, 청소년 단체,

장애인, 여성 및 소녀를 대표하는 시민 사회 구성원들은 SDGs를 위한 이러한 전환에 대한 투자가 공정하고 포용적임을 보장한다.

UN SDGs의 목표달성은 규모에 맞는 발전 추진을 위하여 다양한 문제해결에 대한 사고의 전환이 필요하며 이러한 사고전환은 창의융합적인 방식으로 환경(Environment) 사회(Social) 지배구조(Governance)에 대한 스펙트럼을 넓힐 필요가 있다.

이러한 맥락으로 여기에서는 대학 ESG 경영은 대학과 전문대학의 특성을 고려하여 고등교육생태계에 따른 대학의 자율성 및 책무성 강화에 따른 자율적 혁신이 제고된 상황을 고려하였다. 대학의 ESG 경영은 UN SDGs와 K-ESG 지표, 대학 ESG 가이드라인 V2.0, 서울대학교 ESG 보고서를 기반으로 하였으며, 해외 대학의 동향과 우리나라 대학의 ESG 경영 현황을 바탕으로 연계하였다.

제4차 산업혁명을 맞이하여 우리나라 교육 혁신은 대학별 자율혁신을 통한 체질 개선으로 양질의 대학 교육 및 미래 인재 양성을 목표로 하고 있다. 이러한 대학환경 변화에 맞추어 대학 역량에 따른 다양한 발전 전략으로써 실천할 수 있는 ESG 경영에 대한 스펙트럼을 넓힐 수 있도록 지속 가능한 구체적인 방안을 E, S, G 각 분야를 구분하여 그에 따른 특징과 구제적인 사례를 들어 살펴보았다.

# 1. 대학의 E(환경, Environment) 스펙트럼

## 1) ESG 환경 부문 관련 규정

WEF(2019)의 보고서 자료에서 글로벌 리스크는 발생 가능성 관점에서 기상이변, 기후변화 완화와 적응정책의 실패, 자연재해 영향력의 순으로, 영향력 관점에서는 대량살상무기와 같은 지정학적인 면을 제외하고 기후변화 완화와 적응정책의 실패, 기상이변, 자연재해 순으로 나타났다.

2023년 보고서에는 '향후 10년 동안 전 세계적으로 가장 심각한 위험 식별 순위'에 환경부문에서 1위는 기후변화 완화 실패, 2위는 기후변화 적응 실패, 3위는 자연재해 및 이상기후, 4위는 생물 다양성 감소 및 생태계 붕괴, 6위는 천연자원 위기, 10위는 대규모 환경 피해가 차지하였는데 10가지 중에 6가지가 환경과 관련되어 있고 1위에서 4위까지는 당면한 지구위기가 환경과 밀접하게 관련되어 있음을 여실히 보여주고 있다. 이러한 상황에서 대학에서의 실천적 전략을 위해 우리나라의 기후위기 대응 관련 법령을 알아볼 필요가 있다.

### (1) 기후위기 대응을 위한 탄소중립·녹색성장 기본법

① 목적

「기후위기 대응을 위한 탄소중립·녹색성장 기본법」(2022)은 '기후위기의 심각한 영향을 예방하기 위하여 온실가스 감축 및 기후위기 적응대책을 강화하고 탄소중립 사회로의 이행 과정에서 발생할 수 있는 경제적·환경적·사회적 불평등을 해소하며 녹색기술과 녹색산업의 육성·촉진·활성화를 통하여 경제와 환경의 조화로운 발전을 도모함으로써, 현재 세대와 미래 세대의 삶의 질을 높이고 생태계와 기후체계를 보호하며 국제사회의 지속가능발전에 이바지하는 것을 목적으로 한다.'고 밝히고 있다.

② 용어의 정의

'탄소중립기본법'이라는 약칭으로도 불리는 이 법에서는 지속가능발전과 관련하여 사용한 용어의 뜻을 다음과 같이 제시하였다.

- '기후변화'란 사람의 활동으로 인하여 온실가스의 농도가 변함으로써 상당 기간 관찰되어 온 자연적인 기후변동에 추가적으로 일어나는 기후체계의 변화를 말한다.
- '기후위기'란 기후변화가 극단적인 날씨뿐만 아니라 물 부족, 식량 부족, 해양산성화, 해수면 상승, 생태계 붕괴 등 인류 문명에 회복할 수 없는 위험을 초래하여 획기적인 온실가스 감축이 필요한 상태를 말한다.
- '탄소중립'이란 대기 중에 배출·방출 또는 누출되는 온실가스의 양에서 온실가스 흡수의 양을 상쇄한 순 배출량이 영(零)이 되는 상태를 말한다.
- '탄소중립 사회'란 화석연료에 대한 의존도를 낮추거나 없애고 기후위기 적응 및 정의로운 전환을 위한 재정·기·제도 등의 기반을 구축함으로써 탄소중립을 원활히 달성하고 그 과정에서 발생하는 피해와 부작용을 예방 및 최소화할 수 있도록 하는 사회를 말한다.
- '온실가스'란 적외선 복사열을 흡수하거나 재방출하여 온실효과를 유발하는 대기 중의 가스 상태의 물질로서 이산화탄소($CO_2$), 메탄($CH_4$), 아산화질소($N_2O$), 수소불화탄소(HFCs), 과불화탄소(PFCs), 육불화황($SF_6$) 및 그 밖에 대통령령으로 정하는 물질을 말한다.
- '온실가스 배출'이란 사람의 활동에 수반하여 발생하는 온실가스를 대기 중에 배출·방출 또는 누출시키는 직접배출과 다른 사람으로부터 공급된 전기 또는 열(연료 또는 전기를 열원으로 하는 것만 해당)을 사용함으로써 온실가스가 배출되도록 하는 간접배출을 말한다.
- '온실가스 감축'이란 기후변화를 완화 또는 지연시키기 위하여 온실가스 배출량을 줄이거나 흡수하는 모든 활동을 말한다.
- '온실가스 흡수'란 토지이용, 토지이용의 변화 및 임업활동 등에 의하여 대기로부터 온실가스가 제거되는 것을 말한다.
- '신·재생에너지'란 「신에너지 및 재생에너지 개발·이용·보급 촉진법」 제2조 제1호 및 제2호에 따른 신에너지 및 재생에너지를 말한다.
- '에너지 전환'이란 에너지의 생산, 전달, 소비에 이르는 시스템 전반을 기후위기 대응(온실가스

감축, 기후위기 적응 및 관련 기반의 구축 등 기후위기에 대응하기 위한 일련의 활동)과 환경성·안전성·에너지안보·지속가능성을 추구하도록 전환하는 것을 말한다.

- '기후위기 적응'이란 기후위기에 대한 취약성을 줄이고 기후위기로 인한 건강피해와 자연재해에 대한 적응역량과 회복력을 높이는 등 현재 나타나고 있거나 미래에 나타날 것으로 예상되는 기후위기의 파급효과와 영향을 최소화하거나 유익한 기회로 촉진하는 모든 활동을 말한다.
- '기후정의'란 기후변화를 야기하는 온실가스 배출에 대한 사회계층별 책임이 다름을 인정하고 기후위기를 극복하는 과정에서 모든 이해관계자들이 의사결정과정에 동등하고 실질적으로 참여하며 기후변화의 책임에 따라 탄소중립 사회로의 이행 부담과 녹색성장의 이익을 공정하게 나누어 사회적·경제적 및 세대 간의 평등을 보장하는 것을 말한다.
- '정의로운 전환'이란 탄소중립 사회로 이행하는 과정에서 직·간접적 피해를 입을 수 있는 지역이나 산업의 노동자, 농민, 중소상공인 등을 보호하여 이행 과정에서 발생하는 부담을 사회적으로 분담하고 취약계층의 피해를 최소화하는 정책방향을 말한다.
- '녹색성장'이란 에너지와 자원을 절약하고 효율적으로 사용하여 기후변화와 환경훼손을 줄이고 청정에너지와 녹색기술의 연구개발을 통하여 새로운 성장 동력을 확보하며 새로운 일자리를 창출해 나가는 등 경제와 환경이 조화를 이루는 성장을 말한다.
- '녹색경제'란 화석에너지의 사용을 단계적으로 축소하고 녹색기술과 녹색산업을 육성함으로써 국가경쟁력을 강화하고 지속가능발전을 추구하는 경제를 말한다.
- '녹색기술'이란 기후변화대응 기술(「기후변화대응 기술개발 촉진법」 제2조 제6호에 따른 기후변화대응 기술), 에너지 이용 효율화 기술, 청정생산기술, 신·재생에너지 기술, 자원순환(「순환경제사회 전환 촉진법」 제2조 제6호에 따른 자원순환) 및 친환경 기술(관련 융합기술을 포함) 등 사회·경제 활동의 전 과정에 걸쳐 화석에너지의 사용을 대체하고 에너지와 자원을 효율적으로 사용하여 탄소중립을 이루고 녹색성장을 촉진하기 위한 기술을 말한다.
- '녹색산업'이란 온실가스를 배출하는 화석에너지의 사용을 대체하고 에너지와 자원 사용의 효율을 높이며, 환경을 개선할 수 있는 재화의 생산과 서비스의 제공 등을 통하여 탄소중립을 이루고 녹색성장을 촉진하기 위한 모든 산업을 말한다.

③ 기본원칙

탄소중립 사회로의 이행과 녹색성장은 다음 각호의 기본원칙에 따라 추진되어야 한다.

1. 미래세대의 생존을 보장하기 위하여 현재 세대가 져야 할 책임이라는 세대 간 형평성의 원칙과 지속가능발전의 원칙에 입각한다.

2. 범지구적인 기후위기의 심각성과 그에 대응하는 국제적 경제 환경의 변화에 대한 합리적 인식을 토대로 종합적인 위기 대응 전략으로서 탄소중립 사회로의 이행과 녹색성장을 추진한다.

3. 기후변화에 대한 과학적 예측과 분석에 기반하고, 기후위기에 영향을 미치거나 기후위기로부터 영향을 받는 모든 영역과 분야를 포괄적으로 고려하여 온실가스 감축과 기후위기 적응에 관한 정책을 수립한다.

4. 기후위기로 인한 책임과 이익이 사회 전체에 균형 있게 분배되도록 하는 기후정의를 추구함으로써 기후위기와 사회적 불평등을 동시에 극복하고, 탄소중립 사회로의 이행 과정에서 피해를 입을 수 있는 취약한 계층·부문·지역을 보호하는 등 정의로운 전환을 실현한다.

5. 환경오염이나 온실가스 배출로 인한 경제적 비용이 재화 또는 서비스의 시장가격에 합리적으로 반영되도록 조세체계와 금융체계 등을 개편하여 오염자 부담의 원칙이 구현되도록 노력한다.

6. 탄소중립 사회로의 이행을 통하여 기후위기를 극복함과 동시에, 성장 잠재력과 경쟁력이 높은 녹색기술과 녹색산업에 대한 투자 및 지원을 강화함으로써 국가 성장 동력을 확충하고 국제 경쟁력을 강화하며, 일자리를 창출하는 기회로 활용하도록 한다.

7. 탄소중립 사회로의 이행과 녹색성장의 추진 과정에서 모든 국민의 민주적 참여를 보장한다.

8. 기후위기가 인류 공통의 문제라는 인식 아래 지구 평균 기온 상승을 산업화 이전 대비 최대 섭씨 1.5도로 제한하기 위한 국제사회의 노력에 적극 동참하고, 개발도상국의 환경과 사회정의를 저해하지 아니하며, 기후위기 대응을 지원하기 위한 협력을 강화한다.


## (2) 탄소중립 사회 이행과 녹색성장의 확산

▶ 탄소중립 지방정부 실천연대의 구성

① 지방자치단체는 자발적인 기후위기 대응 활동을 촉진하고 탄소중립 사회로의 이행과 녹색성장의 추진을 위한 지방자치단체 간의 상호 협력을 증진하기 위하여 지방자치단체의 장이 참여하는 탄소중립 지방정부 실천연대(이하 "실천연대"라 한다.)를 구성·운영할 수 있다.

② 실천연대는 원활한 협력과 체계적인 사업의 추진을 위하여 실천연대에 참여하는 지방자치단체의 장중에서 복수의 대표자를 정할 수 있다.

③ 실천연대는 다음 각호의 사항을 실천하기 위하여 노력하여야 한다.

    1. 2050년까지 탄소중립 달성

    2. 탄소중립 사회로의 이행에 대한 사회적 합의 도출과 공감대 형성

    3. 단소중립 달성을 위한 사업의 발굴과 지원

    4. 탄소중립 사회로의 이행을 촉진하기 위한 선도적인 기후행동 실천 및 확산

    5. 온실가스 감축 및 기후위기 적응을 위한 상호 소통 및 공동 협력

    6. 그 밖에 온실가스 감축 및 기후위기 적응, 녹색성장 등 기후위기 대응을 위하여 필요한 사항으로서 실천연대에 참여하는 지방자치단체의 장이 상호 합의하여 정하는 사항

④ 실천연대 활동을 지원하기 위하여 사무국을 둔다.

⑤ 제1항에 따른 실천연대의 구성·운영, 제4항에 따른 사무국의 구성·운영 등에 필요한 사항은 대통령령으로 정한다.

▶ 탄소중립 사회 이행과 녹색성장을 위한 생산·소비문화의 확산

▶ 녹색생활 운동 지원 및 교육·홍보

▶ 탄소중립 지원센터의 설립

▶ 기후대응기금의 설치 및 운용

▶ 보칙으로 국제협력의 증진, 국제 규범 대응 등

## 2) 대학의 E(환경, Environment) 실천 사례

대학의 일반적인 E(환경, Environment) 경영의 범주는 환경목표, 환경경영관리로 크게 나누어지며 SDGs의 6. 물과 위생: 모두를 위한 물과 위생의 이용가능성과 지속 가능한 관리 보장, 7. 깨끗한 에너지: 적정한 가격에 신뢰할 수 있고 지속 가능한 현대적인 에너지에 대한 접근 보장, 12. 지속 가능한 도시와 공동체: 포용적이고 안전하며 회복력 있고 지속 가능한 도시와 주거지 조성, 13. 기후변화 대응: 기후변화와 그로 인한 영향에 맞서기 위한 긴급 대응, 14. 해양 생태계: 지속가능발전을 위한 대양, 바다, 해양자원의 보전과 지속 가능한 이용, 15. 육상 생태계: 육상생태계의 지속 가능한 보호·복원·증진, 숲의 지속 가능한 관리, 사막화 방지, 토지황폐화의 중지와 회복, 생물다양성 손실 중단에 해당하는 항목을 세분하여 지표화하고 있다.

## (1) 하버드대학교

* https://sustainable.harvard.edu

### A. 하버드 지속가능성 사무소

기후, 형평성 및 건강 문제 해결을 위한 플랜은 전체론적 접근 방식 제공

기후 변화와 환경, 형평성 및 건강을 별개의 문제가 아닌 통합적이고 상호 연결 방식으로 접근

① 화석 연료 목표 제로: 2050 화석 연료 없는 하버드: 목표 제로(Goal Zero)는 화석 연료 사용을 없애는 데 초점

② 지속 가능한 건물 가속화

　- 건축 환경은 2021년 전 세계 에너지 관련 탄소 배출량의 1/3 이상을 차지

　- Harvard에서 건물의 난방, 냉방 및 전력 공급은 대학 배출량의 97%를 차지(범위1 및 2). 배출량을 해결하는 것 외에도 기후를 화석 연료 제로로 정의되는 기후 목표의 핵심 이유인 건강 및 형평성과 불가분의 관계

　- 내재 탄소 감축: 내재 탄소는 콘크리트 및 강철과 같은 건축 자재의 제조, 운송, 설치, 유지 관리 및 폐기로 인해 발생하는 온실 가스 배출량 의미

③ 대학 전체의 기후 취약성 연구 수행

④ 캠퍼스의 열린 공간과 조경 요소를 지속적으로 보존, 향상

⑤ 캠퍼스에 있는 7,700그루의 나무 재고 확장 및 지속 가능하게 관리

⑥ Harvard의 Sustainable Building Standards에서 새로운 건설 및 개조 프로젝트에 대한 에너지 및 배출 목표 업데이트

⑦ 최신 연구 및 사고 활용위한 파일럿 프로젝트에 투자

⑧ 건강하고 지속 가능한 식품: 2030년까지 식품으로 인한 온실 가스 배출량을 25% 줄이겠다고 약속

　- HUDS(Harvard University Dining Services) 학습보고서: 이전 학년도의 학습 보고서를 작성하는 데 예를 들자면 2023년에 HUDS는 식물 소비를 촉진하고 식물 기반 옵션을 홍보하기 위해 '넛지(nudges)'에 중점을 두었고, 학생들은 쇠고기 버거를 20,000개 적게 먹고 더 많은

식물, 해산물 및 가금류로 식단 패턴을 전환

## B. 지속가능성 관련 가이드&표준

① 지속 가능한 오피스 가이드

② 지속 가능한 구매 가이드

③ 지속 가능한 건축 표준

④ 지속 가능한 청소 기준

⑤ 지속 가능하고 건강한 식품 표준

⑥ 지속 가능한 현장 유지 관리(조경)표준

## (2) 케임브리지대학교(University of Cambridge)

\* https://www.cam.ac.uk

## A. 2022-2023 환경지속가능성 보고서(Annual Environmental Sustainability Report)

① 탄소(Carbon)

2030년까지 2015/16년 수준 대비 75% 감축 달성을 중간 목표로 2048년까지 scope1과 scope2의 에너지 관련 배출량에 대해 탄소 배출을 절대 0으로 목표

- 탄소 감축 목표에 대한 진행 상황은 시장 기반 배출량으로 측정

- 시장 기반 탄소 배출량은 전년 대비 6.2% 감소

- 전년 대비 총 가스 소비량이 2.4% 감소, Cambridge Biomedical Campus의 전기 소비감소

- 혐기성 소화 공장, Madingley의 Park Farm: 환경과 농업의 연결 LEAF(Linking Environment and Farming)

② 폐기물(Waste)

- FTE 직원 및 학생당 생성되는 폐기물 질량(톤/FTE)은 2021/2022년 0.12톤/FTE에서 2022/23 년 0.10톤/FTE로 감소

- 2022/23년까지 비유해 폐기물의 95%를 매립지로 보내지 않고 전환, 새로운 유해 및 비유해 폐기물 프레임워크 계약에 폐기물 제로 목표 포함.

- 2022/23년까지 48.3% 재활용 달성, 새로운 비유해 폐기물 계약에는 폐기물의 80%를 재활용 목표 포함

- 대학의 2022/23년 물 소비량은 366,717㎥로 전년 대비 0.2% 감소, 2005/06년 기준선 대비 11.6% 감소

- 부동산 물 관리 계획과 새로운 물 감소 목표의 개발 진행 중

- 유리병 클린솔루션

③ 이동 및 교통1(Travel and transport): 2022년 10월 연례 직원 출장 설문조사 결과 직원의 68%가 지속 가능한 방식으로 출퇴근

④ 이동 및 교통2(Travel and transport): 목표치 상회로 인하여 인지도 향상 및 지속 가능한 비즈니스 여행을 위한 가이드라인 참여 확대

⑤ 생물 다양성과 생태계

- 모든 건설 프로젝트는 긍정적인 영향으로 마침

- 2020년 생물다양성 행동 계획 발표

- 생물 다양성이 풍부한 추가 서식지 조성

- 기존 서식지 복원 및 개선

- 교직원 및 학생들과 협력

- 도시 전체의 이해 관계사와 협력

- 경관 규모의 자연 복원 촉진

- 자연 생태계를 위한 새로운 목표 개발

- 긍정적 자연 대학(A Nature Positive University): Nature Positive Universities Alliance의 창립 멤버, 종과 생태계 복원 및 보호, 자연에 대한 긍정적인 영향 강화

- 여왕의 녹색 캐노피(The Queen's Green Canopy): 고(故) 엘리자베스 2세 여왕의 플래티넘 주빌리 축하 행사로 매딩리 공원에 58그루 식재, 너도밤나무, 라임, 참나무와 같은 토착 식물 혼합하여 여왕의 녹색 캐노피 구성

⑥ 지속 가능한 건설 및 개조

- 2018년 지속 가능한 건설 표준 수립

- 디자인 및 표준 개요에 관한 문서

- 2022년 12월 기존 건물 패브릭의 열 성능 업그레이드 방법에 대한 지침 발행
- 데이비드 애튼버러 빌딩, 곤빌 및 카이우스 칼리지, 처칠 칼리지, 다우닝 칼리지와 콜라보레이션

⑦ 지속 가능한 조달
- 2015/16 학년도에 Flexible Framework의 레벨 4 달성
- 대학의 전략적 조달 및 구매 프로젝트의 일환으로 국제 표준 ISO20400을 목표로 하여 공급망 우선순위 파악을 위한 작업 진행

## B. 그린 오피서(Green Officers)

Green Officer는 Cambridge Colleges의 다양한 학생회(일반적으로 JCR 또는 MCR-주니어 또는 미들 콤비네이션 룸이라고 함)에서 선출된 학생들로서 학생들의 목소리를 민주적으로 대변하며 대학 내에서 지속가능성 또는 기후 관련 이니셔티브의 원동력 역할을 담당한다.

## (3) 예일대학교(Yale University)

* https://sustainability.yale.edu/

## A. 2024년 1월 '2023년 지속가능성 진행 보고서' 발표

「Yale Sustainability Plan 2025」에 설명된 41개 목표 중 23개 달성, 2025년까지 14개의 추가 목표 달성 예정이며, 기후 변화 문제에 대한 솔루션 개발을 위한 다양한 캠퍼스 지속가능성 목표와 대학 연구의 진전을 강조하고 있다.

① 최우선 과제: 캠퍼스 온실 가스 배출 감소
- 기후솔루션 연구를 위해 'Yale Climate Impact Innovation Fund': 300만 달러 44개 프로젝트에 배포
- YSGS(Yale Center for Geospatial Solutions) 출범
② 5가지 가능한 공동 이익평가: 경제적 번영, 건강, 웰빙, 탄성, 지속가능성
- 3개 활성목표: 다양성, 형평성, 소속감

- 온실 가스 배출: Scope1 및 2 GHG 배출량을 2015년 기준보다 28% 감소, Scope3 배출량은 직원 통근 23% 증가; 출장 1% 증가; 구매한 상품 및 서비스의 6% 감소; 자본재 22% 감소; 폐기물 28% 감소

③ 기후 회복력

- The Nature Conservancy와 협력하여 관리자, 교수진, 직원 및 학생을 대상으로 기후 관련 위험을 평가하고 Yale 및 그 외 지역에서 기후 적응을 해결하기 위한 전략의 우선 순위를 정하기 위한 Community Resilience Building Workshop 주최

④ 고성능 설계 표준

- 2023년 현재 신축 및 개조된 건물에 대해 3개의 LEED Silver, 27개의 LEED Gold 및 3개의 LEED Platinum 인증 획득

- 대학 캠퍼스에서 가장 큰 주거용 건물이 될 것으로 예상되는 Yale의 첫 번째 Living Building Challenge 프로젝트 건설 시작

⑤ 탈탄소화 교통

- 2023년 현재 Yale은 EV 인프라에 대한 투자가 시작된 2019년 이후 1,440% 증가한 72개의 전기 자동차 충전소 제공

- 차량의 전기화가 진행 중

⑥ 지속 가능한 통근

- 2015년 이후 Yale 통근자들의 지속 가능한 교통수단 이용 7% 증가

⑦ 폐기물 전환

- 2023년 현재 폐기물의 34%를 전환, 전체 재료 사용량(도시 고형 폐기물, 단일 스트림 재활용 및 음식물 쓰레기의 총 톤수)은 팬데믹 이전(2019년)보다 11% 감소

⑧ 재택근무

- 2018년 이후 원격 회의 사용 154% 증가

## 3) 대학 E(환경, Environment) 스펙트럼 확장

국내 대학의 ESG 실천사례를 살펴보면 초기 수준에 머물러 있기 때문에 일반적으로 대학 E(환

경, Environment) 부문에서는 UN SDGs의 SDG 06(물과 위생), SDG 07(에너지), SDG 11(지속 가능한 도시와 주거지 조성), SDG 12(지속 가능한 소비와 생산), SDG 13(기후변화), SDG 14(해양생태계), SDG 15(육상생태계)를 기반으로 실천하고 있다.

유엔환경계획(United Nations Environment Programme, UNEP)은 환경에 관한 유엔의 활동을 조정하는 기구로 환경과 관련된 국제기구나 국가에 경비와 기술 인력을 지원해 환경보전 활동에 도움을 주는 것을 목적으로 설립되었다.

유엔환경계획(United Nations Environment Programme, UNEP)과 대한민국 환경부(Ministry of Environment)는 대기질에 대한 협력을 강화하기 위한 협약을 2023년 6월에 맺었으며, 대기 오염과 그 영향을 해결하는 것은 기후 변화, 자연 및 생물 다양성 손실, 오염 및 폐기물이라는 세 가지가 지구 위기를 해결하는 핵심요인이다.

기후 비상사태는 우리 모두의 행동을 요구하는데 2050년까지 온실가스 순 배출 제로에 도달하기 위한 역할에 대한 UNEP에서 '기후 위기에 맞서 싸울 수 있는 10가지 방법'(10 ways you can help fight the climate crisis)을 대학에서의 다양한 이해관계자들과 연계한 실천 전략으로써 살펴보면 다음과 같다. 그리고 현재 우리나라 대학에서 실천하고 있는 상황과 비교해 본다면 더 나은 솔루션이 도출될 수 있을 것이다.

(1) 입소문 내기(Spread the word): 친구, 가족 및 동료에게 탄소 오염을 줄이도록 격려

(2) 정치적 압박 계속하기(Keep up the political pressure): 배출량을 줄이고 탄소 오염을 줄이기 위한 노력 지원 로비

(3) 교통수단의 혁신(Transform your transport): 걷거나 자전거 타기, 대중교통 및 전기 옵션선택, 카풀, 전기 자동차, 장거리 항공편 횟수 줄이기

(4) 전력사용억제(Rein in your power use): 탄소 제로 또는 재생에너지 공급자로 전환, 태양 전지판 설치, 난방 온도 낮추기, 사용하지 않는 가전제품과 조명 전원을 끄기, 가장 효율적인 제품 구입하기, 위층 또는 다락방 절연처리하기

(5) 식단 조정하기(Tweak your diet): 식물성 식품을 더 많이 섭취하기

(6) 현지 쇼핑 및 지속 가능한 제품 구매하기(Shop local and buy sustainable): 현지 및 제철 식품 구입, 과일·채소 및 허브 직접 재배하기, 커뮤니티 정원 만들기

(7) 음식낭비하지 않기(Don't waste food): 필요한 것만 사기, 식품의 모든 먹을 수 있는 부분 활용, 요리하기 전 부분 크기 측정, 음식 올바르게 보관, 남은 음식 다양하게 요리, 음식 공유, 음식찌꺼기로 퇴비 만들기

(8) 스마트한 옷 입기(Dress (climate) smart): '패스트 패션' 벗어나기, 렌탈 서비스 이용, 재활용 및 수선

(9) 나무 심기(Plant trees): 나무 심기

(10) 지구 친화적인 투자에 집중(Focus on planet-friendly investments): 윤리적인 금융기관에 저축과 투자하기

우리나라의 경우 먼저 사례를 제시한 10개 대학 외에 경북대학교에서는 지붕형 태양광 및 주차장 태양광 3.6 MWh 추가구축을 통한 대학 내 에너지 활용과 에너지 효율화 사업 및 전기차 충전설비 구축을 추진하고, 단국대학은 국내 최초 친환경 수소전기 셔틀버스를 도입하였다. 홍익대학교나 건양대학교 등은 'NEW 컵끼리', '네프론 설치'를 통하여 인공지능 순환자원 회수 로봇을 시범운영중이다.

그리고 여러 대학에서 실천하고 있는 '바이바이 플라스틱' 챌린지 동참은 환경부가 2023년 8월 일상생활에서 플라스틱 사용을 줄이고, 재활용품과 다회용품 사용을 권장하기 위해 시작하였다. 장 볼 때 장바구니 이용하기, 신선식품 주문할 땐 다회용 보냉백 사용하기, 물티슈, 플라스틱 빨대 사용 줄이기, 포장이 많은 제품 사지 않기, 중고 제품이나 재활용 제품 이용하기, 1회용품 대신 다회용품 사용하기, 배달 주문할 때 안 쓰는 플라스틱 받지 않기, 불필요한 비닐 쓰지 않기, 포장 없는 리필 가게 이용하기, 내가 쓴 제품은 분리배출까지 책임지기 등 '바이바이 플라스틱 수칙'을 지키려는 노력들을 하고 있다.

해외대학에 비하여 초보 단계인 우리나라 대학은 효율적이며 효과적인 실천을 벤치마킹하는 것이 필요하며, 환경적인 부분에서의 실천 전략으로써 스펙트럼을 확대하기 위해 작은 것부터 실천 가능한 아이디어를 찾아내기 위한 노력이 있어야 한다.

환경 부문에서는 대학 구성원의 환경인식 수준을 높이기 위한 노력을 비롯하여 관계 기관이 주도하여 진행해야 하는 에너지 사용 절감 및 체계적인 관리, 유해 폐기물 관리, 캠퍼스 차량, 대학 환경관리 및 녹지 공간 확대 등이 있고, 개인이 참여 가능한 일상생활에서의 다양한 환경 경영에 이

해관계자들 간에 자발적인 참여 및 ESG 경영에 대한 인식 제고 및 관련 교육은 환경을 지키기 위한 스펙트럼을 넓힐 수 있는데 이러한 결과를 창출하기 위해서는 투자 증진 지원이 뒷받침되어야 하기 때문에 외국 대학에서 발행하는 ESG 채권발행도 눈여겨볼 만하다.

기후 변화, 생물다양성 손실 및 오염의 원인을 대상으로 하는 변혁적이고 다양한 실천 전략은 이해관계자 행동을 추진함으로써 한 걸음 더 나아갈 수 있을 것이다.

# 2. 대학의 S(사회, Social) 스펙트럼

## 1) ESG 사회 부문 관련 규정

대학의 일반적인 S(사회, Social)경영의 범주는 사회적 책임 경영으로 SDGs의 1. 빈곤퇴치(No Povert): 모든 곳에서 모든 형태의 빈곤 종식, 2. 기아종식 (Zero Hunger): 기아 종식, 식량 안보와 개선된 영양상태의 달성, 지속 가능한 농업 강화, 3. 건강과 웰빙(Good Health and Well-Being): 모든 연령층을 위한 건강한 삶 보장과 복지 증진 5. 성평등(Gender Equality): 성평등과 여성 및 여아의 권익신장, 8. 양질의 일자리와 경제성장(Decent Work and Economic Growth): 포용적이고 지속 가능한 경제성장, 완전하고 생산적인 고용과 양질의 일자리 증진, 9. 산업, 혁신과 사회기반시설(Industry, Innovation and Infrastructure): 회복력 있는 사회기반시설 구축, 포용적이고 지속 가능한 산업화 증진과 혁신 도모, 10. 불평등 완화(Reduced Inequalities): 국내 및 국가 간 불평등 감소, 11. 지속 가능한 도시와 공동체(Sustainable Cities and Communities): 포용적이고 안전하며 회복력 있고 지속 가능한 도시와 주거지 조성, 16. 평화, 정의와 제도 구축(Peace, Justice and Strong Institutions): 전 지역에서의 폭력과 이와 관련된 사망률의 축소, 아동 학대, 착취, 인신매매 및 모든 형태의 폭력과 고문 근절, 모두에게 평등한 사법 접근성 보장, 17. 글로벌 파트너십 활성화(Partnership for the Goal): 목표 달성을 위한 이행수단 강화 및 지속가능발전을 위한 글로벌 파트너십 활성화에 해당하는 항목을 세분하여 지표화하고 있다.

### (1) 기업과 인권길라잡이

ESG의 S(사회, Social)영역과 관련된 규정을 살펴보면, 법무부(2021)에서 발간한 「기업과 인권길라잡이는 2011년 6월 유엔 인권이사회가 '유엔 기업과 인권 이행원칙'을 채택한 이래, 기업의 생존과 국제 경쟁력 향상을 위해 '기업과 인권(Business and Human Rights)'에 관한 국제적 기준이 무엇이고, 기업의 규모와 상황에 맞추어 어떻게 이를 단계별로 잘 실천할 수 있는지 안내하기 위해 발간하였다.

기업과 인권의 주요 영역은 다음과 같다.

가. 기업과 인권 체계 구축: 기업과 인권 위원회 및 실무부서 구성, 기업과 인권 선언, 기업과 인권 정보 공개 및 교육, 영향력이 미치는 범위 내 확산 과정의 선순환.

나. 고용상의 비차별: 인종, 종교, 장애, 성별, 출생지, 정치적 견해 등을 이유로 차별해서는 안 된다.

다. 결사 및 단체교섭의 자유 보장: 자유롭게 노동조합 결성을 허용하며 노동조합 가입이나 활동을 이유로 불이익을 주어서는 안 된다.

라. 강제노동 및 아동노동 금지

마. 산업안전 보장

바. 직장 내 괴롭힘 방지: 강압적 업무지시, 기강잡기, 폭언, 괴롭힘 행위, 상사의 부당하거나 위법한 지시 등

사. 책임 있는 공급망 관리

아. 현지주민의 인권보호

자. 환경권 보장

차. 소비자 인권보호

### (2) 평생교육법

2021 개정된 평생교육법은 '헌법과 교육기본법에 규정된 평생교육의 진흥에 대한 국가 및 지방자치단체의 책임과 평생교육제도와 그 운영에 관한 기본적인 사항을 정하고, 모든 국민이 평생에 걸쳐 학습하고 교육받을 수 있는 권리를 보장함으로써 모든 국민의 삶의 질 향상 및 행복 추구에 이바지함을 목적으로 한다.'고 총칙 1조에 밝히고 있다.

• '평생교육'이란 학교의 정규교육과정을 제외한 학력보완교육, 성인 문해교육, 직업능력 향상교

육, 성인 진로개발역량 향상교육, 인문교양교육, 문화예술교육, 시민참여교육 등을 포함하는 모든 형태의 조직적인 교육활동을 말한다.

- '평생교육사업'이란 국가 및 지방자치단체가 국민과 주민의 평생교육을 위하여 예산 또는 기금으로 조직적인 교육활동을 직·간접적으로 지원하는 사업을 말한다.
- '성인 진로개발역량 향상교육'(이하 "성인 진로교육"이라 한다.)이란 성인이 자신에게 적합한 직업을 찾고 진로를 인식·탐색·준비·결정 및 관리할 수 있도록 진로수업·진로심리검사·진로상담·진로정보·진로체험 및 취업지원 등을 제공하는 활동을 말한다.

대학의 사회적 책임과 관련하여 지역사회에 대한 문화적 기여증진 및 ESG 이해관계자와 소통 강화와 직접적인 ESG 문화 확산을 위한 프로그램 운영과 연계된다.

### (3) 학교안전사고 예방 및 보상에 관한 법률

교육부의 '학교안전사고 예방 및 보상에 관한 법률'은 학교안전사고를 예방하고, 학생·교직원 및 교육활동참여자가 학교안전사고로 인하여 입은 피해를 신속·적정하게 보상하기 위한 학교안전사고보상공제 사업의 실시에 관하여 필요한 사항을 규정하고 있다.

대학이 협력사와 ESG 협력 및 지원에 대하여서도 추진체계를 갖추고 협력사 지원 전략 방향과 세부 실행과제에 대한 평가 등이 구체적으로 계획되어야 한다.

## 2) 대학의 S(사회, Social) 실천 사례

### (1) 옥스퍼드대학교

 * https://www.ox.ac.uk

### A. 환경 지속가능성 연례 보고서 2023

① 지속가능성, ESG 사회적 영향 프로그램 제공

  - 온라인 프로그램: ESG 및 지속 가능한 금융전략 코스, 기후 비상 프로그램, Leading

Sustainable Corporations 프로그램

- 대면 프로그램: 임팩트 파이낸스 이노베이션 프로그램(Oxford Impact Finance Innovations Programme), 임팩트 투자 프로그램, 영향 측정 프로그램, 사회 금융 프로그램, 지속 가능한 비즈니스 프로그램

② 교직원 및 학생 사이클 교육

③ 'Vision Zero' 캠페인: 2050년까지 도로 사망 및 상해 제로 Oxfordshire County Council의 'Vision Zero' 캠페인 지원

④ 네트워크: 지속 가능한 관행 구현을 위한 교직원과 학생의 성장 네트워크에 190개 팀이 LEAF(Laboratory Efficiency Assessment Framework) 및 Green Impact 참여 프로그램 참여

⑤ 협력: Oxford Networks for the Environment(ONE) 연구 출판을 위해 Research Services와 협력

⑥ 투자자로서의 대학

- ESG 및 지속가능성 평가는 옥스퍼드대학교가 설립한 투자 관리자인 OUem(Oxford University Endowment Management)의 투자 프로세스에 통합

- Oxford Endowment Fund는 지속가능성 솔루션, 자원 효율성 및 기후 전환에 중점을 둔 투자

⑦ 커뮤니티 파트너십: 그린 액션 위크(Oxford Green Action Week)를 통한 대학, 단과대학 및 더 넓은 커뮤니티의 파트너가 주최하는 50개 이상의 이벤트

## B. 지속가능성, ESG 사회적 영향 프로그램 제공

① 온라인 프로그램: ESG 및 지속 가능한 금융전략 코스, 기후 비상 프로그램, Leading Sustainable Corporations 프로그램

② 대면 프로그램: 임팩트 파이낸스 이노베이션 프로그램(Oxford Impact Finance Innovations Programme), 임팩트 투자 프로그램, 영향 측정 프로그램, 사회 금융 프로그램, 지속 가능한 비즈니스 프로그램

## C. 프로젝트

① 매크로 스튜어드십 프로젝트(Macro Stewardship Project): 조직이 이윤 동기를 활용하고 보다 지속 가능한 결과를 이끌어 내기 위해 금융 시스템의 인센티브 기회

② 파라메트릭 보험 프로젝트(Parametric Insurance Project): 인도주의적 지원 및 자금 조달 개발

### D. 기후 리더십을 위한 비즈니스 스쿨

Oxford Saïd는 BS4CL(Business Schools for Climate Leadership) 이니셔티브의 창립 멤버로 유럽의 다른 7개 주요 학교와 함께 기후 비상사태지원 및 해결

① Burjeel Holdings Oxford Saïd 기후 변화 챌린지
  - 고등학생과 교사가 참여하는 기후 위기 해결책을 제안하는 글로벌 대회 개최
② 네트워크에 환경적 지속가능성 포함
  - 모든 신입 직원이 입회 기간 동안 교육 받도록 함
  - Climate Oxford Business Network 네트워크는 학생이 주도하며, 재생에너지 현장 방문, 청정에너지 전환에 대한 전문가 연사 세션, ESG 부문에서 경력을 쌓고자 하는 학생들을 위한 다양한 네트워킹 기회 제공

## (2) 스탠포드대학교(Stanford University)
* https://www.stanford.edu

### A. 지속가능성 스탠포드 사무소(Office of Sustainability Stanford)
① 기업 Peninsula Sanitary Service Inc.(PSSI)와 새로운 폐기물 계약 체결
  - 2030년까지 폐기물 제로 목표 달성 위한 혜택과 서비스 제공
  - 제로 웨이스트 캠퍼스를 위해 세 가지 주요 폐기물 흐름(재활용, 퇴비, 매립지)과 이벤트, 카페 및 관리 서비스에 대한 3개의 태스크포스 출범
② 프로젝트 파트너십: 전략적 캠퍼스 파트너, 지역 사회 구성원 및 기타 관련 학생, 교직원 및 교수진을 위한 청취 세션과 로드쇼 구성
  - 제로 웨이스트, 리빙 랩으로서의 캠퍼스, 스토리텔링, 기후 행동 및 기후 회복력의 5가지 주요 영역에 장기 목표 프로세스 완료
③ 지역사회 커뮤니티 협력: 스탠포드의 지역 및 전국 커뮤니티와 협력하기 위한 지속가능성 사

무국은 OCE(Office of Community Engagement)와 함께 지역 사회 단체와 함께 San Mateo 카운티의 기후 행동 정상 회담 공동 주최

- 워싱턴에서 열린 캠퍼스 및 지역사회 규모 기후 변화 솔루션에 대한 백악관 포럼에서 기관 대표로 참여
- 워싱턴 D.C. Stanford 또한 Pac-12 Sustainability Conference 주최

## B. 학술 및 파트너십 강화

① 학술 및 연구를 통해 대학은 강력한 파트너십으로 지역 사회의 긍정적인 변화와 캠퍼스 내 운영 지속가능성 목표 수행

② EJWG(Environmental Justice Working Group) 간의 파트너십 확대, 환경 정의(EJ), 음악, 생태 극장, 커뮤니티 아트 제작, 첫 EJ 선집 등과 관련된 예술 및 인문학 분야 학세 간 이니셔티브 확장

③ 33개의 Cardinal Courses의 학생들은 지역 사회 파트너를 위한 환경 솔루션 개발로 교과 과정을 지역 사회 참여 및 체험 학습과 연결: 대기 질 모니터링 및 데이터 분석, San Mateo 카운티 홍수 및 해수면 상승 위험에 대한 연구, 지역 기후 취약성 평가를 수행하기 위한 교육 자료 개발 등

## C. Scope3 배출 프로그램

공급업체 및 벤더 파트너십을 중심으로 구매한 상품의 내재 탄소를 지속적으로 측정하기 위한 전략 개발

① 공급업체의 다양성, 흑인 농가 지원, 공급업체 파트너십 및 건설 자재의 내재 탄소 측정, 식품 구매로 인한 배출량을 줄이기 위한 새로운 이니셔티브 개발

## D. 평등과 포용 이벤트 주최

흑인 농부들에게 '주방의 지속가능성: 더 친환경적인 미래를 위한 요리 팁', '진보를 위한 플레이북: 기후 스마트 다이닝을 위한 영향력 있는 전략' 등 역동적인 이벤트 주최

## E. 이용자 만족도, 권리

'Bike to Work Day'에 경험을 기록하거나 지속 가능한 통근에 대한 접근성 향상 옹호 등 대학 커뮤니티를 위해 지속 가능한 교통수단을 보다 편리하고 경제적이며 흥미롭게 만들기 위한 노력

## F. 한국스탠포드센터

스마트시티 기술 구현, 지속가능 도시 시스템 및 웰빙, 혁신 기업가 정신 및 비즈니스 모델, 지속가능 개발 목표

## (3) 펜실베이니아대학교 Penn(University of Pennsylvania)

* https://www.upenn.edu

Penn Sustainability는 지속가능성 이니셔티브에 대한 투명하고 포괄적이며 대학 차원의 보고를 제공하고 있다.

## A. 기후 및 지속가능성 행동 계획 3.0 연례 보고서 FY23

① 캠퍼스 지속가능성에 대한 Penn의 지침 문서인 CSAP 3.0(Climate and Sustainability Action Plan 3.0)의 목표 달성을 향한 진행 상황보고
② CSAP 3.0의 7가지 이니셔티브 각각에서 이루어진 진행 상황에 대한 주요 업데이트 포함
③ 학술 센터를 통한 지속가능성 연구 및 학생참여 연계
④ 기후 변화의 영향을 완화하기 위한 탄소 배출량을 줄이고 재생에너지 사용 확대 방안 모색
⑤ 폐기물과 일회용 제품 줄이기
⑥ 교통, 구매 및 비즈니스 운영에서 지속 가능한 선택
⑦ Penn 커뮤니티가 Penn의 기후 변화 및 지속가능성 목표에 참여할 수 있도록 정보 제공, 교육, 권한 부여

## B. Penn Dining

지역 및 지속 가능한 식품 시스템 지원

## C. Common Market

지속 가능한 가족 농가가 재배한 좋은 식품에 지역 사회 연결

## D. Common Market의 Mid-Atlantic 네트워크

모든 농장은 필라델피아에서 250 마일 이내에 있으며 연간 수익이 $ 50M 미만인 개인 소유, 가족 또는 협동 소유 기업

- 꿀 판매 수익금으로 클럽 지원

## E. 봉사 활동 및 참여

① 지속가능성 봉사 활동 및 참여를 위한 기회 제공, 학생, 교수진 및 직원에게 새로운 프로그램, 이벤트 및 이니셔티브에 관한 정보제공

② 지구 주간(Earth Week) 및 기후 주간(Climate Week)과 같은 이벤트 시리즈 대면 행사 주최, 참가자에게 그린 오피스(Green Office), 그린 랩(Green Labs) 및 그린 리빙(Green Living) 프로그램 인증서 발급

③ Penn Green 예비 오리엔테이션 프로그램에 참여하여 Penn's와 Philadelphia의 지속가능성 프로그램 'Penn Green' 및 참여 정보 공유

④ Eco-Rep 그룹: 프로젝트 작업을 통한 캠퍼스에서 지속가능성 봉사 활동 참여

⑤ My Climate Story: 지역 기후 영향에 대한 개인적인 관계 프로젝트인Penn Program in Environmental Humanities(PPEH) 지원

    - 기후 소설 서적, 영화 선집, Learning Planet Festival Workshop 제작, 프로젝트 제출물의 온라인 컬렉션인 My Climate Story bank에 콘텐츠 작업

⑥ Penn Sustainability 웹사이트 개발

⑦ 협력: Creating Canopy 행사를 위해 Philadelphia Parks & Recreation의 TreePhilly 프로그램과 협력

**F. 지역사회 동반 성장 프로그램**

① 지역적으로나 전 세계적으로, 인종, 형평성, 환경의 교차점에 중점

② Oglala Lakota 부족의 졸업생 Megan Red Shirt-Shaw가 행사 기조연설

③ 토이스 홈즈(Toyce Holmes)와 스탠딩 록 다코타(Standing Rock Dakota) 부족의 메건 (Megan)과 존 리틀(John Little)과의 토론

④ 기후 운동에서 토착 지식의 역할에 대한 관점 공유, 원주민의 날 기념행사


**G. 환경 정의와 사회적 형평성**

① 라틴아메리카 및 라틴계 연구센터(Center for Latin American and Latinx Studies)

  - 아르헨티나의 사회학자이자 작가, 활동가인 마리스텔라 스밤파(Maristella Svampa)를 초청 하여 생태 페미니즘, 관계적 내러티브, 투쟁을 주제로 하이브리드 행사 개최

② 필라델피아 지역 아동 환경 보건 센터(Philadelphia Regional Center for Children's Environmental Health)와 환경 독성학 우수 센터(Center of Excellence in Environmental Toxicology)는 NIEHS/NIH의 국립 독성학 프로그램 부서의 생식내분비학 책임자인 수잔 E. 펜튼(Suzanne E. Fenton) 박사를 초청하여 PFAS 노출이 임산부와 태아 발달에 미치는 영향에 관한 행사 주최


**H. 지역 정화 행사**

① Schuylkill 강 정화 행사

② Penn Engineering Green Team의 구성원들은 필라델피아 수자원국, 필라델피아 카누 클럽 및 United by Blue와 협력하여 Manayunk에서 행사 개최, 강변 쓰레기 수거


## 3) 대학 S(사회, Social) 스펙트럼 확장

대학의 S(사회, Social) 분야는 이해관계자 구성원인 학생들의 재정적 지원과 식사 및 교직원의 건강증진, 지역사회와의 협력, 인권 및 성평등, 노동과 산학 협력 등으로 연결되어 있다. 기업협력 에 있어서도 기업의 내부 다양성 및 포용성, 인재 육성 및 영입으로 리더십을 개발하고 재교육을 통한 인적 자본 축적을 지원해야 한다. 건강한 인재육성은 정서적 건강과 육체적 건강 및 재정 건

정성 확보, 성과 인정 및 합리적 보상체계 구축 등이 포함된다.

국제노동기구(ILO)가 제110차 총회에서 노동 기본권에 '안전하고 건강한 근로 환경(Safe and healthy working environment)'을 추가하여 1998년 채택된 '노동 기본 원칙과 권리 선언'이 개정되었다. 4개 분야인 '결사의 자유, 차별 금지, 강제노동 금지, 아동노동 금지'의 노동 기본권이 '산업 안전보건' 분야가 추가되어 5개 분야로 확대되었다.

ESG 경영에 있어서 S(사회) 분야에 대한 중요성이 대두되면서 EU 집행위원회 자문기관인 '지속 가능 금융 플랫폼(PSF)'이 '소셜 택소노미(social taxonomy)' 최종 보고서를 발간하였다. 어떤 산업이나 기업 활동이 친환경적인지 구분하는 기준인 '그린 택소노미(Green taxonomy)'처럼, 소셜 택소노미는 사회적으로 지속 가능한 경제활동이 무엇인지 명확하게 정의하고 식별하는 분류체계이다.

## (1) EU 소셜 택소노미(Social Taxonomy)의 목적

소셜 택소노미는 환경에 집중되어 있는 현행 EU 택소노미를 인권을 포함한 다른 사회적 영역으로 확장하는 방안을 제시하며, 사회적으로 지속 가능한 경제 활동을 분류하여 소셜 워싱을 방지하고, 사회 목표 달성에 실질적으로 기여하는 경제 활동에 대한 투자 증진에 그 목적을 두고 있다.

〈표 24〉 EU 소셜 택소노미(Social Taxonomy) 목표

| 사회목표 | 이해관계자 그룹 | 세부목표(예시) |
|---|---|---|
| 양질의 일자리 제공 | 근로자 (가치 사슬 포함) | • 양질의 일자리 향상<br>• 직장에서의 평등 보장 및 차별 철폐<br>• 가치사슬 전반에 걸친 근로자의 인권 및 노동권 존중 |
| 최종 사용자에게 적절한 생활수준 및 복지제공 | 소비자 (최종 사용자) | • 건강하고 안전한 제품 및 서비스 보장<br>• 제품 설계<br>• 개인 정보 및 사생활 보호 및 사이버보안 제공<br>• 책임 있는 마케팅 관행 실천<br>• 양질의 보건, 식수, 주거, 교육에 대한 접근성 향상 |
| 포용적이고 지속 가능한 지역사회 조성 | 지역사회 | • 평등하고 포용적인 성장 증진<br>• 지속 가능한 생계 및 토지권에 대한 지원<br>• 리스크 기반의 실사를 통해 영향 받는 지역사회의 인권 보장 |

자료: UN글로벌컴팩트네트워크한국

이 기준을 근거로 기업들이 활동하게 되면 보다 '공정한 사회로의 전환'을 가속화해 인권과 노동 환경 개선에 이바지할 것으로 기대되며 기업이 S(사회) 영역에 주목해야 되듯이 대학 역시 이해관계자들과 소통하여야 한다. S(사회, Social) 영역에 대한 연구인 '기업 이직률이 ESG 평가영역 중 S(사회,Social) 영역 평가 결과에 미치는 영향'(최문학, 2024)의 유의미한 결과를 보면 아무리 좋은 전략이 있어도 ESG 경영을 수행해야 할 조직 구성원이 빈번하게 교체되면 성과를 달성하기가 어렵게 되므로 기업의 이직률 관리의 중요성과 노사관계 문화 개선이 필요함을 보여 주고 있는데, 이렇게 ESG 경영에 있어서 S(사회) 분야가 더욱 중요한 이유는 건강한 근로환경은 양질의 삶을 만들어 내기 때문이다.

우리나라 대학의 S(사회) 분야는 대부분 아이디어 공모전 참가, ESG 전문가 양성을 위한 과정 개설, 협력사 ESG 기술역량 지원, 특정과목과 융합하기, 해외 봉사단 활동, 장애학생 진로 및 취업지원, 산학협력 및 발전기금, 사랑과 나눔의 지역 봉사활동, ESG 스타트업 업무 협약 등에 머물러 있다. 본격적으로 진행되는 대학의 ESG 경영은 대학 구성원의 실질적인 이해관계자들과 연계되어 사회적인 책임 경영 목표를 세우고, 노동 및 다양성과 양성 평등, 포용성과 안전, 정보 보호 등 S(사회) 분야에 대한 스펙트럼을 확장하기 위해서는 대학 내 이해관계자들과의 소통을 통한 ESG 관리체계를 구축하는 것이 출발점이 되어야 한다.

# 3. 대학의 G(지배구조, Governance) 스펙트럼

## 1) ESG 거버넌스 관련 규정

ESG 경영에서 가장 핵심은 '거버넌스'라고 해도 과언이 아니다. 거버넌스에 대해 미국의 신용평가사 S&P는 '주권자의 정책 결정에서부터 이사회, 관리자, 주주 및 이해관계자를 포함한 다양한 기업 참여자들의 권리와 책임 분배에 이르기까지의 의사결정체계'라고 정의하고 있다.

G20/OECD 기업지배구조 원칙은 법적 구속력은 없으나, OECD 및 G20 회원국 등 전 세계 많은 국가에서 이 기업지배구조에 대하여 활용하고 있다. OECD 기업지배구조 원칙은 한국ESG기준원의 기업지배구조 모범규준 및 한국 스튜어드십 코드, 한국거래소의 기업지배구조 원칙에 반영되어 있으며, 의결권 행사 등 적극적으로 주주 참여활동을 하고 있는 기관투자자들에게 OECD 기업지배구조 원칙은 중요한 행동기준으로 작용하고 있다.

### (1) G20/OECD 기업지배구조 원칙 2023(G20/OECD Principles of Corporate Governance 2023)

G20/OECD 기업지배구조 원칙은 정책입안자들이 기업지배구조에 대한 법적, 규제적, 제도적 틀을 평가하고 개선하는 데 도움을 준다. 건전한 기업 지배구조 프레임워크를 위한 핵심 구성 요소를 식별하고 국가 차원에서 구현하기 위한 실용적인 지침을 제공한다. 이 원칙은 또한 증권 거래소, 투자자, 기업 및 우수한 기업 지배구조를 개발하는 데 중요한 역할을 하는 기타 기관을 위한 지침을 제공한다.

① 효과적인 기업지배구조 프레임워크를 위한 기반 확보
  - 기업지배구조 체계는 투명하고 공정한 시장과 자원의 효율적인 배분을 촉진해야 한다. 이는 법의 지배에 부합해야 하며 효과적인 감독과 집행을 지원해야 한다.
② 주주 및 주요 소유권 기능에 대한 권리와 공평한 대우
  - 기업지배구조 체계는 주주의 권리 행사를 보호하고 촉진해야 하며, 소액주주와 외국인 주주를 포함한 모든 주주에 대한 공평한 대우를 보장해야 한다. 모든 주주는 합리적인 비용으로 자신의 권리 침해에 대한 효과적인 구제를 받을 수 있는 기회를 갖는다.
③ 기관 투자자, 주식 시장 및 기타 중개기관
  - 기업지배구조 프레임워크는 투자사슬 전반에 걸쳐 건전한 인센티브를 제공해야 하며, 주식 시장이 우수한 기업지배구조에 기여하는 방식으로 기능할 수 있도록 한다.
④ 공개 및 투명성
  - 기업 지배구조 프레임워크는 회사의 재무 상황, 성과, 지속가능성, 소유권 및 지배구조를 포함하여 기업과 관련된 모든 중요한 문제에 대해 시기적절하고 정확한 공개가 이루어지도록 보장한다.
⑤ 이사회의 책임
  - 기업 지배구조 프레임워크는 회사의 전략적 지침, 이사회의 경영진에 대한 효과적인 모니터링, 회사와 주주에 대한 이사회의 책임을 보장한다.
⑥ 지속가능성과 회복력
  - 기업 지배구조 프레임워크는 기업과 투자자가 기업의 지속가능성과 회복력에 기여하는 방식으로 결정을 내리고 위험을 관리할 수 있는 인센티브를 제공해야 한다.

## (2) 청렴윤리경영 컴플라이언스 프로그램(K-CP)

기업의 지속가능성을 위하여 청렴윤리경영에 대한 가이드라인으로 2022년 국민권익위원회는 공기업을 포함한 공공기관들의 자율적인 청렴윤리경영 체계 구축과 효과적인 운영을 지원하고자 청렴윤리경영 컴플라이언스 프로그램(이하 K-CP)을 개발하였으며, K-CP의 필요성을 다음과 같이 설명하고 있다.

① ESG 경영과 함께 기업의 글로벌 반부패 규범 준수 강조

② 글로벌 반부패 규범 관련 부족한 인식과 대응에서 기인한 리스크 존재

③ 미국의 해외부패방지법 등 글로벌 반부패 규범 적용이 강화될수록 국내 기업들의 잠재된 리스크 증가

④ 미국은 최초 국제법인 '해외부패방지법'(Foreign Corrupt Practice Act)을 제정하고, 외국인과 외국기업까지 처벌 대상에 포함하는 역외 관할권 행사

⑤ 영국은 '뇌물방지법'(The Bribery Act)을 제정하여 영국에서 사업의 일부만 영위하는 기업에도 법 적용

⑥ K-CP를 통한 반부패 규범 및 EU의 ESG 정보 공시 등 글로벌 스탠더드에 부합한 컴플라이언스 체계 구축 및 글로벌 경쟁력 확보

### 〈표 25〉 국제가이드라인의 핵심 키워드 및 대분류 도출

| 핵심 키워드 | 대분류 |
|---|---|
| • 고위직의 약속/리더십(Commitment/Leadership)<br>• CP조직(CP function)<br>• 정책·절차(Policy, Procedure)<br>• 행동규빔(Code of Conduct)<br>• 소통(Communication) | 1. 환경조성 |
| • 부패리스트(Anti-Corruption)<br>• 매핑(Mapping)<br>• 탐지(Detection) | 2. 부패리스트 매핑 |
| • 교육(Education)<br>• 제3자(Third Party)<br>• 신고(Reporting/Whistle blowing)<br>• 실사(Due Diligence)<br>• 기록·유지(Record&Keeping) | 3. 부패리스트 예방 및 관리 |
| • 모니터링(Monitoring)<br>• 평가(Evaluation)<br>• 개선(Improvement) | 4. 모니터링 및 개선 |
| • 징계(Disciplinary Sanction)<br>• 인센티브(Incentive) | 5. 제재 및 인센티브 |

<표 26> 청렴윤리경영 CP 구성체계

| 1. 환경조성 | 리더십, CP 전담 조직, 정책·절차, 대내·외 소통 |
| --- | --- |
| 2. 부패리스트 매핑 | 부패리스트 식별, 부패리스트 평가, 리스크 경감조치, 잔여 리스크 평가, 부패리스크 맵 구축, 부패리스크 맵 공개 |
| 3. 부패리스트 예방 및 관리 | 위험 신호 감지·대응, 제3자 관리, 교육, 신고, 조사, 조사 후속조치 |
| 4. 모니터링 및 개선 | 효과성 평가 체계 구축, 효과성 평가 분석, 개선 |
| 5. 제재 및 인센티브 | 제재, 인센티브 |

자료: 국민권익위원회 청렴윤리경영 브리프스

## 2) 대학의 G(지배구조, Governance) 실천 사례

### (1) 코넬대학교(Cornell University)

* https://www.cornell.edu

### A. 코넬 앳킨슨 지속가능성 센터(Cornell Atkinson Center for Sustainability)

코넬대학교의 협업 지속가능성 연구의 허브로, 연구자, 학생, 직원 및 외부 파트너 간의 연결을 구축한다. 이 센터의 자금 지원 및 프로그램은 코넬의 모든 단과대학과 학교 안팎에서 획기적인 연구를 가속화하며, 사람과 지구가 생존과 번영에 대한 아이디어와 새 모델의 본거지이다.

① 지속 가능한 코넬 위원회SCC(Sustainable Cornell Council)
- 위원회는 3개의 운영 위원회, 리더십 팀 및 실무 그룹으로 구성
- 지속가능성을 발전시키는 Cornell의 학술 및 토지 보조금 임무, 연구 전문 지식 및 운영
- 지속 가능한 캠퍼스와 커뮤니티를 만들고 글로벌 영향을 위한 파트너십 지원
- 이타카 캠퍼스에 대한 코넬대학교의 지속가능성 거버넌스 위원회
- 기후 변화 및 지속가능성 해결 및 운영, 캠퍼스 커뮤니티의 적극적인 참여 촉진
- SCC는 교무처장에게 보고하고 총장의 글로벌 지속가능성 이니셔티브 수행
- 탄소 중립 캠퍼스 위원회: 기후 행동 계획 실행을 통해 캠퍼스 탄소중립성 증진
- 캠퍼스 운영 위원회: 기후 회복력과 인간 및 지구의 건강을 지원하는 지속 가능한 캠퍼스 모

델을 위한 이니셔티브 추진

- 교육 및 참여 위원회(Education & Engagement Committee): 캠퍼스 커뮤니티 전체 참여 촉진 및 지속가능성 책임 문화 육성

## B. 다양성과 포용성

인구통계학적 다양성 지속적 개선 및 혁신과 학문적 우수성을 위해 구성원의 생각, 배경 및 정체성의 다양성 활용

① 다양성에 대한 코넬의 비전: 열린 문, 열린 마음, 열린 생각
- 코넬의 비전 선언문인 Open Doors, Open Hearts, Open Minds는 2000년에 모든 캠퍼스 거버넌스 기관(직원 의회, 대학 의회, 학생 의회, 교수 상원, 대학원 및 전문직 학생 의회)에서 공식적으로 채택
② 전반적인 다양성, 형평성 및 포용성 프레임워크 이니셔티브
- 교수진의 이니셔티브: 교수진 다양성 자원 및 프로그램, 학술 다양성 위원회(Academic Diversity Council) 프로그램, 교수진 리더십 개발 프로그램
- 학생 이니셔티브: 학부 과정, 대학원 프로그램
- 직원 이니셔티브: 직원 다양성 프로그램 및 자원
- 대학 및 단과대학 차원의 이니셔티브: 대학 및 단위 다양성 웹사이트, 대학 다양성과 포용성 리소스

## C. 지속가능성 등급 4번째 플래티넘 획득

코넬대는 1,000개 이상의 대학 캠퍼스에 대한 환경 관리를 추적하는 국제 그룹인 AASHE(Association for the Advancement of Sustainability in Higher Education)로부터 4년 연속 최고 등급인 플래티넘 지속가능성 등급을 받고, 91% 지속가능성에 중점을 둔 연구에 참여하고 있는 부서의 비율을 높일 수 있도록 위원회의 열성적인 활동이 뒷받침되고 있다.

## (2) 홍콩대학교(The University of Hong Kong)

* https://www.hku.hk

### A. ESG 센터

2023년 중국에서는 ESG의 점진적인 적용에도 불구하고 법적 규제의 뒤처짐, ESG 전문가 부족, 관련 이론적 연구 부족 등의 과제와 관련하여, HKU Institute for China Business는 이러한 과제를 해결하기 위해 ESG 센터를 출범했다.

① 중국 기업이 ESG 관행을 적용하여 지속 가능한 경쟁력을 강화할 수 있도록 지원

② 비전은 지속가능성에 관심이 있는 비즈니스 리더, 중국 기업의 최고 지속가능성 책임자(CSO) 양성하는 요람이 되는 것

③ ESG 교육 및 역량 강화, 중국 내 현지화된 ESG 이론 체계 개발 참여, ESG 커뮤니케이션 및 영향 촉진의 세 가지 영역에 중점

④ 중국 본토와 홍콩 지역 모두에서 지속가능성에 대한 인식과 기술을 갖춘 미래 비즈니스 리더 육성, 홍콩, 광둥-홍콩-마카오 대만구 및 기타 중국 지역의 완전한 ESG 인재 양성

⑤ 중국 기업의 미래 최고 지속가능성 책임자(CSO)를 위한 중국 기업의 녹색 및 저탄소 순환 전환을 촉진하고 지속 가능한 비즈니스 가치 창출

⑥ 기업과 단체를 대상으로 ESG 관련 지식과 실무 역량에 대한 교육 제공

⑦ 학술 연구, 학생과 연구자에게 체험 학습 기회 제공, 중국에서 현지화된 ESG 이론의 개발 및 채택 촉진

### B. ESG 과제에 따른 대응

① 전략적 ESG 마인드: ESG 공시 의무화 시대에 직면한 중국 본토 기업가들은 ESG 차원을 기업 발전에 대한 전략적 의사결정의 중요한 가치 기반으로 삼아야 한다.

② ESG 인재 채용과 육성: ESG 전략적 전환의 요구에 따라 국제적 마인드를 갖춘 ESG 인재를 채용하고 육성한다.

③ 기업 지배구조 최적화: 지정된 ESG 지표를 참조하여 기업은 기업 지배구조를 최적화하고, 제

품 및 서비스 워크플로우 재편, 새로운 공급망을 구축하여 기업, 사회 및 환경 간의 지속 가능한 발전의 선순환을 달성한다.

## C. 홍콩에 상장된 중국 본토 기업 교육 및 훈련

① 홍콩증권거래소(HKEX)는 ESG 문제에 대한 이사회의 거버넌스 및 모니터링, 주요 기후 변화로 인한 위험 평가 및 적절한 조치를 포함한 상장 기업에 대한 ESG 규제 프레임워크 및 공시 사항 강화 요구

② 기업의 ESG 보고서 작성에 대한 기업의 ESG 글로벌 등급 관리

③ HKEX가 IPO 신청자에 대해 부과하는 ESG 공시 요건, 관리 및 보고 역량 강화에 따른 교육

④ 상장기업의 ESG 경영 및 보고 직접 총괄하기 위한 이사회 및 고위 임원의 ESG 전문 인재 풀 확대

⑤ 기업의 ESG 리스크 효과적 관리, 외부 컨설턴트가 제공하는 ESG 보고 서비스의 품질평가 및 모니터링을 통한 자체 ESG 평가 결과 개선

## D. HKU 자키 클럽 기업 지속가능성 글로벌 연구소(HKU Jockey Club Enterprise Sustainability Global Research Institute)

① 홍콩대학교(HKU)가 설립하고 홍콩자키클럽(HKJC)이 자금을 지원하는 HKU 자키 클럽 기업 지속가능성 글로벌 연구소는 홍콩, 아시아 및 그 외 지역을 위한 환경, 사회 및 거버넌스 모범 사례를 위한 세계적 수준의 허브로 자리매김

② ESG 연구 및 교육에 대한 다학제적 접근 방식 육성, 지속가능성 이니셔티브 및 책임 있는 리더십을 위해 민간 및 공공 부문과 파트너십 구축

③ ESG 연구의 선두 기관으로서 연구, 실행 가능한 통찰력, ESG 지수 개발, 스타트업 인큐베이션 및 혁신적인 프로젝트 진행

④ 차세대 ESG 전문가와 리더가 책임감 있고 지속 가능한 성장을 촉진하는 데 필요한 지식과 기술을 갖추도록 하는 것

⑤ 협업과 지식 교환으로 규제 기관, 기업, NGO 및 학계 간의 대화와 협력을 촉진, ESG 모범 사례 개발

## (3) 시드니대학교(The University of Sydney)

 * https://www.sydney.edu.au

### A. 시드니 대학 상원(University of Sydney Senate)

대학 상원은 시드니 대학교의 관리 기관으로 대학의 운영에 관한 모든 주요사항을 결정 감독하며, 교직원 임명 및 복지, 학생 복지 및 징계, 재정 문제, 대학의 피지컬 및 아카데믹 발전 담당, 모든 학위와 졸업장 수여, 뉴사우스웨일스 주(NSW) 의회에 대한 책임을 담당하고 있다.

① 주요 책임
 - 부총장을 대학의 최고 경영자로 임명하고 성과 모니터링
 - 대학의 사명과 전략 방향, 연간 예산 및 사업 계획 승인
 - 대학의 관리와 그 성과 감독 및 검토
 - 법적 요구 사항 및 지역 사회의 기대에 부합하는 정책 및 절차 원칙 수립
 - 통제 및 책임에 대한 시스템 승인 및 모니터링
 - 대학 전체의 위험 평가 및 관리 감독, 모니터링
 - 대학의 학술 활동 감독 및 모니터링

### B. 지속가능성 프로그램 관리 위원회 SPCB(Sustainability Program Control Board)

2020년에 설립된 운영위원회는 폐지되고 새로운 거버넌스 구조로 2023년 6월, 지속가능성 프로그램 관리 위원회(PCB)설립, 2025년까지의 전략 시행을 감독하며, PCB는 분기별로 회의를 열고 부총장이 의장을 맡고 총장과 부총장보는 집행 후원자 역할을 하며, 지속가능 3가지 핵심요소 아래 16개의 전략 영역을 통해 각 영역에서 지원하고 실현하기 위한 행동과 이니셔티브에 대한 목표가 구성되어 있다.

▶ 3가지 핵심요소와 16가지 전략
핵심 요소 1: 연구와 교육을 통한 삶의 풍요로움
전략 1: 캠퍼스의 리빙 랩(living lab)을 통해 우수한 연구 실천

전략 2: 대학에서 고품질의 지속가능성 연구 개발을 우선시함

전략 3: 글로벌 및 지역 파트너십 개발 및 실천

전략 4: 대학 전체의 지속가능성 교육 역량 강화

전략 5: 지속가능성에 대한 학생 경험 향상

전략 6: 원주민과 토레스 해협 섬 주민들의 환경 및 서로와 조화를 이루는 생활 방식에 대한 이해를 지원

핵심 요소 2: 탄력적인 장소와 책임감 있는 발자국 실현

캠퍼스가 위치한 국가에 대한 중요한 영향을 인식하고 책임 있는 발자국을 남겨야 하는 도덕적, 사회적 의무

전략 7: 폐기물 감소 및 관리에 대한 리더십 입증

전략 8: 에너지 배출량 감축

전략 9: 사람, 식물, 동물 및 지구를 지원하기 위해 캠퍼스의 건축 및 자연 환경을 지속 가능하게 개발하고 관리

전략 10: 공급망의 모든 단계에서 윤리적이고 지속 가능한 방식으로 조달된 제품을 사용할 수 있도록 책임 있는 조달 관행 요구

전략 11: 물 사용 줄이기

전략 12: 모든 사람이 이용할 수 있고 공인된 지속 가능한 조달 관행에 부합하는 저렴하고 건강하며 문화적으로 수용 가능한 식음료 제공

전략 13: 캠퍼스를 오가는 지속 불가능한 여행과 관련된 영향 줄이기

전략 14: 환경적, 사회적, 재정적으로 책임 있는 투자 관행 개선

핵심 요소 3: 우수한 거버넌스와 조정 역량 강화

지속가능성에 대한 제도적 지원, 변화를 위한 연구, 교육 및 운영을 통해 지속가능성을 통합하려는 지속적인 노력

전략 15: 효과적인 거버넌스 구축

전략 16: 진행 상황을 투명하게 공개

### C. G(지배구조, Governance) 관련 Case

① 사례 연구: My Green Lab 참여

시드니대학 프로젝트 팀은 연구소를 통한 'My Green Lab' 인증 프로그램을 마무리하며 특정실험실 환경에서 변화를 구현하고 3개 실험실은 친환경 인증을 받았고, 1개 실험실은 가장 높은 인증과 플래티넘 인증받음

② 사례 연구: 그린 임팩트 참여

교직원 및 학생 지속가능성 행동 프로그램인 그린 임팩트(Green Impact)는 ACTS(Australasian Campuses Towards Sustainability)가 주관하는 오스트랄라시아의 13개 조직과 함께 하는 글로벌 이니셔티브

- 5개 캠퍼스에서 9개 팀이 6개월 동안 474개의 지속 가능한 활동을 완료하고 이러한 조치를 검증하기 위해 12명의 학생 감사관이 모집되었으며, 학생들이 중요한 기술을 개발하고 캠퍼스의 지속가능성에 대한 관심을 높일 수 있는 추가 기회 제공

## 3) 대학 G(지배구조, Governance) 스펙트럼 확장

OECD에서 지배구조(Governance)에 대하여 '공공 및 민간 부문의 우수한 거버넌스는 지속 가능한 경제를 구축하는 데 필수적이며, 공공 부문에서 OECD는 정부가 공공 효율성을 강화하고 시민에 대한 정부의 약속을 이행하기 위해 전략적이고 혁신적인 정책을 설계하고 구현할 수 있도록 지원한다. 민간 부문에서 OECD는 장기 투자, 재무 안정성, 비즈니스 건전성 및 회복력을 촉진하는 데 필요한 책임성, 투명성 및 신뢰를 구축하기 위해 기업 지배구조, 규정 준수 및 책임 있는 비즈니스 행동을 강화하기 위해 노력한다.'고 설명하고 있으며 OECD에서 제시한 항목 가운데 대학 ESG 거버넌스 스펙트럼을 확장하기 위하여 밀접한 관련이 있는 거버넌스에 대한 몇 가지를 살펴보면 다음과 같다.

### (1) 반부패 및 청렴성

민간 부문과 공공 부문 모두에서 부패척결과 청렴성 증진은 신뢰와 책임의 환경을 조성하며 지속 가능하고 포용적인 경제 발전에 이바지.

## (2) 기업지배구조

① 기업 방향 제시, 주주 및 이해 관계자와의 관계 안내

② 올바른 구조와 시스템을 갖춘 우수한 기업 지배구조를 통해 신뢰, 투명성 및 책임 환경 조성

③ 경제 성장과 재무 안정성에 기여

## (3) 디지털 정부

① 디지털 정부 전략 및 이니셔티브의 개발과 구현

② 기술이 공공 부문의 효율성 개선, 정책의 효과성, 개방성, 투명성 그리고 혁신적이며 참여를
진작시켜서 신뢰할 수 있는 전략적 동인 제공

## (4) 인프라 구축

① 사람들의 복지와 전 세계 국가 및 지역 사회의 발전에 중요한 역할

② 상품, 사람 및 정보의 흐름을 가능하게 하고 일상생활과 경제의 기초를 구성하는 에너지 및
물과 같은 서비스 제공

③ 지속 가능한 개발 목표(SDG)와 기후 변화를 해결하는 데 필수적

④ 환경정책에서 투자, 금융, 지역 및 국가적 접근에 이르기까지 여러 정책 영역과 개발도상국의
관점에서 수평적 접근 통합

## (5) 정부 혁신

① 변화하는 환경 적응, 다양한 방식의 문제 해결

② 관행 개선, 효율성 증진, 더 나은 정책 도출을 위한 창의적 접근 방식 및 실행 구현

## (6) 다면적 거버넌스

① 국가, 지역 및 지방 정부 간의 정책 및 의사 결정을 지원하는 시스템

② 효과적인 지방분권화, 지역화 개혁, 정부 수준에서 지역정책의 전략계획, 이행 및 성과 측정

## (7) 규제 개혁

효과적인 법률과 규정은 경제 성장, 환경 보호, 일상생활 개선 추구.

## (8) 신뢰와 민주주의

① 공공 거버넌스 과제에 대한 정책 솔루션, 데이터, 전문 지식 및 모범 사례를 제공

② 민주주의 보존 및 강화, 정부 및 공공 기관에 대한 신뢰 구축, 잘못된 정보와 허위 정보 교정, 정부 개방성, 시민 참여 및 포용성을 개선

그 외에도 대학의 G(지배구조, Governance)의 스펙트럼을 확장하기 위해서는 고용 및 관리, 재정 및 예산, 정책 입안, 공공 조달 항목에서의 깊이 있는 살핌도 필요하다.

## (9) 거버넌스의 종류

① 굿거버넌스(Good Governance)

2016년 OECD가 「최고 감사기구와 굿거버넌스 감독, 통찰, 예측」을 발간하여 지속 가능한 발전의 전제조건인 굿거버넌스의 확립과 발전을 위한 최고 감사기구의 역할을 제시하였다.

- 정책의 모든 과정에서 감독, 통찰, 예측 제공

  감독: 거버넌스의 책임성에 영향을 주는 현재의 위험을 정의, 행정 내 모범사례 정의

  통찰: 정책, 제도, 관리에서 예측 가능한 변화를 예상 및 준비

  예측: 정부와 국가의 역할에 영향을 주는 예측가능하고 중대한 경향을 예상 및 준비

- 가이드라인 제시, 자문 등 감사 이외의 방법의 확대 활용

- 최고 감사기구들의 통찰과 예측 제공 활동에 내외적 제약

  내부적 자원부족, 직원의 기술부족, 외부적 행정부의 리더십부족, 기술 부족 등이 있을 수 있으므로 감사기구의 활동을 위해 재량을 발휘할 수 있도록 독립성과 자율성이 보장되어야 한다.

② 환경 거버넌스

환경 거버넌스는 환경 문제에 대하여 정부뿐만 아니라 시민, 비정부 기구, 기업 따위의 다양한 주체가 공공 이익의 관점에서 서로 협력하고 조정하면서 문제의 해결을 도모하는 일을 말한다.

  - 핵심적 의미: 상호협력, 의견조정, 상호시뢰, 네트워크 형성, 목표공유

- 역할: 상호이해, 자원 활용, 지역사회 개혁, 현안대응, 정보공유, 요구 수렴, 정책집행

- 활성화 영역: 환경, 복지, 지역개발, 지역문화 등

③ 메타 거버넌스(meta-governance)

메타거버넌스란 '거버넌스의 거버넌스'라는 의미로 거버넌스의 한계에 대응하기 위해 메타 거버넌스의 역할이 강조되어 있으며, 사안별, 부문별, 지역별 네트워크 및 개별 단위 거버넌스를 총괄하고 조정하는 포괄적 거버넌스로 정의한다. 실천네트워크 구축, 실천협력사업 플랫폼 구축, 선순환적 사업구조 확립, 다양한 사회집단의 관심과 참여조직 및 확대·심화, 메타거버넌스 체계의 의사결정 과정 참여, 효율적이며 합리적인 운영체계 구성, 기본적인 인력 및 예산 확보, 관련 정보와 가용할 수 있는 자원 공유, 안정적 운영을 위한 제도화 방안 마련 등이 포함된다.

④ 메타버스 거버넌스(Metaverse-governance)

가상현실 및 증강현실 기술 발달로 가상 세계에서 다양한 상호작용과 거래가 가능한 메타버스(Metaverse)는 기업이나 정부, 교육 등 여러 분야에서 활용되고 있으며, 다양한 기술과 참여자들이 복잡하게 얽혀 있는 플랫폼이기 때문에 체계적인 관리와 운영, 즉 거버넌스가 매우 중요하다.

공공 메타버스 거버넌스에 대한 탐색적 연구(윤혜정 외, 2023)에서 공공 메타버스 거버넌스 프레임워크 23개를 제안하였다.

- 구조: 새로운 의사 결정 기관, 표준화/모듈화, 역할과 책임, 법과 정책, 윤리 의식

- 사람/사회: 협업과 소통, 인센티브, 가용성과 접근성, 현지어의 사용, 지역 특화 서비스, 교육과 인재양성

- 기술: 인터페이스, 보안과 인증, 데이터 품질, 시스템 통합 및 상호운용성, 데이터 마이그레이션, NFT, 콘텐츠제공

- 절차: 서비스 및 자원 관리, 서비스 개발, 성능 측정, 플랫폼 확산 및 투자, 기술 개발과 지원

그 결과 상위 5개 종합순위로 역할과 책임, 표준화/모듈화, 협업과 소통, 법과 정책, 가용성/접근성 순서로 확인되었다.

대학의 거버넌스 부문은 기업과 다른 특수성을 지니고 있기 때문에 각 대학의 상황과 역량에 따라 독립적이거나 부수적으로 ESG 경영에 대한 체계적인 구성을 통한 역할을 담당할 수 있는 관리

체계 구축이 선결되어야 하며, ESG 업무를 기준으로 지속 가능한 발전 목표를 포함하여 실천 계획이 수립되어야 한다.

이해 당사자 간의 소통은 매우 중요하며 ESG 관련 경영을 검토하고 심의하는 위원회의 위원들의 전문성과 다양성이 적절하게 고려되어야 한다.

대학은 시대적 요구에 대한 사회적 책임에 대하여 연대되어 있는 만큼 이러한 요구를 반영하여, 거버넌스의 역할을 위한 기록관리와 정보공개, 지역참여 이해관계자와의 협력관계, 부패와 윤리성 등에 대하여 종합적이며 객관적 평가에 기초하여 협력적이면서도 전략적인 관점에서 체계구성이 구축되어야 한다.

# Chapter 8

# 선도하는 대학 ESG 경영 방향

# 1. 대학의 사회적 책임과 ESG

사회적 책임이란(Social Responsibility) 국가나 기업 등의 모든 조직체가 준수하고 추구해야 할 사회적인 책무이다.

좁은 의미의 사회적 책임은 고전적 관점으로 사업의 주요 기능을 법률적 의무에 대한 범위 내에서 이익 극대화로 이어질 수 있는 상품 및 서비스를 제공하는 것이었다면 현재는 점차적으로 넓은 의미의 광범위한 사회적 책임의 개념으로 정부, 기업, 공공기관, 학교, 병원, 종교단체, 노조 등 사회에 영향을 끼치는 모든 조직체는 이해관계자, 자원공급자, 수요자 등에 대해 인권, 고용, 공정 운영, 환경, 공동체 공헌 등과 같은 사회적인 책임을 부담해야 한다는 것을 나타낸다.

대학은 이러한 사회적 경제적 목적을 추구하는 기업의 책임인 경제적 책임, 법적 책임, 윤리적 책임, 자선적 책임의 기업목표와 다른 특수성을 지니고 있기 때문에 대학의 ESG 경영에 대한 사회적 책임은 교육, 연구, 봉사를 통한 사회적 책무를 통합적으로 실행해나가야 한다. 사회적 책임 경영의 지침서인 ISO 26000을 살펴보면 다음과 같다.

## 1) 사회적 책임 경영 지침서 ISO 26000

국제표준화기구 ISO(International Organization for Standardization)에서 2010년 개발한 기업의 사회적 책임 CSR(Corporate Social Responsibility)의 세계적인 표준인 ISO 26000(Guidance on social responsibility)은 세계화에 따른 빈곤과 불평등에 대한 국제사회의 문제해결, 경제성장과 개발에 따른 지구환경 위기 대처 및 지속 가능한 생존과 인류번영을 위한 새로운 패러다임의 요구에 따라 사회적 책임을 이행하고 커뮤니케이션을 제고하는 방법과 관련하여 지침을 제공하고 있다.

소비자, 정부, 기업, 노동, NGO 및 기타 서비스·지원·연구기관 이라는 6대 이해관계자를 대표하여 다자간 이해관계자 접근방식에서 사회적 책임 총회를 통하여 발간한 국제표준 7가지 기본원칙은 책임성, 투명성, 윤리적 행동, 이해 관계자의 이익 존중, 법규 준수, 국제 행동 규범존중, 인권존중이다. 그리고 가이드라인에 포함된 핵심 분야는 조직 거버넌스, 인권, 노동 관행, 환경, 공정 운영 관행, 소비자 이슈, 지역사회 참여와 발전으로 구성되어 있다.

## 2) ISO 26000 이행수준 진단 체크리스트

금융위기 이후 경영의 투명성에 대한 이해관계자의 요구 및 기대수준 증가로 선진국은 사회적 책임과 관련한 법과 규정을 제정하여 국가표준의 실효성과 사회적 책임 관련 활동에 대한 보고와 감사를 강화하고 있다.

한국표준협회 KSA(Korean Standards Association)는 ISO 26000 국제 및 국내 간사기관으로서 ISO 26000 발간과 관련된 국내 이해관계자 의견 수렴 및 다양한 연구들을 국제기관과 함께 수행하고 있으며, 기업의 사회적 책임 이행 수준을 진단하고 기업의 전략 및 자원, 요구사항 등을 반영하여 ISO 26000의 대응방향 수립과 ISO 26000 대응 교육을 하고 있다.

KSA는 국가표준화기관인 기술표준원의 용역으로 조직이 ISO 26000 이행수준을 진단할 수 있는 진단 체크리스트를 조직 전반에 사회적 책임을 통합함으로써 지속 발전 가능에 기여함을 목표로 개발하였고, KSI(Korean Sustainability Index: 대한민국 지속가능성지수)는 ISO 26000을 기반으로 조직의 지속가능성을 측정하는 지수로 ISO 26000 국내 간사기관인 KSA와 한국개발연구원 KDI 국제정책대학원이 공동 개발하였다.

〈표 27〉 ISO 26000 이행수준 진단 체크리스트

| 프로세스 진단 8단계 | | |
|---|---|---|
| 1단계 | 사회적 책임인식 | 경영자의 의지를 바탕으로 조직의 현 상황을 검토 |
| 2단계 | 이해관계자의 식별 및 확인 | 이해관계자의 관심과 요구사항을 검토, 참여전략 수립 |
| 3단계 | 핵심 주제 및 이슈분석 | 쟁점검토와 조직내부역량 분석을 통해 쟁점 목록 작성 |
| 4단계 | 우선순위와 실행전략 수립 | 조직역량을 고려해 개선 관리해야 할 쟁점의 우선 순위, 목표와 실행계획을 수립 |

| 5단계 | 실행 | 전략과 비전, 목표와 실행계획을 실행하고 사회적 책임성과를 주기적으로 모니터링 |
|---|---|---|
| 6단계 | 의사소통 | 성과보고서를 작성하여 이해관계자와 소통 |
| 7단계 | 검증 | 성과의 신뢰성을 제고하기 위하여 활동과 보고 |
| 8단계 | 개선 | 성과를 주기적으로 검토하여 지속적 개선으로 연계 |
| 프로세스 진단 7단계 | | |
| 1단계 | 조직 거버넌스 | 사회적 책임 원칙을 존중하고 이를 기준의 사업관행에 통합하는 활동 |
| 2단계 | 인권 | 조직 내와 조직의 영향권 내의 인권을 존중하고 보호하고 준수하며 실현하는 활동 |
| 3단계 | 노동관행 | 조직 내와 협력업체를 대상으로 근로자의 노동환경에 영향을 미치는 정책과 관행 |
| 4단계 | 환경 | 환경에 미치는 조직의 영향을 줄이기 위해 조직의 결정과 활동의 의미를 고려하여 통합적으로 접근하는 활동 |
| 5단계 | 공정운영 관행 | 조직과 파트너, 공급자 등 조직과 타 조직간 거래의 윤리적 행동에 관심을 두는 활동 |
| 6단계 | 소비자 이슈 | 소비자 교육, 공정하고 투명한 마케팅 정보와 계약, 지속가능소비 촉진 등 소비자 권리보호 활동 |
| 7단계 | 지역사회 참여 및 발전 | 지역사회의 권리를 인식하고 존중하며 그 자원과 기회를 극대화 하려고 노력하는 활동 |

자료: 한국표준협회

## 3) 대학 ESG의 사회적 책임

　시대적 변혁에 따른 패러다임의 변화는 고등교육기관인 대학의 역할과 책임에 있어서 다양한 사회적 문제를 해결할 수 있는 솔루션제공과 인재를 양성함으로써 지속 가능한 사회에 대한 기업의 사회적 책임(CSR)이나 공유가치창출(CSV), 각종 사회공헌 프로그램 등과 같이 '대학의 사회적 책임(USR: University Social Responsibility)'이 요구되고 있다.

　기업이 ESG 공시의무가 강화되는 추세에 따라 체계적인 평가관리를 하고 있는 것에 비하여 국내 대학은 ESG 실행에 더딘 행보를 보이고 있다. ESG 경영을 기반으로 선도하고 있는 글로벌 대학의 동향을 살펴본바와 같이 국내 대학도 연구 및 교육과 지역 기반 기업과의 협업, 서비스 제공자로서 ESG 경영은 대학뿐만 아니라 이해관계자 간의 다양한 소통 역량 증대와 구체적인 실행 및 평가에 대한 관리체계 구성이 시급한 실정이다.

ESG에 대한 핵심역량을 함양하기 위한 ESG 관련 학술연구, ESG 관련 교과목 개설, 교육 프로그램 개발, 교육과정 개발 등에 대한 속도는 빠르게 확산되고 있으나 정작 대학 자체의 ESG 경영에는 포럼, 세미나, 캠페인, 학생들의 ESG 관련 프로그램 참여 등, 몇몇 대학을 제외하고는 초보적인 수준에 지나지 않는 경우가 대부분이다.

대학은 4차 산업혁명과 기후변화 및 코로나 팬데믹을 경험하면서 사회적 당면 문제에 직접적으로 참여하고 있으며, 사회적 책임에 대한 대학의 사회적 연대는 지역, 국가 차원을 넘어 전 세계적으로 문제 해결을 위한 연대가 확대되고 있다.

2010년 설립된 유엔 고등교육기구 UNAI(United Nations Academic Impact)는 국제 사회가 젊은 이들과 연구 커뮤니티의 에너지와 혁신을 인류에 대한 봉사에 활용할 수 있도록 이해 관계자에게 연결 고리를 제공하며, 인권 증진 및 보호, 교육 접근성, 지속가능성 및 분쟁 해결을 포함하여 UN의 목적과 원칙을 지원하고 실현하는 데 기여하기 위해 UN과 고등 교육 기관을 참여시키는 이니셔티브이다.

UNAI는 UN 이니셔티브 및 활동에 대한 정보제공 및 대학 캠퍼스, 교실 및 지역 사회 적용 방법, 대학생, 학자 및 연구원이 지속 가능한 개발 목표에 따른 연구자원 플랫폼 등을 제공하고 있으며, 10가지 중점과제는 다음과 같다.

① 유엔 헌장에 대한 책무(UN Charter)
② 지속가능성(Sustainability)
③ 평화 및 분쟁해결(Peace and Conflict Resolution)
④ 문화 간 소통(Intercultural Dialogue)
⑤ 인권 신장(Human Rights)
⑥ 평등한 고등교육 기회 제공(Higher Education)
⑦ 세계 시민 교육(Global Citizenship)
⑧ 모든 이를 위한 교육(Education For All)
⑨ 고등 교육체계 역량개발(Capacity-Building)

⑩ 빈곤 문제에 대한 조명(Addressing Poverty)

2012년 유엔 기구와 고등교육기관 간의 개방형 파트너십으로 출범한 '고등교육 지속가능성 이니셔티브 HESI'(Higher Education Sustainability Initiative)는 이해관계자 간의 토론, 조치, 모범 사례를 통해 지속 가능한 개발을 촉진하는 데 있어 고등교육 부문의 역할 강화를 목표로 설립되었다.

매년 HESI는 지속 가능한 개발을 달성하는 데 있어 고등 교육의 중요한 역할을 강조하기 위해 글로벌 수준에서 2030 지속 가능한 개발 의제의 후속 조치 및 검토를 위한 UN의 주요 플랫폼인 HLPF(High-level Political Forum on Sustainable Development) 글로벌 포럼을 조직하여 2024년 7월에는 '지속 가능한 발전을 위한 고등 교육의 미래'라는 주제로 포럼을 개최하였다.

HESI가 주최하는 지속가능발전에 관한 포럼은 교육, 혁신, 지속가능성에 대한 이해 관계자 토론으로 AI 및 기타 신흥기술의 영향과 SDGs 목표이행을 촉진하는 데 있어 고등 교육의 역할을 강조했다.

대학의 ESG의 책임과 관련하여 주목해야 할 것은 역동적인 글로벌 환경과 예측할 수 없는 미래에 대처하기 위해서는 고등 교육에 대한 혁신의 필요성을 인식해야 한다는 것이다. 그리고 동시에 지역사회와의 지식 정보 공유 및 파트너십을 통한 협업과 글로벌한 혁신과 전 세계적으로 지속 가능하고 공평한 개발을 촉진해야 한다는 것이다.

# 2. ESG 문화 확산기여

## 1) 지속 가능한 사회적 가치

가치(價値)는 사전적 의미로 일반적으로 좋은 것, 값어치, 유용을 뜻하며, 인간의 욕구나 관심을 충족시키는 성질, 충족시킨다고 생각되는 것을 말한다. 사회적 가치는 통상적으로 사회, 경제, 환경, 문화 등 모든 영역에서 개인이 아닌 지속 가능한 공공의 이익과 공동체의 발전에 기여할 수 있는 가치를 의미한다.

사회적 가치가 무엇이고, 왜 추구해야 하며, 어떻게 구현해야 할지에 대해서는 다양한 관점을 지니고 있으나 이러한 사회적 가치는 21세기 패러다임의 변화에 따라 시대적 관점을 지니고 있어야 함은 당연한 일이다.

현대 사회는 기후위기와 제4차 산업 혁명 및 전 세계적으로 미래지향적인 지속 가능한 발전에 대한 열망으로 다양한 문제해결을 위한 창의적인 아이디어를 창출해 내어야 하며, 이해관계자와의 소통으로 글로벌한 당면 과제를 풀어나가야 한다.

박명규와 이재열(2018)은 '지속 가능한 상생공동체를 위한 사회적 가치와 사회 혁신'에서 사회적 가치를 다음과 같이 설명하고 있다.

'사회적 가치는 공동체를 새롭게 하는 힘이다. 인류가 함께 사는 존재라는 사실을 새롭게 자각하는 문화운동을 가능케 하고, 21세기형 공동체론으로 젊은이의 취업난, 결혼 기피와 저출산, 은퇴자의 노후 불안, 계층적 양극화와 사회적 활력 저하, 미세먼지와 쓰레기 대란 등을 극복하려는 의지가 사회적 가치인 셈이다. 공존과 배려, 상생과 협력의 새로운 생활양식을 창출하려는 시도다.

사회적 가치는 혁신을 사회화하는 원천이다. 개성과 자율, 창의와 혁신의 정신을 사회화하려는 총체적 문화기획으로 혁신적 세대를 키우기 위해 과감한 도전 실천, 상상력 발휘를 위한 교육 구상, 역량강화를 위한 문화적 심성을 배양할 사회적 인프라가 필요하다.

그러므로 종합적 변화의 에너지인 사회적 가치는 정부와 기업의 역할에 한정되지 않고 학교와 종교, 문화단체 전반에까지 추구되고 배양되어야 할 요소'라고 언급하고 있다.

이러한 맥락에서 21세기 총체적인 사회 가치로써 인류공동체의 지속 가능한 발전 목표 UN-SDGs(Sustainable Development Goals)는 2015년 UN에서 2030년까지 지속가능발전을 위해 달성하기로 한 인류 공동의 17개 목표와 인간, 지구, 번영, 평화, 파트너십이라는 5개 영역 및 각 목표마다 더 구체적인 내용을 담은 세부 목표 총 169개로 구성하여 제시하였다.

ESG 경영이 선택이 아닌 필수가 된 이 시점에서 글로벌한 사회가치실현의 관점에서 구체적인 17개의 목표는 다음과 같다.

Goal 1. 모든 곳에서 모든 형태의 빈곤 종식(End poverty in all its forms everywhere)

Goal 2. 기아 종식, 안전하고 영양이 개선된 식량 달성, 지속 가능한 농업 장려(End hunger, achieve food security and improved nutrition and promote sustainable agriculture)

Goal 3. 모든 연령층을 위한 건강한 삶 보장과 웰빙 증진(Ensure healthy lives and promote well-being for all at ages)

Goal 4. 포용적이고 공평한 양질의 교육보장과 모두를 위한 평생학습 기회 증진(Ensure inclusive and equitable quality education and promote lifelong learning opportunities for all)

Goal 5. 성평등 달성과 모든 여성 및 여아의 권익신장(Achieve gender equality and empower all women and girls)

Goal 6. 모두를 위한 물과 위생의 이용가능성과 지속 가능한 관리 보장(Ensure availability and sustainable management of water and sanitation for all)

Goal 7. 모두를 위한 적정가격의 신뢰할 수 있고 지속 가능하며 현대적인 에너지에 대한 접근 보장(Ensure access to affordable, reliable, sustainable and modern energy for all)

Goal 8. 지속적·포용적·지속 가능한 경제성장, 완전하고 생산적인 고용과 모두를 위한 양질의 일자리 증진(Promote sustained, inclusive and sustainable economic growth, full and productive employment and decent work for all)

Goal 9. 회복력 있는 사회기반시설 구축, 포용적이고 지속 가능한 산업화 증진과 혁신 도모 (Build resilient infrastructure, promote inclusive and sustainable industrialization and foster innovation)

Goal 10. 국내 및 국가 간 불평등 감소(Reduce inequality within and among countries)

Goal 11. 포용적이고 안전하며 회복력 있고 지속 가능한 도시와 주거지 조성(Make cities and human settlements inclusive, safe, resilient and sustainable)

Goal 12. 지속 가능한 소비와 생산 양식의 보장(Ensure sustainable consumption and production patterns)

Goal 13. 기후변화와 그로 인한 영향에 맞서기 위한 긴급 대응(Take urgent action to combat climate change and its impacts)

Goal 14. 지속가능발전을 위하여 대양, 바다, 해양자원의 보전과 지속 가능한 이용 (Conserve and sustainably use the oceans, seas and marine resources for sustainable development)

Goal 15. 육상생태계 보호, 복원 및 지속 가능한 이용 증진, 지속 가능한 산림 관리, 사막화 방지, 토지황폐화 중지와 회복, 생물다양성 손실 중단(Protect, restore and promote sustainable use of terrestrial ecosystems, sustainably manage forests, combat desertification, and halt and reverse land degradation and halt biodiversity loss)

Goal 16. 지속가능발전을 위한 평화롭고 포용적인 사회 증진, 모두에게 정의 보장과 모든 수준 에서 효과적이고 책임성 있으며 포용적인 제도 구축(Promote peaceful and inclusive societies for sustainable development, provide access to justice for all and build effective, accountable and inclusive institutions at all levels)

Goal 17. 이행수단 강화와 지속가능발전을 위한 글로벌 파트너십 재활성화 (Strengthen the means of implementation and revitalize the Global Partnership for Sustainable Development)

사회적 가치를 지속 가능하게 하는 ESG 경영의 필요성에 따라 대학에서는 교육, 연구, 봉사의 기능으로 말미암아 ESG 문화 확산에 기여해야 한다.

## 2) ESG 문화 확산기여

문화 기본법에서는 문화란 '문화예술, 생활양식, 공동체적 삶의 방식, 가치 체계, 전통 및 신념 등을 포함하는 사회나 사회 구성원의 고유한 정신적·물질적·지적·감성적 특성의 총체'라고 정의하고 있다.

문화는 보편적으로 한 사회의 주요한 행동 양식이나 상징체계로 일정한 목적 또는 생활 이상을 실현하고자 사회 구성원에 의하여 습득, 공유, 전달되는 행동 양식이나 생활양식을 포함하고 있기 때문에 학습에 의해 소속된 사회로부터 공동체가 공유한다는 특징이 있다.

문화인식은 문화에 대한 본질과 의의를 바르게 이해하고 판별하는 작용으로 문화가 가지는 순기능인 문화의 본질적 의의, 이념 등에 대한 올바른 이해와 그에 관한 올바른 판단이 작용하게 되는데 이러한 문화인식으로 출발되는 대학의 사회적 책임으로써 사회적 가치실현을 구현하는 문화 확산을 위하여 최근에는 ESG 관련 학술연구는 다양한 주제와 분야를 통하여 증가하고 있다. 국내 대학의 ESG 관련 교과목 개설이나 교육 프로그램, 다양한 교과목 및 교육과정 개발 등은 대학의 기능에 따른 방법론적인 방편으로 ESG 문화는 참여와 협력을 통하여 점차 확산되고 있는 상황이다.

대학에서의 연구, 교육에 ESG에 중점을 두었다면, ESG에 대한 내용과 사회적 가치 실현의 의의를 알리고 토론하며, 다양한 ESG 이해관계자의 관심과 참여율을 높이는 사회적 공감대 형성과 더불어 이를 반영한 제도적·문화적 기반 구축이 필요하다.

ESG 문화 확산에 기여해야 하는 대학 역할의 중요함은 물론이고 대학 역시 ESG 경영평가를 피할 수만은 없는 시점에서 적극적으로 대처하는 자세를 갖추어야 한다.

# 3. 장애물 극복과 창의적 융복합 ESG

ESG는 기업이 환경, 사회, 거버넌스 측면에서 지속 가능한 경영 및 운영을 추구하도록 하는 비재무적 원칙으로 탄소배출과 에너지 사용에 대한 환경적 요소와 사회적 기여 및 노동 조건 등 사회적 요소, 투명 경영과 이사회의 독립성 등 거버넌스적 요소가 포함되어 있다.

ESG 경영에 대한 대응 역량이 미래 기업의 지속성장과 직결되어 있기 때문에 ESG 경영의 핵심 이슈로 인하여 ESG 정보공시 의무가 강화되고 있는 시점에서 미국 내에서는 안티 ESG(Anti ESG)가 확산되고 있다. 이는 전반적인 경기 침체와 함께 ESG 투자가 부진한 성과를 보이면서 미국에서는 ESG에 대한 회의적인 시각이 부상되고 있는데 이런 배경에는 그린워싱 문제, 러시아-우크라이나 전쟁에 따른 에너지 가격 상승 및 ESG와 관련된 정치적 불확실성 등이 있다.

그럼에도 불구하고 바이든 정부는 2030년까지 온실가스 배출량을 40% 감축하는 것을 목표로 친환경 에너지 전환 등에 총 3,690억 달러를 투자하는 친환경 정책과 퇴직연금 투자에 ESG 요소를 고려하도록 하는 규정 개정을 적극적으로 추진하고 있고, Anti-ESG에 대한 반응을 보면 시장 참여자들은 여전히 ESG 상품 투자를 선호하고 있다는 다수의 연구 및 설문 결과가 발표되고 ESG 원칙을 지지하고 있다. (PwC, 2022, Asset and wealth management revolution 2022: Exponential expectations for ESG)

투자자들은 ESG 펀드의 재무적 수익률이 동일하거나 수익률이 더 낮더라도 ESG 투자에 대한 비화폐적, 사회적 선호도가 높음을 보이며, 미국 기관투자자의 81%가 향후 2년간 ESG 상품배분을 늘릴 계획 ESG 투자원칙을 지지하였다.

ESG 경영은 사회적 가치 실현기업들은 글로벌 지속가능성 공시기준 표준화에 맞춰, 지속가능성 관련 위험과 기회에 대한 내용을 의무적으로 공시해야 한다. 기업의 ESG 공시 내용은 정부, 투자자, 고객 등 글로벌 이해관계자의 주요 의사결정 자료로도 활용이 되기 때문에 대학 ESG 경영 전략을 수립하고 실행할 때 ESG 공시, ESG 리스크 관리에 주안점을 두어 대학의 특수성과 관련된 역량을 강화하여야 한다.

이러한 상황에서 국내 대학이 선노하는 대학 ESG 경영을 위하여 어떤 장애물이 있으며, 장애물을 극복하고 창의적인 융복합 ESG 경영을 위한 실천 전략은 무엇인지 알아보면 다음과 같이 몇 가지를 들 수 있다.

## 1) 대학 ESG 경영의 장애물 극복

### (1) 자발적 참여의지

ESG 경영은 분야를 막론하고 전 세계적인 핵심요소로써 다양한 이해관계자의 ESG 경영 실적요구로 말미암아 ESG 운영 평가가 투자 결정에 반영되며 점차 공시의무가 강화되고 있다. 대학은 대학의 지속가능 성장에도 필요하지만 사회적 가치 실현에 대한 사회적 책무를 이행함에 있어서도 적극적인 경영활동이 필요하다.

기업에 비하여 자발적인 참여의지가 부족하고, 해외 대학에 비하여 선제적으로 대응하지 못한 것은 사실이다.

그러나 대학의 교육과정과 연구를 통하여 혁신과 경쟁력을 갖추며, 이해관계자들의 기대를 충족하고 시대적 패러다임의 변화를 통찰한 새로운 가치체계를 만들어 지역과 국가, 인류의 발전에 기여하는 인재양성을 통해 미래 사회의 비전을 제시하고 견지해 나가야 한다.

급감하는 학령인구는 대학별 정원 감축을 불러오고 대학별 정원 감축이 불가피한 대학들은 생존 플랜을 계획하고 있는 실정이다. 대학들의 강도 높은 구조조정과 정부의 적극적인 재정 지원으로 경쟁력 있는 대학의 장기적인 성장을 도와야 하며, 경쟁력과 관련하여 대학의 ESG 경영에 대하여 적극적인 참여의지를 가지고 개방된 인식과 태도로 세계적 경쟁력을 확보해 나가야 한다.

### (2) 이해 당사자 및 관계자의 인식

대학 ESG 경영은 내부 이해관계자인 이해 당사자인 구성원들로부터 출발하며 대학의 ESG 위원회의 설립과 운영을 위하여 거버넌스 차원에서 의사결정이 이뤄진다. 그만큼 대학 구성원들의 역할 중대성에 비하여 많은 대학들이 ESG 경영을 도입하면서도 구성원들의 ESG 경영의 이해나 인식을 위한 노력이 미비하다. 그렇기 때문에 구성원들이 대학의 ESG 경영을 실천할 때 환경과 사회에 대한 가치실현과 인간중심에 대한 이해가 필요하다.

대학은 유엔지속가능발전목표 SDGs는 현재뿐만 아니라 미래세대를 위한 ESG의 지속가능성 가치 실현을 위한 방법론에 대하여 모색하여야 한다. 이와 관련한 연구, 교육, 봉사에 대한 ESG 실천을 통한 학생들의 참여는 참으로 중요하다.

「ESG 인식에 대한 세대별 비교 연구」에서 MZ세대는 ESG 활동에 관심이 많고 ESG 경영 활동에 실천하지 않은 기업은 선호하지 않는 것으로 파악되었으며 특히, 환경 E(Environment) 요인을 가장 높은 중요도로 인식하고 있다. 사회 S(Social)는 기업의 윤리의식과 기업 내 부패, 비리 척결 활동 강화 등의 사회적 책임에 관심이 높은 것으로 나타났으며, 지배구조 G(Governance)의 경우 직업에 따른 이해도 차이가 있었다(김윤희, 2023).

대학생들의 환경보호, 사회공헌, 투명경영 등에 대한 관심은 ESG에 대한 인식과 공감을 통한 실천력을 발휘할 수 있는 장점을 지니고 있다. 대학 ESG 경영에 대한 이해 당사자 및 관계자들의 인식 강화를 위해서는 이해관계자의 다양한 의견을 반영하여야 한다. ESG 위원회 설립을 통한 ESG 대학 경영 실천 분야와 세부 목표는 구성을 체계화하여 단순한 환경중심활동의 일회성 또는 이벤트성을 벗어나 대학이 ESG의 선도적 역할을 담당해야 할 것이다.

### (3) ESG 위원회 구성을 통한 전략·관리 체계 구축

거버넌스(Governance)는 통치구조와 지배구조, 권력관계, 의사결정 구조 등 다양한 의미로 해석되어 왔으나 거버넌스라는 용어를 그대로 사용하는 경향이 강하다. 유엔 개발 계획은 '거버넌스란 한 국가의 여러 업무를 관리하기 위하여 정치, 경제 및 행정적 권한을 행사하는 것을 뜻하며, 거버넌스는 시민들과 여러 집단이 자신들의 이해관계를 밝히고 그들의 권리를 행사하며, 자신들의 의무를 다하고, 그들 간의 견해 차이를 조정할 수 있는 복잡한 기구와 과정 등의 제도로서 구성된다.'라고 정의했다. ESG 경영에서의 거버넌스는 '조직이 어떻게 운영되는지를 나타내고 임원 보상, 승계 계획, 이사회 관리 관행 및 주주 권리와 같은 기업 지배 구조'를 말한다.

대학의 최고의사결정기구인 이사회에서 ESG 안건을 다루기 위한 ESG 위원회를 조직하여 ESG 업무나 분야를 기준으로 권한과 역할을 명시한다. 대학의 ESG 계획을 수립하고 ESG 경영을 통해 지속 가능한 원칙과 전략체계와 대학의 행정관리, 연구 활동, 학생들의 참여, ESG 관련 교육 등의 관리체계를 구축한다.

대학의 ESG 위원회의 전문성 있는 구성원들의 참여와 운영위원회의 독립성과 의사결정 투명성을 부여하고 운영위원회에 실무기구 운영하여 ESG가 체계적으로 실행될 수 있도록 한다.

대학의 ESG 운영을 함에 있어서 청렴한 윤리 경영을 하고 법규준수와 투명한 회계를 통한 경영을 해야 한다.


### (4) 산학협력, 지역사회 협업 및 지원체계

기획재정부와 한국조세재정연구원에서 발간한 「공공기관 혁신·협업·시민참여우수사례집」에서는 혁신 우수사례, 협업 우수사례, 시민참여 우수사례 등 다른 공공기관들이 벤치마킹할 수 있는 사례가 수록되어 있다. 대학은 공공성을 지녔고 고등교육의 공공성 확대에 대한 방안들이 제시되는 가운데 대학 ESG에 있어서도 자율·책임 경영이 필요하다.

교육부에서는 미래·지역특화 산업 분야 인재양성, 기술이전 등 기술사업화 체계 혁신, 창업 활성화를 통한 지역 일자리 창출, 산학연 협력 생태계 조성 등의 추진계획을 수립하였고, 대학 ESG 경영은 혁신전략과 맞닿아 있기 때문에 대학의 추진사업은 대학비전과 교육혁신에 지역사회와 공진하는 글로벌 대학으로 나아갈 수 있도록 체계를 구축해야 한다.

상호 신뢰를 기반으로 소통과 체계적인 역할 분담에 따른 유기적인 협업을 통해서 지역을 활성화하며, 대학마다 지역의 특성에 맞는 지역 연계를 강화하고 산학협력 인프라 확충을 위한 추진체계를 마련해야 한다.

산학협력은 기술혁신 선도, 수요맞춤 성장, 협력기반 구축 등을 통한 안정적인 연구지원 인프라를 바탕으로 학문발전과 동반 성장 추구, 신기술개발 및 고등연구 인력 육성을 기반으로 지역기반 산업과 유기적인 협력이 필수이다.

대학의 자율적이며 독립적인 ESG 경영에 대한 재정지원이 확대될 수 있도록 하며, 실질적인 재정 집행의 자율성을 부여하고 대학의 여건에 맞는 과감한 지원과 지역사회의 여건을 고려해야 한다.

대학혁신지원사업 총괄협의회는 교육부로부터 재정지원을 받는 대학혁신지원사업단을 대표하는 협의체를 구성하여 사업의 방향성 제안 및 교육정책 개발·추진, 사업단 간 교류, 사업 홍보, 성과 확산 등에 관하여 협력함을 목적으로 설립되었다.

학령인구 감소, 재정 악화 등 대·내외적 환경 변화는 위기인 동시에 대학과 지역사회가 연계하여 고등교육을 혁신할 수 있는 기회이기도 하다. 미래 인재양성과 지역사회와의 동반성장과 글로벌 선도대학으로 나아갈 수 있는 안정적 재정지원이 이루어져야 한다.

### (5) 통합된 평가 가이드라인과 데이터관리시스템

K-ESG 가이드라인의 구성방향은 첫째, 기업의 ESG 경영과 평가대응방향으로 국내외 주요 평가지표 13개와 공시기준 등을 분석하여 공통적이고 핵심적인 61개 사항을 제시하였다. 둘째, 국내 상황을 고려한 ESG 요소를 각 분야별 전문가, 전문기관, 관계부처 의견 등을 반영하여 글로벌 기준에 부합하면서도 우리 기업이 활용 가능한 문항으로 구성하였다. 셋째, 산업 전반의 ESG 수준 제고하여 기업일반, 중소·중견기업, 평가·검증기관에 따른 범용적 가이드라인을 제시하였다.

K-ESG는 정보공시, 환경, 사회, 지배구조 4개 영역, 27개 범주, 61개 기본진단항목으로 구성되어 있다.

대학 ESG 가이드라인은 V1.0의 대학경영, 환경경영, 사회적 책임경영, 지배구조 4개 영역, 19개 범주, 88개 진단항목에서 V2.0은 4개 영역, 19개 범주, 60개 진단항목으로 리스크 관리와 실무적으로 구체화하여 체계를 구축하였다. 서울대학 ESG 보고서는 UN SDGs 부문 분류에 따라 8개 영역과 대학 ESG 48개 목표(주요 이슈), 53개 성과지표를 선정하였다.

대학은 일반적인 기업이 아닌 교육, 연구를 목적으로 하는 기관이기 때문에 인재양성과 더불어 기관 자체의 지속가능성 확보를 위한 ESG 경영 전략을 마련해야 하는 특수성을 먼저 이해해야 한다. 그러므로 일반 기업과 다른 평가 기준이 사용되어야 하는데 국내 대학에서는 혼선을 빚고 있는 상황에서 대학 ESG 가이드라인 V2.0과 서울대학교 ESG 보고서는 국내 대학 ESG 경영을 위해 늦게나마 매우 고무적인 일이라고 보여진다.

QS World University Ranking에서는 환경 영역 3개 지표, 사회 영역 5개 총 8개 분야에서 평가하고 거버넌스는 최대 7.5점 가점 부여와 그 외 질문으로 2.5점 가점을 부가하고 평가하여 순위를 정한다.

대학은 형태별로 지역 여건에 따라 편차가 크기 때문에 국내 대학에 맞는 ESG 가이드라인과 평가를 통한 가이드라인을 적극적으로 활용함으로써 효율성을 높일 필요가 있다.

대학 ESG 경영에서도 목표 관리 지표를 측정하고 모니터링 할 수 있는 ESG 데이터 관리 시스템이 필요하다. 정성적·정량적 공시 지표 값을 산출하여 관리 및 평가함으로써 지속 가능한 발전을 위한 통합된 관리체계를 가추는 것도 매우 중요하다.

## 2) 창의적 융복합 대학 ESG 경영

### (1) 대학의 특성에 따른 역량강화 체계 구축

대학 ESG 경영은 지속 가능한 발전과 사회적 가치를 추구하는 사회적 책무를 지니고 실천하게 되는데 종합대학을 비롯하여 이공계 대학, 전문대학, 신학대학, 대학원 대학, 특수대학 등 다양한 특성을 지닌 대학들이 공존하고 있다. 이러한 상황에서 ESG 경영 실천을 위한 대학의 역할로써 사회의 지속 가능한 발전 프로세스의 행위자로 기능하고 혁신과 지역사회와의 소통이 필요한 전략을 수립하고 실천해야 할 필요가 있다.

학부교육 선도대학 육성 ACE+ 사업 참여 대학 선정 핵심역량 유형은 문제해결, 공동체, 글로벌, 의사소통, 인성, 자기주도, 학습, 전문성, 문화예술 등 9개이다. 이 중에서 문제 해결역량을 93.9%의 비율로 가장 많이 국내 대학들은 선정하였다(유지은 외, 2019).

대학의 특성에 맞는 역량 강화는 다양한 이해관계자의 커뮤니케이션 활성화를 통하여 ESG 위원회 구성과 통합적이며 전략적인 체계를 구축하여야 한다.

2024년 타임즈 고등교육 영향력 순위에서 인도는 전 세계에서 가장 많은 대학을 순위에 올린 국가로 선정되었는데, '모두를 위한 저렴하고 신뢰할 수 있으며 지속 가능하고 현대적인 에너지를 제공'한다는 목표를 가지고 대학의 특성에 맞추어 강화하고 있다. 예를 들어, 세비사 의학 및 기술 과학 대학은 세계 3위, 슈올리니 생명공학 및 경영 과학 대학은 세계 5위를 차지하였다.

### (2) 창의적 융복합 ESG 인재 양성

'인재가 곧 미래다.'라는 말이 있다. 다변화와 급변화로 현재와 미래사회를 이끌어갈 창의적인 융복합 인재 육성이 더욱 중요한 시대적 요구가 되고 있다. 혁신인재 양성 계획을 교육부에서는 대학교육 유연화를 위한 신기술 분야 인재 공급확대, 학생의 전공 선택권 강화, 온라인 공유대학 캠퍼스, 기업과 대학의 산학연협력 강화, 원스톱 프로그램 도입, 청년의 직업능력 개발 확대, 전문 기술 인재 성장 가능성 제고, 노동전환 지원, 지자체와 대학 연계 강화, 신기술 기초교육 지원, 인재양성

기본전략 운영, 범부처 협업 체계구축, 정보공개 강화·성과 화간, 통계·조사 개선 등의 방안을 발표하였다.

인재양성 사업은 과학·기술, 인문·사회, 예술·체육, 농림·어업, 융·복합 등 5대 영역을 구분하였으며, 첨단 신기술 분야로는

① A(Aerospace/Mobility) 항공·우주 미래 모빌리티: 자체 구동 동력을 가직 공간적 이동에 의한 필요 작업 수행을 목적으로 하는 기계시스템과 연관된 첨단 기술·산업

② B(Bio Heslth) 바이오 헬스: 생명공학 및 의·약학 지식에 기초한 기술과 산업

③ C(Component) 첨단 부품·소재: 첨단 기계 및 전자기기 시스템을 구성하는 부속시스템 및 신소재부품에 연관된 첨단기술·산업

④ D(Digital) 디지털: 데이터·네트워크·인공지능기반 디지털 융합 디바이스/ 기기와 연관된 첨단기술·산업

⑤ E(Eco/Energy) 환경·에너지: 환경기후 기술, 친환경·신재생에너지 연관 첨단기술·산업을 별도로 구분하여 제시하였다.


지역사회와 유기적인 관계 형성으로 평생·직업교육은 대학과 지역의 인재양성 혁신전략에 대한 방안을 모색해야 할 것이다.

대학 학부의 연구와 교육을 통한 창의적이며 융복합적 사고를 통한 ESG 인재 양성의 예를 들면, 퀸즈 대학(Queen's University)의 화공학부는 그린 케미스트리 모듈을 개발하여 지역 산업과 연계하여 문제를 해결하고 경영대학은 SDGs를 교육, 연구 활동, 사회적 참여 통합에 대한 체계적인 접근 방식을 마련하도록 지원하고 있다.

스페인의 IE 대학교(IE University)는 건축학부가 인도의 건축 교육기준에 맞춰 인증을 받으면서 글로벌 시각과 지속가능성 통합교육과 커리큘럼에 창의성과 기업가적인 사고를 장려하여 신기술과 지속 가능한 설계로 글로벌한 관점으로 교환 프로그램, 인턴십, 프로젝트를 통한 실무경험을 갖추도록 하고 있다.

해양 폐기물 활용을 위하여 메릴랜드 대학교 연구진은 코팅의 새로운 기술을 개발하여 농산물에 뿌렸을 때 화학적 살충제 흡수와 유통기한 연장, 세척을 용이하게 하였다.

ESG에 대한 교육커리큘럼에 SDGs를 통합하거나 버지니아 대학교(The University of Virginia)의

엔지니어링 및 응용과학부 연구진의 융합 연구를 통한 식물 기반의 새로운 소재인 셀룰로오수 나노피브릴(CNF)을 3D 프린팅 콘크리트에 통합하여 지속 가능한 건설 혁신연구, 새로운 학사 학위 프로그램 개설, 학과 및 교과 과정 통합 등 다학제간 접근 방법과 영국 드 몽포트 대학(DMU)은 런던에 새로운 캠퍼스를 개교하는 사례도 있다.

지속 가능한 ESG 경영을 통해 양성된 인재는 글로벌 리더로서 미래사회를 선도하는 바로미터가 될 것이다.

### (3) 지역사회 이해관계자와의 협업

지역사회와 동반 성장하기 위하여 협력을 공식화하고 양해각서(MOU)를 체결하여 진행하거나 운영 및 개발에 따라 참여 우선대상 선정, 파트너십을 위한 여성 역량강화, 공동프로젝트 진행 등 대학 특성에 따른 역량강화를 위한 다양한 방법을 모색하고 적극적인 참여와 협업이 필요하다.

유타대학교(University of Utah)의 경우 지역의 태양광 발전소와 캐슬 솔라 프로젝트를 진행하며 탄소 중립 목표 달성을 지원하고 있으며, 태양광 발전소는 배출가스를 줄이고 25년 동안 고정된 전기 요금을 제공해 약 4천만 달러를 절감할 것으로 예상되고 지역사회 일자리와 세수 효과를 가져오게 된다.

미네소타대학교(University of Minnesota)는 미시시피 강 보호와 녹지 공간 확대를 통한 학생들의 건강과 캠퍼스 환경 개선, 에너지 효율 개선, 비상 대응 강화 등을 포함하여 기후 변화에 취약한 지역 사회를 보호한다.

존스홉킨스대학교(Johns Hopkins University)의 볼티모어 지역개발(도시재생)프로그램(Johns Hopkins University: The East Baltimore Development Initiative)으로 대학기관 뿐만 아니라 상업시설 입주, 저소득층과 노인들을 위한 주택 건설, 프로젝트에 참여한 기업들에 의한 일자리 창출 등, 지역과 대학의 혁신이 결합한 성공사례로 꼽히고 있다.

영국 테크시티(Tech City)는 런던지역에 옥스퍼드 대학, 런던 왕립대학, 런던 시립대학 등을 연구기관들이 참여하여 패션, 보석가공, 가구디자이너를 육성하는 사업을 시작하면서 기술 스타트업을 지원하고 있다. 주요 지원 프로그램은 투자, 비즈니스 지원, 교육 등으로 고용창출을 통하여 테크시티 성장은 괄목할 만하다.

스웨덴 말뫼시와 말뫼대학교(Malmö University)의 기업·노조·학계 전문가와 시민을 포함한 협의체는 창업 기반 확충, 친환경 주거단지 건설, 대학 설립을 논의하고 대학과 지자체의 협력을 통해 창출된 일자리가 증가하고 친환경 도시재생에 성공하였다.

인구감소로 인하여 우리나라와 상황이 비슷한 일본의 사례를 보면, 규슈대학교(Kyushu University)의 연구자와 민간기업 연구자 간 개별적 협력관계를 체결하고 규슈대학이 독자적 벤처 창업제도를 도입하여 기업 육성과 더불어 투자 지원, 반도체 산업 및 소재·부품·장비 기업에 대한 인력 육성 등을 통한 협력 강화는 지역위기를 기회로 바꾸었다.

대학은 지역사회에 대한 사회적 가치창출 및 혁신의 허브로서 지역 기업들과 협업이 절대적으로 필요하다. 이러한 협업은 지역사회에 일자리를 창출하고 지역사회에 인구를 유입시키며 대학의 지속 가능한 발전을 견지하기 때문이다. 지역사회의 이해관계자들과의 협업은 대학의 존폐와도 밀접한 관련이 있다고 해도 과언이 아니기 때문에 지역 상황을 정확하고 빠르게 판단하여 지역사회를 발전시킬 수 있는 산업을 발굴하고 지원하며 인재를 양성하는 적극적인 자세로 대처해 나가야 한다.

### (4) 글로벌 선도대학의 ESG 경영 벤치마킹

해외 대학의 ESG 경영에 비하여 늦게 출발한 까닭에 글로벌 선도대학의 ESG를 국내 대학의 특성과 역량에 맞추어 벤치마킹함으로써 간격을 줄이며 국내 대학이 글로벌 선도대학으로서의 발판을 굳히는 것도 방법론 중의 하나일 것이다. 위에서 제시한 여러 사례를 제외한 다각적인 방면에서 학생들의 제안에 의한 프로젝트 진행이나 직접적으로 실천할 수 있는 ESG, 대회 참여 및 사례·아이디어 공모전, 지역사회와의 연구 협업, 학제 간 융복합 연구, AI 및 교육과정에 통합, 전문가로서의 직업창출 등이 그 예이다.

버밍엄대학교(University of Birmingham)은 핵심 화학 개념과 함께 화학자가 에너지 저장 및 변환을 위한 재료 설계, 대체 연료원 개발, 다양한 재료 재활용등을 학업 과정을 통해 다학문 분야 및 문제 해결 기술을 개발하는 다학제 간의 통합을 하고 있다. 환경 및 지속가능성 전문가에 대한 수요가 증가로 천연 자원, 식량 안보, 생물 다양성 및 자연 재해 완화와 같은 중요한 부문에서 지속 가능한 관리의 선구자로 인재 양성도 하고 있다.

라이스대학교(Rice University)의 화학·생체분자 공학과, 재료과학·나노 공학과, 화학과 공동 연구팀은 질산염이 포함된 폐수를 암모니아와 정제된 물로 변환할 수 있는 방법을 개발했다.

마카오 폴리테크닉대학교(Macao Polytechnic University)은 AIDD(Centre for Artificial Intelligence Driven Drug Discovery)센터를 설립하였다. 인공지능(AI) 기술을 사용하여 신약을 설계하는 의학연구AIDD 팀은 학계 및 산업계의 파트너와 협력하여 AI 기반 약물 개발을 통해 스마트 약전 AI, 항결핵 약물 개발을 강화하고 있다.

퀸즐랜드대학교(The University of Queensland, UQ)의 기후변화 문제해결 연구프로젝트 GETCO2는 $CO_2$를 연료와 화학물질 같은 유용한 제품으로 변환하는 연구로 $CO_2$를 흡수하여 전기를 생성하는 장치를 개발하였고 첨단 기술과 인재 양성을 통해 탄소 배출 문제를 해결하게 된다.

브록대학교(Brock University)은 이해 당사자들이 실천할 수 있는 에너지 관리 시스템을 도입하고, 캠퍼스 내 청소 행사와 환경 보호 활동, 수돗물 사용량을 줄이기, 의류 및 실험실 장비 폐기물 분리배출, 물병 충전소, 저유량 기기 설치, 음식물 쓰레기감소 캠페인 등 학생들과 지역사회에 대한 긍정적인 효과가 나타나고 있다.

토론토대학교(University of Toronto, U of T)의 엔지니어링 학생 팀은 풍력 터빈으로 국제 대회에서 우승하고, 아이오와 주립대학의 동물 사료 산업의 지속가능성 연구소 IFEEDER(Institute for Feed Education and Research)는 이니셔티브를 진행하여 동물 사료 산업 및 이해 관계자에게 중대한 16가지 핵심 문제를 식별하게 하여 아이오와 주립대학교와 협력하여 동물 사료 산업에서 지속가능성 로드맵 프로젝트를 진행하였다.

클락슨대학교(Clarkson University)는 교육과정에 환경 과학, 재생에너지 공학, 지속 가능한 비즈니스 관행을 포함하여 교육과 연구를 통한 환경 문제 해결과 학생들에게 실질적인 경험 제공, 재활용과 지역 식품 우선 구매, 기후행동과 생태계 보호를 위한 다양한 프로젝트 진행 등으로 지역 사회와 협력하여 글로벌 환경 목표 달성을 진행하고 있다.

뉴욕주립대학교 뉴팔츠 캠퍼스(The State University of New York at New Paltz, SUNY New Paltz)는 캠퍼스 탄소 배출 감소를 위한 주차장 태양광 캐노피 프로젝트, 건물 에너지 효율 향상, 쓰레기 감소, 지속 가능한 식품 공급망 구축 등 다양한 학생 제안의 프로젝트를 수행하고 있다.

### (5) 회계 투명성과 재정확충 및 정부 지원 강화

대학의 ESG 경영은 자체 재원, 기부금, 발전 기금, 기업과의 협업, 이니셔티브 구성 및 투자나 채권, 펀드운용, 정부 지원 등으로 인하여 더욱더 투명한 경영이 선결되어야 함을 보여 주고 있다. 투명한 경영은 다양한 이해관계자들의 신뢰를 바탕으로 지속 가능한 발전을 가능하게 하기 때문이다.

「ESG(환경, 사회, 지배구조) 경영과 회계투명성에 관한 연구」를 보면 ESG 경영은 기업의 회계 투명성 및 재무성과에 긍정적인 영향을 미치며 이러한 현상은 더욱 가속화 될 것이다. (김대성, 2022)

시드니대학교(The University of Sydney)는 2023년 지속가능성 연례 보고서에 대해 '환경에 대한 경영진의 방침을 합법적으로 반영하지 않고 그럴싸한 보고서를 작성한 것'이라는 비난을 받고 있는데, 무기제조 회사들과의 관계, 실험실 환경의 지속가능성을 평가하는 My Green Lab 인증 프로그램 실험실의 일부만 강조하거나 화석 연료 회사의 주식을 은밀하게 매입하는 등 투자 및 투명성에 대한 학생들의 감시가 증가하고 있다. 이러한 사례를 보더라도 투명한 경영과 청렴한 윤리규정에 따른 법 규정을 준수하고 부패 방지를 강화해야 하는 것은 필수적이다.

재정 확충으로 대학 기부금의 투명성 강화와 해외 대학의 투자와 녹색채권 중심의 ESG 채권 발행, 유타대학의 ESG 관련 펀드 운용, 환경관련 기금 유치 등을 적극적으로 차입하는 것도 바람직하다. 글로벌 금융시장에서 ESG 채권 발행사례가 지속적으로 증가하고 있다. ESG 채권의 장점으로 발행자는 ESG 투자 관련 수요 확보, 사회적 책임 관련 이미지 제고, 책임투자 확대를 요구하는 사회 분위기에 효율적으로 대응할 수 있고 투자자는 공익성과 안정적인 투자 수단, 자금 사용처를 지속적으로 확인 가능하며 투자 다변화 기회로 활용이 가능한 점을 들 수 있다.

정부지원 환경사업에는 중소·중견기업을 대상으로 종합적인 안내를 하여 기업이 용이하게 접근할 수 있도록 하고 있는데, 금융지원과 수주지원, 시설개선 지원, 환경컨설팅, 환경 R&D, 마케팅·홍보, 전문 인력양성 및 환경사업 발주계획이 안내되어 있다. 대학은 사회적 가치를 실현하는 전진기지역할을 하는 산실이기 때문에 기업과의 협업을 통한 지역사회의 동반성장을 이어갈 수 있도록 그린 캠퍼스보다 더 나아간 대학 ESG 경영을 할 수 있도록 적극적인 지원이 시급한 실정이다. 우리 대학이 글로벌 선도대학으로써 자리매김할 수 있도록 정부의 지원은 강화되어야 할 것이다.

# 참고문헌

## Ⅰ. 국내문헌

강경원 외(2020). 대학이 혁신해야 나라가 산다: 재미있는 국립인천대학교 혁신이야기Ⅰ. 서울: 서울셀렉션㈜.

강은희(2013). 창의인재 육성을 위한 고등교육 뉴 패러다임: MOOC(Massive Online Open Course), 328. 3456-15-281.

강형철 외(2022). 한국 대학의 지속가능 발전을 위한 변화 방향 탐색: 한국 사회가 바라는 대학, 대학교육, 서울 한국대학교육협의회.

곽상현(2021). 지속 가능 성장, 체계적인 위험 관리 위한 필수 요소로 자리 잡은 ESG: OECD의 ESG 투자 논의 동향 및 시사점, 나라경제. 제32권 제5호 통권 제366호, p.54-56 KDI 경제정보센터.

김경일, 윤성욱(2022). ESG 활동이 성과에 미치는 영향, 한국산학기술학회 추계 학술발표논문집.

김경환(2023). 해외의 지자체와 대학의 성공적인 협력사례, 행복한 교육 2023년 07월호.

김광일(2023). 강화되는 글로벌 ESG 공시규정~우리 기업의 능동적 대응 지원한다.: 금융위원회, 나라경제. 제34권 제4호 통권 제389호 p.54-55 KDI 경제정보센터.

김난영(2017). 굿거버넌스 확립과 발전을 위한 최고감사기구의 역할: OECD정책보고서 주요 내용과 시사점, 행정포커스. 통권 제125호, pp.46-53 한국행정연구원.

김대성(2022). ESG(환경, 사회, 지배구조) 경영과 회계투명성에 관한 연구 광주대학교 대학원, 석사학위 논문.

김미진(2023). 한국 대학교육의 현실과 앞으로의 방향은?, 서울일보 교육칼럼.

김보배(2022). 「2025 미래 교육 대전환」 서울: 길벗.

김봄이(2020). 인적자원 역량 강화를 위한 사회적 책임 지표 개발, 직업과 인력개발 (The)HRD review. 제23권 제4호 통권107호, p.30-45 한국직업능력개발원.

김영기(2023). ESG, 이제 'S(사회)'에 주목해야 한다, 한경ESG 칼럼.

김윤희(2023). ESG 인식에 대한 세대별 비교 연구: Borich 요구도와 The Locus for Focus 모형 활용, 단국대학교 정보융합기술·창업대학원 석사학위논문.

김재필(2021). 「ESG혁명이 온다」 서울: 한스미디어.

김준연(2023). 국내 주요 대학의 메타버스 기반 대학캠퍼스 사례 연구, 한국공간디자인학회논문집, 제18권

제1호 통권86호 p.279-287 한국공간디자인학회.

김지연(2024). 2024년 적용 시작된 EU ESG 공시 'CSRD'… 삼정KPMG "韓 기업, 영향 대비 필요", 그리니엄, 2024-02-23.

김진성(2022). 글로벌 ESG 규제 및 공시정보 동향, Industrial location. Vol.75 p. 6-17 한국산업단지공단 산업입지연구소.

김찬국(2010). '지속가능발전교육에서의 교육의 의미와 대학의 역할 모색', KRF-2009351-B00065.

김해리(2023). 텍스트마이닝을 활용한 기업의 ESG 중대성(Materiality) 평가 정합성 분석 연구, 숙명여자대학교 대학원, 석사학위논문.

김현석(2022). 기업의 ESG에 따른 환경성과평가가 기업의 에너지소비에 미치는 영향, 서울대학교 행정대학원, 석사학위논문.

김호석(2021). ESG 관련 국내외 동향 및 환경정책에 미치는 영향, 한국환경연구원(KEI).

나보리·성연주(2022). 지역문화 거버넌스 활성화에 있어 관계적 지역문화자원의 역할: 서울시 자치구 문화분권형 사업참여자 인식조사를 바탕으로, 문화정책논총. 제36집 2호 (2022년 8월), p.5-31 한국문화관광연구원.

남기범(2004). 혁신클러스터와 대학연구의 역할: 이론과 현실, 산업입지. 제15호 pp.2-9 한국산업단지공단 산업입지센터.

문정복, 강민정(2023). 위기의 교육 현실, 어떻게 극복할 것인가?: 윤석열 정부의 교육정책을 돌아 보다, 국회 공정사회포럼 세미나자료.

박수현(2023). ESG 평가의 환경(E) 평가 등급과 지속가능경영보고서의 관계 분석: 기업의 특성과 환경성과 중심으로, 숙명여자대학교 TESOL·국제학대학원 석사학위논문.

박승욱 외(2024). 「실천으로 완성하는 ESG전략」 서울: 한경사.

박지영(2023). '국내외 ESG 평가기관 규제 동향', KCGS Report 제13권 12호, 한국ESG기준원.

배상훈(2022). 미래고등교육 트렌드와 대학 정책의 방향.

배수호(2022). ESG 추진방향과 재정의 역할, (월간)나라재정. Vol.63 (2022. 3), p.14-19 한국재정정보원.

배종훈(2023). 2021 서울대학교 ESG보고서, 서울대학교 출판문화원.

백규리(2022). 국내 호텔을 대상으로 한 환경·사회·지배구조(ESG) 척도개발: 소비자 관점, 경희대학교 대학원 박사학위논문.

변양규 외(2022). 사회 영역 ESG 법제화 동향과 기업에 대한 시사점, 産業關係硏究 제32권 제4호 (2022년 12월), p.129-154 한국고용노사관계학회 2.

변태종(2022). 기업의 ESG 경영에 대한 국내·외 연구동향, 청정기술 Clean technology, v.28 no.2, 2022년,

p. 193-200.

송미경·이정현(2022). 기업 ESG 평가방법론, NICE신용평가.

송수영 외(2024). SHIN & KIM '주요 글로벌 ESG 규제 동향과 2024년 전망', ESG보고서.

신현석(2022). 미래교육을 준비하는 새로운 교육거버넌스, 교육정책포럼. 통권 347 (2022년 5월), p.4-8 한국 교육개발원.

심수연(2020). EU의 ESG 공시 규제 및 시사점, 서울 자본시장연구원.

양춘승(2023). '2023년 국내외 기업이 주목할 만한 10개의 ESG 이슈', KoSIF 칼럼.

오대영(2015). 고등교육 환경 변화와 대학의 새로운 역할: 사회와의 융합, 한국대학교육협의회.

오덕교(2013). '자본시장의 건전화를 위한 ESG 평가의 의의', 한국ESG기준원.

오양순(2023). 코로나 기후 위기시대, 기업의 ESG경영, (月刊) 憲政. 통권 489호, p.82-83 대한민국헌정회.

오욱환(2003). 한국 대학의 현실에 대한 비판과 개혁 방향의 구상, 韓國教育. 제30권 제2호 p.317-341 韓國教育開發院.

오지헌(2023). 'ESG 이니셔티브 가입, 이것만은 유의하세요'. 한경 ESG.

우제철(2024). EU CBAM분석, 법무부 해외법제자료 및 최신동향.

유기홍 외(2021). 고등교육의 현실을 진단하고 대학 혁신의 길을 묻다, 열린 정책. 통권 제9호 p.124-141 정책기획위원회.

유지은·김현진(2019). 국내 대학에서 핵심역량의 유형과 의미 탐색: ACE+ 사업참여 대학을 중심으로. 학습자중심교과연구, 19(14), 729-760.

윤혜정 외(2023). 공공 메타버스 거버넌스에 대한 탐색적 연구, J Intell Inform Syst 29(1): 353-376.

이강은(2022). 고등 교육 패러다임 전환에 따른 국내 대학 캠퍼스 공간 변화 연구: 4차 산업혁명 담론과 Covid-19 이후, 성균관대학교 대학원 석사학위논문.

이나겸·임수영(2021). 산업분야에서의 ESG 활용을 위한 기초적 연구-미국 시가 총액 상위 5개 기업을 중심으로-한국생태환경건축학회, 21(3), 83-88.

이병권 외(2020). 미래 환경 대응력 강화를 위한 환경평가 부문 데이터 융복합 활용방안, 한국환경정책·평가연구원(KEI).

이병윤(2024). ESG 공시의 의의와 쟁점 및 전략적 대응방안, Korea Institute of Finance 33권 06호.

_____(2024). ESG 공시규제 관련 글로벌 현황과 대응방안, 한국 금융연구원 33권 04호.

이수열·박재흠(2022). 대학 경영의 사회적 책임 : 대학 교육의 사회·경제적 가치 계량화 모형과 사례, KBR=Korea business review. 제26권 제3호 p.25-42 한국경영학회.

이승준(2021). 보험회사 ESG 경영 확대의 필요성, 서울 보험연구원.

이신형(2021). 'ESG에 눈뜨는 세계의 대학들… 전문 과정 잇따라 개설', ESG경제.

_____(2023). 'EU, 산업별 ESG 공시 2년 유예. 정유 등 8개 산업별 기준 제정', ESG경제.

이용균(2023). 대학구조조정정책의 논리 구조와 변동 특성, 한남대학교 대학원, 박사학위논문.

이준호(2013). 글로벌 변화에 대응한 자본시장 공시제도 연구, 한국법제연구원.

이준희(2021). 한국기업들의 ESG경영을 위한 변화: ESG 경영의 개념과 접근 방법, 딜로이트 안진회계법인, 16-24.

이지혜(2024). 건설업 ESG 확산과 기업 거버넌스 대응 방향, 한국건설산업연구원.

이지희(2021). 지속가능한 발전 위해 '대학도 ESG 경영 트렌드 대세', 한국 대학신문.

임소영(2022). 글로벌 공급망의 ESG 강화 방안, 세종 산업연구원(KIET) 658.408-23-76.

임태종(2022). 대학에 부는 ESG 열풍과 대학의 역할, 경영컨설팅연구 학술 저널, 경영컨설팅연구 제22권 제6호 353-365, 한국경영컨설팅학회.

임후남(2022). 대학 혁신 전략으로서 특성화, 그리고 유연화, 교육개발, 통권 223호, p.24-27 한국교육개발원.

자유기업원(2021). ESG에 대한 대학생 인식 조사.

전재선(2003). 대학조직에서의 교수와 직원 간의 갈등구조에 관한 실증적 조사연구, 전북대학교 행정대학원 삭사학위논문.

정성민(2022). ESG에서 대학의 미래를 찾는다. 'ESG'로 '지속가능한 고등교육 생태계' 구축, 한국대학신문.

정준혁(2021). ESG 논의의 법적 의미와 전망, BFL: Business finance law: 기업과 금융에 관한 법률전문 저널. 제109호 (2021년 9월), p.6-15 서울대학교 금융법센터.

정진호(2023). ESG 활동과 조직시민행동, 생산성, 경영성과의 관계: 기업 가치관 인식의 조절효과를 중심으로, 서울벤처대학원대학교 박사학위논문.

조영복(2013). 공유 경제시대의 대학과 사회적 책임, 한국대학교육협의회.

조영하(2010). 21세기 대학의 사회적 책임에 대한 고찰-사회적 연대의 관점에서, 교육행정학 연구, 28(1), 1-30.

조진형(2010). 지속가능한 '수직 대학 캠퍼스' 계획안, 홍익대학교 대학원, 석사학위논문.

진익(2020). 국내외 ESG 채권시장 현황과 시사점, NABO 경제·산업동향&이슈, 통권 제11호 (2020년 11월호), p.71-76 국회예산정책처.

최문학(2024). 기업 이직률이 ESG평가영역 중 S(사회,Social)영역 평가결과에 미치는 영향에 대한 연구, 서강대학교 경제대학원 석사학위논문.

최부경(2023). '대학의 ESG 경영 정착되려면 구성원과 함께 가야', 한국대학신문.

최부경 외(2023). 대학 ESG 지표를 통한 대학의 ESG 경영에 대한 고찰: 대학 ESG 가이드라인 V1.0을 중심으로, 經營教育研究 제38권 제5호 통권 제141호, p.149-169 한국경영교육학회.

한국경제정보센터(2021). 지속가능한 성장을 위한 기업의 노력, ESG경영.

한국금융연구원(2024). ESG 공시의 의의와 쟁점 및 전략적 대응 방안.

한국사학진흥재단(2022). ESG 경영과 대학의 역할, 미래정책연구실.

한국연구재단(2024). 대학 혁신을 위한 진로탐색학점제 지원사업 개편 방안, 한국연구재단(NRF).

한국ESG경영원(2024). 「대학 ESG가이드라인 V1.0」, 「대학 ESG가이드라인 V2.0」서울: 한국ESG경영원.

한민지(2021). ESG체제에 따른 유럽연합의 대응과 동향-기후위기 대응과 지속가능한 사회로의 전환을 중심
　　　　으로-법과 기업연구, 11(2), 3-36.

홍병선(2012). 대학교육의 현실과 사회적 요구, 교양교육연구. 제6권 제2호, p.269-291 한국교양교육학회.

환경부(2004). 지속가능한 지역발전을 위한 환경거버넌스 구축방안에 관한 연구 최종보고서.

_____(2020). ESG 환경부문 표준 평가체계 가이드라인(안).

_____(2022). 대한민국 환경교육. 환경 분야 ESG 지원사업 안내서.

_____(2024). 환경규제 혁신 핸드북, 기후위기 대응을 위한 탄소중립ㆍ녹색 성장 기본법. 2024년 정부지원
　　　　환경사업 종합안내서.

Liu Ziyuan(2021). 기업의 글로벌 전략에 대한 연구: 기업의 글로벌 인재 양성 전략을 중심으로, 강남대학교
　　　　대학원 석사학위논문.

## Ⅱ. 국외문헌

Branco, M. C. & Rodriges, L. L.(2006). Corporate Social Responsibility and Resource-Based Perspective,
　　　　Journal of Business Ethics, 69(2), 111-132.

Broadstock, D. C., Matousek, R., Meyer, M., and Tzerrmes, N., "Does corporate social responsibility impact firms'
　　　　innovation capacity? The indired link between environmental & social governance implementation and
　　　　innovation performance," Journal of Business Research, Vol. 119, 2020, pp.99-110.

Brundtland commission(1987). Our common future, united nations world commission on environment
　　　　and development, Oxford University Press:New York.

Cerin, P.(2010). Analysing the Environmental content of Financial Analyst Reports by developing an ESG
　　　　Framework that incorporates Business Opportunity and the Produce Perspectives, Sustainable
　　　　Research Investment Platform Working Paper.

Heinz Family Foundation (1995) Blueprint for a Green Campus: The Campus Earth Summit Initiatives for
　　　　Higher Education, A Project of the Heinz Family Foundation.

Man, C. K. Wong, B. (2017). Corporate Governance and Earning Management: A Survey of Literature, Journal of Applied Business Research, 29(2), 91-418.

OESD(2021). Career Guidance for Adults in a changing World of Work, OECD publishing.

Trow. M(1972). The expansion and transformation of higher education international Review of Education, 18(1), 61-84.

## 기타 자료

건국대학교 ESG 지원단: https://www.konkuk.ac.kr/kuesg/12906

교육부: https://www.moe.go.kr/

국가법령정보센터: https://law.go.kr

규슈대학: https://www.kyushu-u.ac.jp

나무위키: https://namu.wik

네이버: https://terms.naver.com/

녹색연합: https://www.greenkorea.org

뉴팰리츠주립대학: https://www.newpaltz.edu

대학알리미: www.academyinfo.go.kr/index.do

대학재정지원사업 통합포털: https://uniall.nrf.re.kr

대한민국정책브리핑: https://www.korea.kr

대한상공회의소: www.korcham.net/FileWebKorcham/Esg

드 몽포트대학: https://www.dmu.ac.uk/dubai/index.aspx

라이스대학: https://www.rice.edu

마카오 폴리테크닉대학: https://www.mpu.edu.mo

말뫼대학: https://mau.se/en

미네소타대학: https://twin-cities.umn.edu

버밍엄대학: https://www.birmingham.ac.uk

버지니아대학: https://www.virginia.edu

브록대학: https://brocku.ca

사회적 가치 연구원: https://www.cses.re.kr

산업통상자원부: https://www.motie.go.kr/

삼정 KPMG: https://kpmg.com/kr/ko/home.html

서울대 소식: www.snu.ac.kr/snunow/snu_story?md=v&bbsid

시드니대학: https://www.sydney.edu.au

아주대학보 : https://press.ajou.ac.kr :www.esgsupport.or.kr/

위키백과: https://ko.wikipedia.org

유타대학: https://www.utah.edu

존스홉킨스대학: https://www.jhu.edu

컴플라이로: https://www.complilaw.com

퀸즈대학: https://www.queensu.ca

퀸즐랜드대학: https://www.uq.edu.au

클락슨대학: https://www.clarkson.edu

한국강사신문: https://www.lecturernews.com/

한국대학교육협의회: https://www.kcue.or.kr/

한국대학평가원: https://aims.kcue.or.kr/

한국사학진흥재단: www.kasfo.or.kr

한국생산성본부 ESG공급망 지원x=145258

한국환경산업기술원: https://www.keiti.re.kr/

한국회계기준원: https://IFRS 지속가능성 공시기준/fe/bbs/NR_list.do?

한국ESG경영원: https://esgko.com/

한국ESG평가기준원: https://www.cgs.or.kr/

환경부: https://me.go.kr

혁신24: https://www.innovation.go.kr

후즈굿: https://whosgood.org/

Bloomberghttps://www.bloomberg.com/

ESG경영관리 플랫폼: https://www.clickesg.co.kr/

ESG경제:www.esgeconomy.com

Greenpeace International: https://www.greenpeace.or

IE대학: https://www.ie.edu/university

KDI 경제 정보센터: https://eiec.kdi.re.kr/material/pageoneView.do?idx

KEF한국경영자총협회: https://www.kefplaza.com/

KSA한국표준협회ESG 경영추진단: https://ksaesg.or.kr/p_base.php

NICE신용평가: https://www.nicerating.com

OECD: https://www.oecd.org/

PwC : https://www.pwc.com/

QS;https://www.qs.com

SHIN&KIM : www.shinkim.com/kor/media

Think Tank: www.europarl.europa.eu

UN: https://www.un.org/en/site-search?query=SDGs

UNAI: https://www.un.org

UNAI Korea: http://unaikorea.org/unaikorea

UNEP: https://www.unep.org

UN SDG: https://unsdg.un.org

WEF: https://www.weforum.org

# 대학 ESG 경영

ⓒ 조영문, 2025

초판 1쇄 발행 2025년 1월 2일

지은이    조영문
펴낸이    이기봉
편집      좋은땅 편집팀
펴낸곳    도서출판 좋은땅
주소      서울특별시 마포구 양화로12길 26 지월드빌딩 (서교동 395-7)
전화      02)374-8616~7
팩스      02)374-8614
이메일    gworldbook@naver.com
홈페이지  www.g-world.co.kr

ISBN    979-11-388-1689-2 (03320)